RITA DE CÁSSIA PRAZERES FRANGELLA
(Organizadora)

POLÍTICAS CURRICULARES, ALFABETIZAÇÃO E INFÂNCIA
POR OUTRAS PASSAGENS

Série Temas em Currículo, Docência e Avaliação

Editora CRV

Rita de Cássia Prazeres Frangella
(organizadora)

POLÍTICAS CURRICULARES, ALFABETIZAÇÃO E INFÂNCIA:
por outras passagens

Série: Temas em Currículo, Docência e Avaliação

Editora CRV
Curitiba – Brasil
2021

Copyright © da Editora CRV Ltda.
Editor-chefe: Railson Moura
Diagramação e Capa: Designers da Editora CRV
Revisão: Analista de Escrita e Artes

DADOS INTERNACIONAIS DE CATALOGAÇÃO NA PUBLICAÇÃO (CIP)
CATALOGAÇÃO NA FONTE
Bibliotecária Responsável: Luzenira Alves dos Santos CRB9/1506

P762

Políticas curriculares, alfabetização e infância: por outras passagens / Rita de Cássia Prazeres Frangella (organizadora). - Curitiba: CRV, 2021.
268 p. (Série: Temas em Currículo, Docência e Avaliação)

Bibliografia
ISBN Digital 978-65-251-1827-7
ISBN Físico 978-65-251-1826-0
DOI 10.24824/978652511826.0

1. Educação 2. Política curricular 3. Formação de professores 4. Infância 5. Alfabetização I. Frangella, Rita de Cássia Prazeres, org. II. Título. III. Série

CDU 37   CDD 370

Índice para catálogo sistemático
1. Educação - 371

ESTA OBRA TAMBÉM ENCONTRA-SE DISPONÍVEL
EM FORMATO DIGITAL.
CONHEÇA E BAIXE NOSSO APLICATIVO!

2021
Foi feito o depósito legal conf. Lei 10.994 de 14/12/2004
Proibida a reprodução parcial ou total desta obra sem autorização da Editora CRV
Todos os direitos desta edição reservados pela: Editora CRV
Tel.: (41) 3039-6418 - E-mail: sac@editoracrv.com.br
Conheça os nossos lançamentos: www.editoracrv.com.br

Conselho Editorial:

Aldira Guimarães Duarte Domínguez (UNB)
Andréia da Silva Quintanilha Sousa (UNIR/UFRN)
Anselmo Alencar Colares (UFOPA)
Antônio Pereira Gaio Júnior (UFRRJ)
Carlos Alberto Vilar Estêvão (UMINHO – PT)
Carlos Federico Dominguez Avila (Unieuro)
Carmen Tereza Velanga (UNIR)
Celso Conti (UFSCar)
Cesar Gerónimo Tello (Univer. Nacional Três de Febrero – Argentina)
Eduardo Fernandes Barbosa (UFMG)
Elione Maria Nogueira Diogenes (UFAL)
Elizeu Clementino de Souza (UNEB)
Élsio José Corá (UFFS)
Fernando Antônio Gonçalves Alcoforado (IPB)
Francisco Carlos Duarte (PUC-PR)
Gloria Fariñas León (Universidade de La Havana – Cuba)
Guillermo Arias Beatón (Universidade de La Havana – Cuba)
Helmuth Krüger (UCP)
Jailson Alves dos Santos (UFRJ)
João Adalberto Campato Junior (UNESP)
Josania Portela (UFPI)
Leonel Severo Rocha (UNISINOS)
Lídia de Oliveira Xavier (UNIEURO)
Lourdes Helena da Silva (UFV)
Marcelo Paixão (UFRJ e UTexas – US)
Maria Cristina dos Santos Bezerra (UFSCar)
Maria de Lourdes Pinto de Almeida (UNOESC)
Maria Lília Imbiriba Sousa Colares (UFOPA)
Paulo Romualdo Hernandes (UNIFAL-MG)
Renato Francisco dos Santos Paula (UFG)
Rodrigo Pratte-Santos (UFES)
Sérgio Nunes de Jesus (IFRO)
Simone Rodrigues Pinto (UNB)
Solange Helena Ximenes-Rocha (UFOPA)
Sydione Santos (UEPG)
Tadeu Oliver Gonçalves (UFPA)
Tania Suely Azevedo Brasileiro (UFOPA)

Comitê Científico:

Altair Alberto Fávero (UPF)
Ana Chrystina Venancio Mignot (UERJ)
Andréia N. Militão (UEMS)
Anna Augusta Sampaio de Oliveira (UNESP)
Barbara Coelho Neves (UFBA)
Cesar Gerónimo Tello (Universidad Nacional de Três de Febrero – Argentina)
Diosnel Centurion (Univ Americ. de Asunción – Py)
Eliane Rose Maio (UEM)
Elizeu Clementino de Souza (UNEB)
Fauston Negreiros (UFPI)
Francisco Ari de Andrade (UFC)
Gláucia Maria dos Santos Jorge (UFOP)
Helder Buenos Aires de Carvalho (UFPI)
Ilma Passos A. Veiga (UNICEUB)
Inês Bragança (UERJ)
José de Ribamar Sousa Pereira (UCB)
Jussara Fraga Portugal (UNEB)
Kilwangy Kya Kapitango-a-Samba (Unemat)
Lourdes Helena da Silva (UFV)
Lucia Marisy Souza Ribeiro de Oliveira (UNIVASF)
Marcos Vinicius Francisco (UNOESTE)
Maria de Lourdes Pinto de Almeida (UNOESC)
Maria Eurácia Barreto de Andrade (UFRB)
Maria Lília Imbiriba Sousa Colares (UFOPA)
Mohammed Elhajji (UFRJ)
Mônica Pereira dos Santos (UFRJ)
Najela Tavares Ujiie (UTFPR)
Nilson José Machado (USP)
Sérgio Nunes de Jesus (IFRO)
Silvia Regina Canan (URI)
Sonia Maria Ferreira Koehler (UNISAL)
Suzana dos Santos Gomes (UFMG)
Vânia Alves Martins Chaigar (FURG)
Vera Lucia Gaspar (UDESC)

Este livro passou por avaliação e aprovação às cegas de dois ou mais pareceristas *ad hoc*.

SUMÁRIO

UM COMEÇO... DISCUTINDO CURRÍCULO À VERA! 9
Rita de Cássia Prazeres Frangella

APRESENTAÇÃO 11

CURRÍCULO, FORMAÇÃO E EDUCAÇÃO EM DIREITOS HUMANOS: revisitando as *passagens* na vida e na arte de um grupo de pesquisa 17
Ana Paula Pereira Marques de Carvalho
Maria Clara de Lima Santiago Camões
Nataly da Costa Afonso
Isabele Lacerda Queiroz

CURRÍCULO, INFÂNCIA E ALFABETIZAÇÃO PARA ALÉM DE DETERMINISMOS 47
Rita de Cássia Prazeres Frangella

RASTROS POLÍTICOS FORMATIVOS: um currículo nacional para alfabetização chamado PNAIC 61
Beatris Alves Martins
Bonnie Axer
Vanessa Soares de Lucena

POLÍTICAS CURRICULARES PARA A ALFABETIZAÇÃO ATRAVESSADAS PELOS FIOS DO TEMPO 81
Bonnie Axer
Jade Juliane Dias
Rosalva de Cássia Rita Drummond

POR UMA OUTRA SIGNIFICAÇÃO DA EDUCAÇÃO INFANTIL NAS POLÍTICAS CURRICULARES 101
Cristiane Gomes de Oliveira
Maria Clara de Lima Santiago Camões
Thais Sacramento Mariano Teles da Silva
Taiana Souza do Nascimento

AVALIAÇÃO NACIONAL DA ALFABETIZAÇÃO (ANA): um movimento de desconstrução 117
Débora Raquel Alves Barreiros
Guilherme Pereira Stribel

TECNOLOGIA NA BNCC: a (im)possibilidade no jogo da salvação 131
Ana Paula Pereira Marques de Carvalho
Lhays Marinho da Conceição Ferreira
Mylena da Costa Vila Nova

O NACIONAL COMO FETICHE NAS POLÍTICAS CURRICULARES 149
Jéssica Couto e Silva do Nascimento
Nataly da Costa Afonso
Phelipe Florez Rodrigues

O CONTEXTO DE PRODUÇÃO DE POLÍTICAS CURRICULARES E A FIXAÇÃO DE IDENTIDADE NA FORMAÇÃO DOCENTE: Tensões, Enunciações e Escapes 165
Maria Edeluza Ferreira Pinto de Moura
Nivia Cursino Faria

PROCESSOS DE NEGOCIAÇÕES-ARTICULAÇÕES NO TERRENO DO INDECINDÍVEL: produção de políticas-práticas curriculares no agreste pernambucano 183
Maria Julia Carvalho de Melo
Tamires Barros Veloso
Lucinalva Andrade Ataide de Almeida

PACTO NACIONAL PELA ALFABETIZAÇÃO NA IDADE CERTA E CURRÍCULOS QUE DOCENTES ALFABETIZADORAS CRIAM 203
Maria Carolina da Silva Caldeira
Marlucy Alves Paraíso

FORMAÇÃO CONTINUADA NO ÂMBITO DO PNAIC NO MUNICÍPIO DE CAXIAS-MA: relato da experiência de uma professora alfabetizadora 219
Laurilene Cardoso da Silva Lopes
Neide Cavalcante Guedes

O PACTO NACIONAL PELA ALFABETIZAÇÃO NA IDADE CERTA (PNAIC): processos de subjetivação do trabalho docente 237
Meyre-Ester Barbosa de Oliveira
Joralice Cristina Virgínio de Morais

ÍNDICE REMISSIVO 255

SOBRE OS AUTORES 261

UM COMEÇO... DISCUTINDO CURRÍCULO À VERA!

Pode parecer estranho dar início a um livro assim, mas essa é uma marca indelével em mim, em minhas escritas, herança que, como aprendo com Derrida[1], não se trata apenas de receber, mas de escolher, respondendo ao apelo que me precedeu e respondendo em seu nome. Então, discutir currículo à Vera é minha escolha.

Na gíria carioca, à vera diz não apenas da verdade, mas da intensidade. É isso que para mim é à vera, na verdade, Vera maiúscula, intensa, minha mãe.

Esse livro é dedicado a ela; é um recomeço, escrevo por mim e por ela, por herança escolhida. Se tenho defendido negociações, diferenças com os autores que leio e com quem dialogo, preciso dizer que esses caminhos não se apresentaram apenas ao meu intelecto na trajetória acadêmica que fui trilhando, mas é herança da minha mãe.

Há muito tempo, numa nas minhas primeiras produções acadêmicas[2] – que tratava da escrita, da minha experiência como alfabetizadora e formadora de professores e das defesas que fazia e, que de certa forma, retomo nessa obra, ao falar de infância, alfabetização e formação do alfabetizador – em um dado momento escrevi que ao rememorar minha aprendizagem da leitura e escrita e o encantamento dos livros com princesas e rainhas, percebi que a rainha morava comigo e me abriu caminho com/nos livros.

E sempre foi assim: ela sempre abriu caminhos. E foram tantos... E continua...

Hoje tantos anos depois, a rainha já não mora mais comigo, mas deixa um rastro no qual me vejo discutindo currículo à Vera: assumindo a responsabilidade da decisão; entendendo que justiça não é da ordem do cálculo; que ensinar e educar não podem ser tomados em justaposição; que afetividade não é algo a ser subtraído das nossas produções, como se livre dela nossas defesas, argumentos e posições teriam mais validade por se pautarem no estritamente racional, e tantas outras questões que ficam como "rastro que não se deixa resumir na simplicidade de um presente", permanecem espectralmente rompendo com qualquer limite que vida/morte possa parecer impor.

---

1 A obra de Jacques Derrida é amplamente referenciada nesse livro e nesse texto não cabe fazê-lo dessa forma.

2 Monografia apresentada ao curso de Pós-graduação Lato Sensu "Educação Infantil: perspectivas de trabalho em creches e pré-escolas" na PUC-Rio com o título "Com a palavra, a escrita" sob a orientação da professora Sonia Kramer. Publicada posteriormente em KRAMER, S. *et al*. Infância e Educação Infantil. Campinas: Papirus, 1999.

Então sigo, discutindo currículo à Vera, sem destino certo, mas vivendo à Vera e com a Vera, a experiência do nosso amor.

À Vera Lúcia, que com seu amor infinito me trouxe até aqui e me deu o privilégio de viver essa experiência de amar e ser amada dessa forma.
Sempre juntas...
Com muito amor,
Rita de Cássia Prazeres Fragella

APRESENTAÇÃO

A escrita de um livro é sempre um trabalho árduo, mas que é motivado pelo compromisso de compartilhar com tantos que participaram da trajetória de estudos aquilo que pensamos não para apontar caminhos antecipados a partir da pesquisa, mas fomentar outros estudos, provocar questionamentos, conversas, consensos e dissensos. Assim, este livro acompanha e traz os movimentos das pesquisas coordenadas no âmbito do GRPESQ Currículo, Formação e Educação em Direitos Humanos no Programa de Pós-Graduação em Educação/ProPEd da Universidade do Estado do Rio de Janeiro e que tem se voltado nos últimos anos para a discussão de políticas curriculares para alfabetização e a formação do alfabetizador, nos projetos de pesquisa "POLÍTICAS DE CURRÍCULO E ALFABETIZAÇÃO: NEGOCIAÇÕES PARA ALÉM DE UM PACTO" e "POLÍTICAS DE CURRÍCULO, ALFABETIZAÇÃO E INFÂNCIA: ENTRE PARADOXOS E ANTÍTESES, RENEGOCIANDO O(S) PACTO(S)"[3].

Tal empreitada é motivada principalmente pela responsabilidade de pesquisadores. Não se trata de mera obrigação ou a propalava devolutiva daqueles que participam da pesquisa, o retorno. Mas como uma responsabilidade em dizer o que se pensa e, como gesto político, trazer à tona o que se traduz nas suas pesquisas. Tradução, no sentido derridiano, de que o que aqui se apresenta é da impossibilidade de literalidade e diante dela, novamente, a responsabilidade.

Escrever um livro é também deixar uma marca. E, mantendo o diálogo com Derrida, deixar uma marca não é a fixação de um ponto, mas exatamente o apagamento dele, a não origem, ou deslocamento, um puxão a outro tempo, outras possibilidades interpretativas que não nos pertencem, se é que um dia assim foram nossas.

Aqui damos a ler e convidamos nossos leitores a outras novas traduções. Advertimos que não buscamos restaurar aquilo que figura como objeto de pesquisa, num monta-desmonta que qualificaria nossa resposta como melhor. É apenas outra. Contudo, mantemos firmes a questão: que linguagem, como pesquisadores do campo do currículo, podemos movimentar que possa abalar desenhos curriculares instrumentais, assentados na essencialização de uma identidade cultural? Assumimos como objetivo discutir as tentativas de regulação e homogeneização, argumentando em favor de pensar cultura/currículo em termos de ambivalência e contingência, o que implica em práticas

---

3 Projetos que contaram, em momentos distintos, com o financiamento da FAPERJ (Edital Jovem Cientista do Nosso Estado e Cientista do Nosso Estado) e do CNPq (Bolsa de Produtividade em Pesquisa e Edital Universal).

articulatórias de negociação com as diferenças, e que colide com práticas assentadas numa identidade fixada/totalizada como homogênea.

É por esse caminho que seguimos e convidamos vocês a nos acompanhar. Em "**Currículo, Formação e Educação em Direitos Humanos: revisitando as passagens na vida e na arte de um grupo de pesquisa**", Ana Paula Pereira Marques de Carvalho, Maria Clara de Lima Santiago Camões, Nataly da Costa Afonso, Isabele Lacerda Queiroz fazem também esse convite, ao revisitarem a trajetória do grupo de pesquisa trazendo ao debate a composição de chaves teóricas de leitura que vêm orientando as produções de dissertações, teses, capítulos, artigos que se constituem nos encontros de pesquisa, com esse outro que me constitui e que é pensado aqui como trabalho da/com a pesquisa.

"**Currículo, Infância e Alfabetização para além de determinismos**", de Rita de Cássia Prazeres Frangella, apresenta a tomada do Pacto Nacional pela Alfabetização na Idade Certa/PNAIC como foco de estudos, a partir do entendimento desse programa de formação de professores como instituinte de políticas curriculares, problematizando os sentidos de currículo, alfabetização, infância produzidos. Destaca movimentos e articulações da pesquisa, no desafio de análise de uma política em cena, observando as ambivalências e escapes dessa.

Os capítulos seguintes, "**Rastros políticos formativos: um currículo nacional para alfabetização chamado PNAIC**", de Beatris Alves, Bonnie Axer, Vanessa Soares e "**Políticas curriculares para a alfabetização atravessadas pelos fios do tempo**", de Bonnie Axer, Jade Dias, Rosalva Drummond, voltam o olhar propriamente ao PNAIC. O primeiro, observando o funcionamento do Pacto, busca colocar foco na estratégia política para conduzir uma produção curricular comum e nacional para o discurso de alfabetização plena. O segundo destaca o tempo, as marcas temporais que se presentificam no currículo, daí problematizam a relação *tempo na/da alfabetização* e os modos como criam sentidos no processo de produção curricular tanto da Educação Infantil como nos primeiros anos do Ensino Fundamental.

As discussões acerca da alfabetização se articulam a pensar, de forma ampla, as produções curriculares para infância. Nesse sentido, o capítulo "**Por uma Outra Significação da Educação Infantil nas Políticas Curriculares**" de Cristiane Gomes de Oliveira, Maria Clara de Lima Santiago Camões, Thais Sacramento Mariano Teles da Silva e Taiana Souza do Nascimento, discutem como num contexto em que se a necessidade de melhoria do desenvolvimento da educação básica, que acaba por repercutir na defesa de currículos homogeneizantes, como consequência da centralização curricular, recai para a produção de demandas curriculares que tentam fixar um projeto único para as infâncias na Educação Infantil. Investem então na defesa por uma perspectiva alteritária na produção curricular com a infância, buscando possibilidades de significação de uma Educação Infantil, e, portanto, para significação das práticas educacionais, no entrecruzamento entre adultos e crianças, e não ora um, ora outro, mas que se enunciam na diferença.

Em "**Avaliação Nacional da Alfabetização (ANA): um movimento de desconstrução**", Débora Barreiros e Guilherme Pereira Stribel trazem a discussão temática cara e interconectada com as políticas curriculares: as políticas avaliativas e a necessária investigação articulada. Analisam, numa leitura desconstrutiva, as ações que abarcam os discursos do Ministério da Educação a partir das intencionalidades que refletem na produção curricular, gestão escolar, infraestrutura, formação docente e organização do trabalho pedagógico, que são considerados aspectos intervenientes no ciclo de alfabetização previsto no Pacto Nacional pela Alfabetização na Idade Certa (PNAIC).

Em "**Tecnologia na BNCC: a (im)possibilidade no jogo da salvação**", Ana Paula Pereira Marques de Carvalho, Lhays Marinho da Conceição Ferreira e Mylena da Costa Vila Nova observam as conexões entre o público-privado numa dinâmica que envolve mudanças de papel para o terceiro setor no que diz respeito ao "controle social", contribuindo para novas paisagens políticas que deslocam o sentido de público, através de parcerias que buscam soluções no campo educacional e espraiam as exigências por reformas educacionais. Inspiradas no trabalho de etnografia de redes que Ball (2014) desenvolve, mapeando o fluxo de filantropias corporativas, filantropos e programas que mobilizam negócios em educação, através de pesquisas nas páginas da internet, vídeos, páginas do Facebook, *blogs*, *tweets*, temos investigado o emaranhado dessas redes no Brasil. Nesse texto, problematizam propostas que tentam estabelecer regimes de verdade para o uso da tecnologia em sala de aula, através de tentativas de fixação de ideias sobre a importância de um trabalho com os aparatos tecnológicos como garantidor da qualidade na educação.

No capítulo seguinte, "**O nacional como fetiche nas políticas curriculares**" de Jéssica Couto e Silva do Nascimento, Nataly da Costa Afonso, Phelipe Florez Rodrigues, discute-se temática que foi ganhando destaque ao longo do desenvolvimento da pesquisa: a nomeação nacional como marca recorrente das políticas curriculares federais como observado no Pacto Nacional pela Alfabetização na Idade Certa (PNAIC), Base Nacional Comum Curricular (BNCC), entre outros. Analisa o horizonte estratégico que a incorporação de uma suposta agenda nacional implica em uma política curricular, destacando a articulação desse discurso com a pretensão de estabelecer uma política centralizadora para as propostas pedagógicas.

Em sequência, "**O Contexto de Produção de Políticas Curriculares e a Fixação de Identidade na Formação Docente: Tensões, Enunciações e Escapes**", de Maria Edeluza Ferreira Pinto de Moura, Nivia Cursino, trata o contexto de produção de políticas curriculares e a questão da fixação de identidade na formação docente presente nas políticas curriculares e que objetivam a padronização de um modelo de professor para um ideário neotecnicista de educação e em diálogo com concepção de currículo como negociação com cultura e diferença, desconstroem as ideias que primam por um comum identitário docente que não existe.

Além das produções do grupo de pesquisa, trazemos aqui os movimentos de articulação com parceiros com quem temos produzido potentes discussões acerca das políticas curriculares. No enredamento dos nossos diálogos, observamos aproximações também no que temos tematizado na pesquisa. São produções que trazem outras leituras para o PNAIC, mobilizando a produção acadêmica como encontro alterirário.

Em "**Processos De Negociações-Articulações No Terreno Do Indecindível: Produção De Políticas-Práticas Curriculares No Agreste Pernambucano**", Maria Julia Carvalho de Melo, Tamires Barros Veloso, Lucinalva Andrade Ataide de Almeida, a partir das produções do grupo de pesquisa "Políticas e Práticas Curriculares e Avaliativas" coordenado por Lucinalva Almeida na Universidade Federal de Pernambuco/UFPE, analisam as articulações-negociações estabelecidas entre as políticas e as práticas curriculares de professoras dos anos iniciais do Ensino Fundamental do agreste pernambucano, observando como as professoras, a partir de fugas discursivas, se constituíram como produtoras de políticas-práticas curriculares a partir das ações/decisões que foram tecendo cotidianamente no desenvolvimento do currículo em sala de aula (seja essa física ou virtual), assumindo, desse modo, a posição de decisores curriculares políticos, ultrapassando a ideia de que seriam apenas reprodutoras de um currículo produzido por outros.

Na sequência, "**Pacto Nacional pela Alfabetização na Idade Certa e currículos que docentes alfabetizadoras criam**" de Maria Carolina da Silva Caldeira, Marlucy Alves Paraíso, pesquisadoras Do GECC – Grupo de Estudos e Pesquisas em Currículo e Culturas da UFMG, questiona: O que acontece quando se propõe um programa de formação de professores/as alfabetizadores/as para ser desenvolvido em todo o país? Argumentam que, apesar da tentativa de homogeneização dos saberes que se vê no PNAIC – expressa nos saberes elencados no Programa como importantes e na ênfase que dá a certos discursos do campo da alfabetização – o próprio Programa deixa uma abertura para a criação quando abre espaços para as trocas de experiência; outros saberes emergem, fazendo com que essa política pensada inicialmente para todo o país tenha contornos variados.

Nesse sentido, os dois próximos capítulos se coadunam e articulam com a problematização feita por Caldeira e Paraíso. Em "**Formação Continuada No Âmbito Do PNAIC No Município De Caxias – MA: Relato Da Experiência De Uma Professora Alfabetizadora**", Laurilene Cardoso da Silva Lopes e Neide Cavalcante Guedes socializam e refletem sobre a experiência vivida por uma professora alfabetizadora na formação continuada no âmbito do Pacto Nacional pela Alfabetização na Idade Certa no município de Caxias-MA, mostrando no contexto da prática as adequações realizadas no município para que a política educacional fosse efetivada.

Já em "**O Pacto Nacional pela Alfabetização na Idade Certa (PNAIC): processos de subjetivação do trabalho docente**", de Meyre-Ester Barbosa de Oliveira, Joralice Cristina Virgínio de Morais, a partir de pesquisa desenvolvida pelo Grupo de Estudos e Pesquisas em Currículo e Ensino/GEPEC da Universidade do Estado do Rio Grande do Norte, buscam compreender o "como" dessa política, que subjetivações produziu, quais as traduções e mediações no contexto da rede municipal de ensino de Mossoró/RN. Exploram também a interface entre formação docente e currículo discutindo como essa política de formação continuada acaba por se configurar como arena de produção curricular, suas repercussões nos microespaços e articulações com as políticas globais.

Mas um livro não se faz só com seus autores, muitos ecoam nas produções aqui presentes, a quem agradecemos. Roberta Sales, querida companheira, seu sorriso que sempre vai nos acompanhar.

À linha de pesquisa "Currículo: sujeitos, conhecimento e cultura". Aqui também estão os muitos outros com quem tenho compartilhado os desafios da pesquisa. Elizabeth Macedo, Alice Casimiro Lopes, Rosanne Evangelista Dias, Talita Vidal Pereira, Maria de Lourdes Tura, Maria Isabel Ramalho Ortigão, Guilherme Augusto Rezende Lemos, Verônica Borges de Oliveira, Raquel Goulart Barreto, Siomara Borba. Companheiros de pesquisas, bancas, cafés e tantos encontros;

Aos parceiros no PNAIC/RJ, em especial a Elaine Costant, Coordenadora de Formação do Pacto Nacional pela Alfabetização na Idade Certa (PNAIC) no Estado do Rio de Janeiro, que trouxe ao PNAIC a possibilidade de dissenso e o diálogo com as pesquisas com o PNAIC;

Ao CNPq e Faperj o agradecimento e reconhecimento do necessário investimento no desenvolvimento da pesquisa no Rio de Janeiro e no Brasil. Esse livro também é a reafirmação da importância das agências de fomento, de políticas de financiamento da pós-graduação e da pesquisa. Uma pós-graduação forte, com incentivo às pesquisas em curso, é possibilidade de abertura a cenários mais democráticos, no exercício da reflexão que, na linha das perspectivas que vêm orientando meus trabalhos, não diz respeito a produção de respostas absolutas, mas a abertura a outras tantas possibilidades, tantas quantas os questionamentos permitirem emergir;

Às diferentes redes municipais de educação com quem temos compartilhado a busca por pensar as alfabetizações possíveis e por elas nos manterem no trabalho diário de buscar o impossível.

Assim, convidamos a estar conosco por outras passagens, rastros de outra produção do grupo, o livro "Políticas Curriculares, coordenação pedagógica & escola: desvios, passagens e negociações" (FRANGELLA, 2016) e se relaciona com aquilo que vem nos balizando nas nossas leituras curriculares: a passagem como movimento, fluxo, ir e vir, entre-lugar e tantas outras imagens/metáforas que nos permitem falar de currículo como produção contínua, significação, parcialização, um lugar sempre outro; mas aqui deixo o poeta falar por mim:

> *o real não está na saída nem na chegada: ele se dispõe para a gente é no meio da travessia.*
> *Guimarães Rosa (1982, p. 52)*[4],

---

4   ROSA, João Guimarães. *Grande Sertão: veredas*. 15. ed. Rio de Janeiro: José Olympio, 1982.

CURRÍCULO, FORMAÇÃO E EDUCAÇÃO EM DIREITOS HUMANOS[5]: revisitando as *passagens* na vida e na arte de um grupo de pesquisa

Ana Paula Pereira Marques de Carvalho
Maria Clara de Lima Santiago Camões
Nataly da Costa Afonso
Isabele Lacerda Queiroz

> Nunca se deve confiar naquilo que os escritores dizem a respeito de suas próprias obras [...]. Se este livro de fato demonstra algo cientificamente, é a agonia das passagens parisienses, o processo de decomposição de uma arquitetura. A atmosfera do livro está prenhe de seus venenos, e estes fazem suas personagens sucumbirem (BENJAMIN, 2009).

A citação que inicia este texto nos coloca em diálogo com um autor que situa sua perspectiva teórica no materialismo dialético, permitindo-nos, ainda que teoricamente articulados com outra perspectiva teórica – que será mais adiante discutida –, trazer para esta conversa o encontro de Frangella (2016) com alguns arquivos que compõem a obra *Passagens*, de Walter Benjamin. Apropriamo-nos da ideia da autora para destacar nossos entrecruzamentos de pesquisa, entremeios e liminaridades, "num ir e vir entre passagens, ruas e boulevard, que fazem a significação emergir do movimento e não da estabilidade de um lugar próprio e adequado" (FRANGELLA, 2016, p. 169).

A obra *Passagens* é composta por anotações de pesquisa de Walter Benjamin, produzidas em diferentes momentos para discutir a história material da cultura em Paris (FRANGELLA, 2016). O autor agrupa suas anotações por temas e assuntos, sendo a maior parte da obra composta pelo manuscrito "Notas e materiais" que engloba os seguintes arquivos: A – Passagens, I – O Interieur, P – as ruas de Paris, C – Paris Antiga, I – O Sena, M – O flâneur, N – Teoria do conhecimento, teoria do progresso, Q – Panorama, R – Espelhos, T – tipos de iluminação, "Passagens", "Passagens Parisienses I" e "Passagens Parisienses II". Frangella (2016) utiliza a ideia das passagens como metáfora para problematizar os movimentos de produção das políticas curriculares como fluxos instáveis que lhe são próprios e ensejam a impossibilidade de

---

5   Grupo de Pesquisa do Programa de Pós-Graduação em Educação da Faculdade de Educação da Universidade do Estado do Rio de Janeiro (UERJ), coordenado pela Profa. Dra. Rita de Cássia Prazeres Frangella.

fixação absoluta de sentidos, bem como a impossibilidade de uma linearidade temporal e de pensamento.

A interlocução de Frangella (2016) com a obra benjaminiana serve de inspiração para revisitarmos, neste texto, as nossas passagens pelo campo do currículo, trazendo à tona questões que têm sido caras às nossas pesquisas e que consideramos importante revisitar, através de diversas vertentes de objetos de estudo, no âmbito das ciências humanas e sociais com a contribuição dos estudos culturais, estudos pós-coloniais e pós-estruturais, teoria do discurso, psicanálise, filosofia, sociologia, além dos próprios autores da área de educação. Mais ainda, os diversos movimentos artísticos – nas expressões da dança, pinturas, filmes e da literatura – também têm contribuído para nossas composições teórico-metodológicas no que diz respeito à problematização do currículo como texto performativo que transita numa linha tênue entre o pedagógico e o performático. Sendo movimentos que se interpenetram, o pedagógico relaciona-se à tradição, impossível de ser descartada, algo que Derrida (2004 *apud* ALMEIDA, 2018) menciona como a impossibilidade de se evadir da metafísica que alicerça o pensamento. O performático é marcado pela iteração que envolve a repetição e a consequente produção do mesmo – que não é o mesmo – desestabilizando as tentativas de homogeneidade da significação e introduzindo uma presença imprevisível e inadiável – o híbrido (BHABHA, 2013).

Desse modo, a arte em suas diferentes manifestações, e na forma como temos dialogado, tem contribuído para significar o currículo como performance em constante processo de diferimento que se lança, continuamente, à possibilidade de surgimento do novo em um não lugar que não é "um fora" e nem "um dentro", mas um "entre", que está na esfera da negociação de diferentes linguagens, ações, imerso em processos de tradução, como enunciado na epígrafe: "um processo de decomposição de uma arquitetura" ou um processo de *desconstrução* contínua de uma arquitetura – perspectiva que se potencializa em diálogo com a desconstrução derridiana.

Este texto, ao assumir tais perspectivas, visa ressaltar as produções acadêmico-científicas do nosso grupo de pesquisa que, de maneira responsiva e dialógica, tem assumido as investigações como processos alteritários, defendendo a importância de se considerar a diferença radical inerente nos movimentos político-curriculares. Temos problematizado os múltiplos contextos curriculares em nosso país – e em outras partes do mundo –, numa dimensão relacional, ressaltando as arenas de disputas de poder das quais participam várias vozes dissonantes que não podem ser significadas de uma única forma.

Assim, por entre passagens que se constituem para além de caminhos tranquilos, partilhamos sentidos sobre as produções curriculares, através das pesquisas⁶ coordenadas pela Profa. Dra. Rita Frangella: Múltiplos contextos de produção curricular: conexões, conflitos e ações da Multieducação no cotidiano escolar (2009-2012); Múltiplos contextos de produção curricular em suas conexões, conflitos e ações: em foco as instâncias de mediação da rede municipal de Educação do Rio de Janeiro (2012-2015); Políticas de Currículo como enunciações culturais: currículo, formação e avaliação em negociações com e na diferença (2014-2017); Políticas de currículo e alfabetização: negociações para além de um pacto (2015); Políticas de Currículo e infância: entre paradoxos e antíteses, renegociando os pactos (2018); Políticas de currículo, alfabetização e infância: entre paradoxos e antíteses, renegociando o(s) pacto(s) (2019-2022).

Esse movimento de partilha – híbrido – que vai sendo produzido no espaço "entre" tem nos permitido tensionar a escola como um campo político em disputa. A proposta do ciclo de políticas de Stephen Ball tem nos subsidiado na leitura crítica sobre a verticalidade da produção política, contribuindo para o entendimento de que a política se articula em diversas arenas, sem privilégios ou hierarquias. Portanto, a escola é produtora de política e não mera implementadora das propostas sugeridas pelo Estado, que defendemos como parte integrante de um processo de disputa pelo poder de significação.

Contudo, o grupo tem se aproximado de uma leitura do movimento político-curricular com foco na discussão de currículo como enunciação cultural, em diálogo com o autor indiano Homi Bhabha, que problematiza a relação colonizador-colonizado e, mais recentemente, as relações cosmopolitas, entendendo que essas relações são culturalmente negociadas. Bhabha (2013) vai tecendo suas questões através dos estudos literários, discutindo os deslocamentos de personagens diaspóricos que têm nos inspirado, inclusive, no entrelace dos nossos objetos de estudo com movimentos da arte. Posto isto, quiçá as passagens das ruas de Paris estejam imiscuídas nas ruas da Índia, através, também, das reflexões de outros autores pós-coloniais indianos, com os quais temos dialogado, como Arjun Appadurai e Gayatri Spivak.

As interlocuções com esses autores têm nos respaldado na discussão dos entrecruzamentos da política por entre passado, presente e futuro, num movimento de "mundos imaginados" que vão sendo construídos de acordo com "a localização histórica e linguística de diferentes atores: Estados-nação, empresas multinacionais, comunidades da diáspora e mesmo de grupos como aldeias, bairros e famílias" (APPADURAI, 2004, p. 51 apud AXER, CARVALHO e FRANGELLA, 2019, p. 70). E no fluxo acelerado desses

---

6   Essas pesquisas foram contempladas em diversos programas de financiamento, tais como Bolsa de Produtividade em Pesquisa – CNPq, Jovem Cientista do Nosso Estado – FAPERJ, Apoio a grupos emergentes – FAPERJ, Cientista do Nosso Estado – FAPERJ, Prociência UERJ, Universal – CNPq, UERJ - IC, CNPq - Ciências Humanas e Sociais, FAPERJ – IC.

mundos imaginados, consideramos a necessidade de abertura à pluralidade de concepções teórico-epistemológicas no mundo contemporâneo.

Portanto, temos buscado o diálogo com outros pensadores como Ernesto Laclau, Chantal Mouffe e Jacques Derrida que contribuem para o adensamento do sentido de política como articulação de demandas que vão tentando se hegemonizar, numa relação espaço/tempo que se caracteriza pela contingência e provisoriedade. Sob esse viés, aprofundamos a discussão das políticas como movimentos antagônicos que se demarcam pelas tentativas de universalização de um sentido particular. As tentativas de universalização – de fechamento da significação – sofrem rupturas constantes, pois há sempre sentidos em disputa, mobilizados na própria luta, sempre fracassada, em busca do fechamento de significação.

A abordagem da Teoria do Discurso, através de Ernesto Laclau e Chantal Mouffe, subsidiam também a discussão de um dos recentes trabalhos de Stephen Ball sobre redes de políticas, através do qual Ball (2014) chama atenção para um tipo de social que tem se fortalecido na contemporaneidade, caracterizado por afiliações entre Estado, terceiro setor, novos filantropos e representantes da sociedade civil que, de forma múltipla e variada, estão dedicados às discussões e proposição de soluções para as políticas públicas educacionais em diversas partes do mundo (BALL, 2014). Com o aporte da Teoria do Discurso, Axer, Carvalho e Frangella (2019, p. 70) problematizam as redes de políticas como redes de equivalência, a fim de discuti-las no campo da discursividade, "em que os sentidos políticos estão sendo constantemente disputados e negociados, desestabilizando estruturas aparentemente fixas de poder".

Posto isso, ressaltamos que os pensamentos desses diferentes autores têm nos auxiliado na problematização das complexas relações que envolvem o jogo de forças nas ações cotidianas em que o currículo é produzido, fomentando e projetando discursos, ainda que de forma inacabada, sobre possíveis desejos em relação ao trabalho docente, formação dos alunos e, mais amplamente, em relação à educação (FRANGELLA, 2009). Dessa forma, temos nos deslocado na leitura das políticas disjuntivamente num espaço-tempo ininterrupto, dinamizado por rastros que podemos comparar aos espetáculos de ballet, inspiradas nas performances de uma bailarina, coreógrafa e diretora, chamada Pina Bausch[7] que pensa nas suas coreografias como movimentos tradutórios, trazendo a contínua experimentação do corpo, sem a preocupação com a prescrição dos movimentos tal qual observam Carvalho e Frangella (2020):

---

7   A bailarina Pina Bausch nasceu em Solingen, Alemanha. Iniciou seus estudos pela dança clássica aos 15 anos, formando-se em Dança e Pedagogia da Dança em 1958. Passou por escolas de dança em Nova Iorque e na Alemanha e, aos 33 anos, foi contratada para dirigir a companhia de dança *Wuppertaler Tanztheater* que, anos mais tarde, agregou o seu nome ao título, passando-se a chamar *Wuppertaler Tanztheater Pina Bausch* (PINA..., 2019).

> Dizem os artistas que cada encenação é sempre única. Mesmo numa temporada longa, cada momento de entrada no palco tem sua própria dinâmica; luz, som, cores, movimentos que se repetem, mas irrompem novas possibilidades, sensações outras que o encontro corpo-som-movimento provoca, sempre outras. Os tradicionais repertórios dos espetáculos de ballet abrem espaço para variações que permitem, ainda que sob a marcação ritmada, tradição, música e enredo, corpos fluidos e movimentos tradutórios, numa tensão permanente do paradoxo da transmissão/tradução, da encenação que remete a uma origem e que a rasura em suas variações. Mas tudo é movimento... E as performances curriculares, a que movimentos remetem? (CARVALHO e FRANGELLA, 2020, p. 194).

Retomamos a indagação de Carvalho e Frangella (2020, p. 194): "Mas tudo é movimento... E as performances curriculares, a que movimentos remetem?", como proposta para refletirmos sobre o processo de fazer pesquisa, como essa possibilidade de "entrar no palco", à espera do imprevisível, do disruptivo, do inaugural, do sempre novo, apesar das linhas já traçadas, das palavras já ditas, dos textos já escritos. Esse texto nos soa como esse convite constante de (re)significação do movimento de construir e constituir um grupo de pesquisa e o que esse grupo conceitualmente carrega, sem fixar, mas ajudando a pensar sobre nossas *passagens* como vidas vividas por entre o campo do currículo.

Pesquisas como rastros curriculares

> Trata-se de produzir um novo conceito de escrita. Pode-se chamá-lo gramma ou différance. O jogo das diferenças supõe, de fato, sínteses e remessas que impedem que, em algum momento, em algum sentido, um elemento simples esteja presente em si mesmo e remeta apenas a si mesmo. Seja na ordem do discurso falado, seja na ordem do discurso escrito, nenhum elemento pode funcionar como signo sem remeter a um outro elemento, o qual, ele próprio, não está simplesmente presente. Esse encadeamento faz com que cada "elemento" – fonema ou grafema – constitua-se a partir do rastro, que existe nele, dos outros elementos da cadeia ou do sistema. Esse encadeamento, esse tecido, é o texto que não se produz a não ser na transformação de um outro texto. Nada, nem nos elementos nem no sistema, está, jamais, em qualquer lugar, simplesmente presente ou simplesmente ausente. Não existe, em toda parte, a não ser diferenças e rastros de rastros (DERRIDA, 2001, p. 32).

O termo rastro, usado por Derrida, evidencia uma estrutura de significação que impede que um elemento esteja presente em si mesmo e remeta apenas a si mesmo. A lógica derridiana, ao sugerir a suspensão de um saber respaldado numa lógica formal, propõe um modo de pensar que não se apoia numa lógica de conceitualização da razão a partir do eu, mas na incessante convocação do outro, numa ideia de hospitalidade infinita ao outro. E é nesse sentido que trazemos a ideia de rastro, que não é nem presença e nem ausência, como uma forma outra de pensar a alteridade. É nesse movimento de pensar a alteridade que compreendemos as pesquisas realizadas pelo grupo de pesquisa como rastros, e as trazemos neste diálogo que nos incita a pensar na significação curricular como uma constante convocação do outro, ao longo da nossa trajetória.

Nosso recorte temporal traz como foco a política curricular da rede municipal do Rio de Janeiro – a Multieducação – concebida pela Prefeitura do Rio de Janeiro como a possibilidade de leitura do processo educativo dentro da multiplicidade de situações da cidade e da imensa rede de ensino do município do Rio de Janeiro (BARREIROS e FRANGELLA, 2007). A abordagem do ciclo de políticas de Stephen Ball contribuiu para a discussão dessa proposta curricular e subsidiou outras pesquisas (SILVA, 2011; FARIA e BARREIROS, 2014) na busca pelo rompimento com a verticalidade na leitura das políticas, viabilizando o questionamento sobre a dicotomia entre política x prática ou projeto x implementação. Faria e Barreiros (2014, p. 6) argumentam que existem "pontos fronteiriços sobre o trânsito das ideias que tensionam os significados produzidos pelo macro e micro na política curricular".

Silva (2011) também recorre à abordagem do ciclo de políticas proposto por Ball (1994 *apud* MAINARDES, 2006), a fim de problematizar a dinâmica entre a Prefeitura do Rio de Janeiro e a escola, tendo como foco uma das instituições escolares do município do Rio de Janeiro. Através da pesquisa de campo, a autora destaca um cenário político-educacional na rede municipal do Rio que visava à universalização do ensino e de práticas pedagógicas monoculturais propostas pela Prefeitura. Porém, em suas análises sobre a produção política, Silva (2011) discute o processo de negociação de culturas que contribui para a desconstrução das práticas escolares naturalizadas como padrão. Mais ainda, com base na noção de hibridismo, a autora enfatiza que os atores políticos vão se constituindo num processo de identificação através das relações que tecem nas disputas políticas – relações negociadas – e, desse modo, não há algo que anteceda a identidade a ser estabelecida aprioristicamente. Assim, em sua opinião, o conhecimento deve ser pensado na relação entre os atores políticos, levando-se em conta que "as certezas nos escapam e que os modelos são inúteis" (SILVA, 2011, p. 61).

A discussão sobre identidade como processo de identificação também se destaca na investigação de Junior (2012) que tem como objeto de pesquisa o Centro Cultural Sobradinho, situado no Município de Quissamã, no Estado do Rio de Janeiro, administrado pelo próprio Município. Assim como Silva (2011), Junior (2012) realiza uma pesquisa de campo e defende que os professores do Centro Cultural produzem currículo e vão se constituindo culturalmente, através de ações culturais e cursos de formação artística como música, dança, teatro, artes visuais, xadrez e sala de leitura. Desse modo, Junior (2012) ressalta que o currículo não é escrito *a priori*, mesmo com a ênfase no estabelecimento de hierarquias por parte do governo municipal, argumentando que o currículo é produzido na constituição dos seus atores.

Meyre-Ester B. de Oliveira (2017) recorre às discussões sobre identidade para discutir a produção curricular em uma universidade multicampi – sua tese tem como foco a Universidade do Estado do Rio Grande do Norte (UERN) – marcada por zonas fronteiriças com outras unidades da federação. A autora chama atenção para a tensão da produção curricular em meio a um processo de fixação de uma identidade institucional. Ao entrecruzar as discussões entre currículo, política e cultura, compreende a (im)possibilidade de fixação de uma identidade única (institucional), visto que a política curricular é sempre um processo híbrido, que envolve negociações, traduções e disputas de sentidos, com processo de significação que é sempre adiado.

Nesse processo, atentamos para discursos que primam pela unicidade do currículo e que projetam horizontes para qualidade, direito e conhecimento, na tentativa, também, de fixar identidades no que diz respeito, por exemplo, à formação de professores. A pesquisa de Fernandes (2012) teve como foco o Programa de Formação Inicial para Professores em Exercício na Educação Infantil (Proinfantil), articulando-o a um movimento de políticas de formação de professores voltadas para a educação de uma maneira geral e para a Educação Infantil. Cita, por exemplo, o Programa de Formação de Professores Alfabetizadores – PROFA (Programa de Formação de Professores Alfabetizadores, 2001) que tinha por objetivo "realizar um aprofundamento junto aos docentes do Ensino Fundamental para que desenvolvessem habilidades relacionadas ao processo de ensino e aprendizagem da leitura e escrita com os estudantes" (FERNANDES, 2012, p. 14).

Além desses, o Programa de Formação Continuada de Professores das Séries Iniciais do Ensino Fundamental (Pro-letramento, 2007), "que se dividia em Pro-letramento de Alfabetização e Linguagem e Pro-letramento de Matemática" (FERNANDES, 2012, p. 14), sendo realizado pelo Ministério da Educação em parceria com estados e municípios e tendo como público--alvo os professores em exercício das séries iniciais do Ensino Fundamental. Também fazendo parte desse conjunto de ações e programas para a Educação Infantil, a autora menciona que o Ministério da Educação criou o Programa Nacional de Biblioteca da Escola (PNBE/2008), com investimentos no campo da literatura, incluindo a Educação Infantil.

Portanto, segundo Fernandes (2012), neste contexto de elaboração de inúmeros programas voltados para a formação continuada de professores, o Proinfantil foi proposto no esteio de outro Programa – o Proformação –, que sofreu ajustes para atender as demandas dos professores de Educação

Infantil. Também subsidiada no ciclo de políticas de Stephen Ball, a autora analisou o portfólio produzido por onze professoras cursistas no Município de Mesquita, no Estado do Rio de Janeiro, problematizando a proposta do curso como política curricular que foi sendo tecida pelos professores, através da sua própria formação, como campo de negociações e disputas sobre concepções de infância, docência, currículo e organização das creches e pré-escolas.

Temos percebido que a formação continuada de professores é uma questão cara a ser discutida no movimento das políticas curriculares e, ao olharmos para as problematizações dessas pesquisas, vamos abrindo nossa lente para outros movimentos que estão articulados nesse processo. Mendes (2014) comenta sobre o seu processo de pesquisa, comparando-o a um monóculo que vai se abrindo para uma grande foto, sem a intenção – e possibilidade – de revelar todos os sentidos impregnados nas políticas curriculares:

> Como nas fotos de monóculo, é através de uma pequena lente de aumento que se encaixa parcialmente o olhar, e me apego a essa parcialidade sabendo que nada é absoluto; basta fechar um olho e abrir o outro para descobrir uma foto ou uma história atravessada pela luz, mantenho um olho fechado ao focar na prova, mas minha visão excedente se esforça para entrever currículo, autonomia, qualidade e o que mais circunda a avaliação (MENDES, 2014, p. 93).

Assim como Mendes (2014), ao olharmos para o nosso processo de pesquisa pelo monóculo, as nossas passagens vão se deslocando e nos trazem performances curriculares engendradas em articulações que tentam legitimar demandas para a própria escola, articuladas como justificativa para o incremento da formação continuada de professores. A pesquisa de Mendes (2014) tem como foco de investigação os movimentos da política de avaliação, entendendo-a como política curricular, na rede municipal de educação do Rio de Janeiro. Em suas análises, as políticas avaliativas acarretam tentativas de fixação de sentidos para conteúdos, formação do aluno e formação dos professores ao introduzirem estratégias de controle, através de provas bimestrais, produção de material pedagógico, entre outras avaliações que se destacavam na rede municipal de ensino, contribuindo para a legitimação de conhecimentos e práticas na própria rede.

> Entende-se que a necessidade de significação da avaliação pode ser marcada pela própria necessidade de significar as demandas sociais, aliadas às ações pedagógicas, o que, por conseguinte, acaba por delinear as características do sistema de ensino municipal. A partir do discurso presente nos documentos curriculares, sinalizo que de certo modo existe uma constituição curricular reguladora, enunciada nessa relação, delimitada não só

pela prova, mas também pelos aparatos pedagógicos utilizados na rede (MENDES, 2014, p. 44).

A autora tece considerações sobre as relações de poder engendradas nas políticas de *accountability* que resultam em mais recursos, incentivos, premiações e orientações das competências para o currículo, buscando legitimar uma política de regulação para a prática docente, "em que a pontuação nas provas adquire status de qualidade" (MENDES, 2014, p. 90). A fim de problematizar esse movimento, a autora trabalha com a noção de fetiche (BHABHA, 2001):

> Para o autor, o fetiche irá representar a ambiguidade, ao mesmo tempo em que afirma ele nega, o fetiche é presença e ausência, o fetiche é ambíguo, híbrido e limítrofe. O fetiche funciona simultaneamente como uma fantasia original, em torno da ansiedade que ela gera e da percepção de uma falta de plenitude (BHABHA, 2001 apud MENDES, 2014, p. 19).

Mendes (2014) argumenta que a qualidade é o fetiche na avaliação. É presença e ausência, uma fantasia da qual não se tem certeza da plenitude e é pouco nítida, pois está sempre ameaçada pelo hibridismo. Portanto, segundo a autora, o fetiche "representa o jogo simultâneo e híbrido entre uma afirmação de plenitude e a ansiedade gerada pela ausência com relação ao discurso da qualidade" (MENDES, 2014, p. 19).

Os entrecruzamentos de um PACTO

A discussão sobre as tensões/negociações entre as demandas próprias de cada escola da rede municipal de educação do Rio de Janeiro e as questões globais nas políticas curriculares para o Ensino Fundamental potencializaram questões acerca de outros movimentos políticos, com o envolvimento das redes de ensino, mais especificamente a do Rio de Janeiro. Discutimos as ações dos coordenadores pedagógicos que atuavam como formadores dos professores no município do Rio de Janeiro, e esta pesquisa, por sua amplitude, fomentou a produção do primeiro livro do grupo de pesquisa, intitulado: *Políticas Curriculares, Coordenação Pedagógica e escola: desvios, passagens e negociações* (FRANGELLA et al., 2016). A obra evidencia a responsabilidade pedagógica assumida como tarefa importante para fazer emergir reflexões sobre a educação e toda sua complexidade. A ênfase dada à função do coordenador pedagógico como instância de mediação, articulação e sua inserção híbrida, expressa na fala recorrente "estou coordenador" (sou professor) (FRANGELLA, 2016, p. 8), adensa a perspectiva do professor curriculista e do currículo como enunciação cultural.

Nesse percurso de investigação das políticas curriculares no âmbito do Município do Rio de Janeiro, observamos o envolvimento dos coordenadores pedagógicos com as ações de uma política nacional voltada para a formação de professores – o Pacto Nacional pela Alfabetização na Idade Certa (PNAIC), criado em 2012, sob a proposta de um compromisso formal entre governos federal, Distrito Federal, estados e municípios para "assegurar que todas as crianças estejam alfabetizadas até os oito anos de idade, ao final do 3º ano do Ensino Fundamental" (LABORATÓRIO DE EDUCAÇÃO, 2014; MINISTÉRIO DA EDUCAÇÃO, 2012). Através das pesquisas "Políticas de Currículo e alfabetização: negociações para além de um pacto (2015) e Políticas de Currículo e infância: entre paradoxos e antíteses, renegociando os pactos (2018)", aproximamo-nos do PNAIC e nossas investigações levantaram questões importantes sobre os movimentos e discursos potentes acerca da tentativa de centralização curricular, desdobrando-se em problematizações para os campos da alfabetização, da infância, da formação de professores alfabetizadores, de leitores e escritores e também da avaliação.

Rodrigues (2017), ao discutir a proposta da Avaliação Nacional da Alfabetização – ANA, observa que se trata de uma política de avaliação externa que ganhou destaque com o PNAIC, sendo utilizada como forma de aferir o "nível" dos alunos que devem estar alfabetizados no final do 3º ano do ciclo de alfabetização. Através dos documentos referentes à ANA e dos blogs dos professores, onde compartilhavam experiências sobre "a necessidade de treinamento dos alunos para a ANA" (RODRIGUES, 2017, p. 1), a autora problematiza uma rede de significados que mobiliza sentidos sobre avaliação, currículo, alfabetização e conhecimento, dinamizados numa perspectiva de centralização curricular.

Os sentidos de avaliação mobilizados nesses discursos também contribuem para reforçar a responsabilização docente, tanto no que diz respeito à formação, quanto ao trabalho do professor em sala de aula. Segundo Axer (2018), o PNAIC, através da ênfase na pactuação e no esforço coletivo da sociedade, como parte também do movimento da própria Base Nacional Comum Curricular, sugere normatizações e sentidos para alfabetização nacional, assumida pelos governos federal, estadual e municipal, com objetivo de assegurar a alfabetização das crianças até os oito anos de idade. Nesse sentido, o eixo norteador do PNAIC era a formação, como pontuam Axer, Frangella e Rosário (2017), cuja intenção era formar educadores que seriam preparados teórica e objetivamente, com vistas à proposição de soluções para os problemas enfrentados pelas crianças em processo de alfabetização, de acordo com a proposta do MEC, à época.

Nesse movimento de pesquisa sobre a formação dos professores e sobre a responsabilização docente, diretamente atrelada à perspectiva de centralização curricular, destacamos a Base Nacional Comum Curricular – BNCC

–, articulando-se ao PNAIC como política curricular. Tal articulação tem nos colocado num jogo político que implica sentidos de pactuação – nacional – e tem se mostrado potente mobilizadora de lutas sociais sobre equidade, igualdade, transformação social, melhoria da qualidade na educação, garantia de direitos, inclusive garantia do direito a um conhecimento entendido como comum para todos. Sob esse aspecto, as pesquisas de Drummond (2019), Solís (2017), Rodrigues (2020) e Afonso (2020) trazem questões relativas à ideia universalizante que tem tensionado a produção do currículo, contribuindo para uma lógica de apagamento das diferenças.

Currículo-Nação: normatizações e escapes

Em diálogo com o pensamento de Bhabha (2013), Afonso (2020) problematiza o sentido de nação como narração (BHABHA, 2013), chamando atenção para diferentes movimentos discursivos e reformas político-educacionais que mobilizam o sentido de nação enquanto marco regulatório ao enaltecerem a necessidade de um currículo único. A autora utiliza o termo "Currículo-Nação" para sublinhar as perspectivas de unicidade para o currículo e, ao mesmo tempo, trazer a ambivalência que é inerente à própria tentativa de se afirmar a unicidade como norma. Por conseguinte, Afonso (2020) defende que a nação é uma experiência (im)possível que se constitui em uma dupla temporalidade. A produção curricular se dá em constante movimento, sendo produzida em diferentes espaços-tempos e por diversos atores sociais.

A noção de ambivalência proposta por Bhabha (2013), abordada por Afonso (2020), tem subsidiado os trabalhos do grupo de pesquisa na defesa de que a autoridade é sempre contestada. Bhabha (2013), ao problematizar o migrante diante da autoridade colonial, sob a perspectiva da tradução, argumenta que há um estado ininterrupto de contestação das estruturas de referência do sentido original. Portanto, os elementos estrangeiros perturbam e exigem outros arranjos políticos, não simplesmente negando, mas participando da negociação de sentidos. O estrangeiro é um elemento instável de ligação que revela o "presente" disjuntivo da tradução, entendida como o ato de viver em fronteiras, uma transição que não é tranquila, tampouco é uma continuidade consensual, mas sim a configuração da reescrita das experiências que se movimentam em constante processo de diferimento. Nesse sentido, a ideia de nação com a qual Bhabha (2013) trabalha, como algo constantemente questionado pelo elemento estrangeiro, tem nos auxiliado na problematização da unicidade do currículo como um espaço permanente de contestação discursiva.

A dissertação de Solís (2017) mobilizou a discussão sobre o "nacional" no território mexicano, ao problematizar a Campanha Nacional de Alfabetização e Abatimento do Atraso Educativo (CNAARE), apresentada em 2014, como uma estratégia do governo federal para diminuir a taxa de analfabetismo no país, com o objetivo de libertar o país do "flagelo" que acomete a população em "condição de vulnerabilidade". A autora questiona os sentidos que se constituem na rede enunciativa desta campanha, como uma política curricular em torno da noção do nacional em referência ao diferente que, na pesquisa, tem como foco a população indígena.

A campanha mexicana, entendida como política de currículo, buscou abarcar a noção de sujeito nacional, baseada no mito da mestiçagem como estratégia discursiva que condensa as diferenças numa equivalência de igualdade, mas que as apaga na busca pela identificação de um sujeito mexicano. A autora argumenta que a proposta nacional de alfabetização desconsidera, em última instância, as centenas de variedades linguísticas indígenas ao reconhecer como alfabetizado o sujeito que domina a escrita e a fala na língua espanhola. Segundo a autora, a proposta se apresenta "flexível e diversificada de módulos que entendem as diferenças, mas que, por seu caráter nacional, apresentam os rastros em cada relação que se estabelece com o analfabetismo no México" (SOLÍS, 2017, p. 114). O Instituto Nacional de Educação para Jovens e Adultos, implementador de tal política, faz parte do Sistema Educacional Mexicano, e sua ação se apresenta "com uma postura de supremacia cultural entre o nacional e o local, mesma postura que, em outra dimensão, interpõe-se com a pertinência cultural que se busca no atendimento à população em condição de analfabetismo" (SOLÍS, 2017, p. 107).

Solís dialoga com Bhabha (2013) e Macedo (2016) ao compreender as narrações políticas como enunciações culturais, defendendo a ideia de impossibilidade da narração do nacional do sujeito pedagógico mexicano, uma vez que é impossível homogeneizar cada particularidade dos diferentes grupos que se apresentam dentro do conceito de analfabetos no país. Defende ainda a ideia de que "buscar a universalização do serviço, atender o analfabetismo partindo do nacional reproduz as lógicas que constituíram o analfabetismo" (p. 115), aquela que, ao tentar fixar um sentido para o nacional, tanto para a política quanto para os sujeitos, exclui e viola o direito à educação que atenda às necessidades de cada um.

Rodrigues (2020) também coloca em evidência sentidos que vão tentando se hegemonizar quando da assunção de uma identidade nacional. Em sua pesquisa, o autor problematiza o sentido de nação e nacional na BNCC ao analisá-la em seus processos políticos de elaboração, com foco nos anos finais do Ensino Fundamental no campo disciplinar da Geografia. Em diálogo com Bhabha (2014) e Laclau (2011), assumindo o currículo como espaço de negociação e articulação múltiplas que produzem sentidos, sem apriorismos, Rodrigues (2020) argumenta sobre a impossibilidade de um fechamento de sentidos nacionais nos discursos da BNCC, "uma vez que nada na política é previamente definido e a constituição dos discursos é forjada na contingência, nas tensões fronteiriças sempre móveis" (RODRIGUES, 2020, p. 133).

Segundo o autor, tal política busca estancar, através de nomeações, normatividade e textualizações discursivas, um sentido hegemônico, na tentativa de sufocar escapes tradutórios. "A busca por totalidade e universalismo é uma forma de buscar forjar domínio, controle e estancamentos. Entendo que esta busca mobiliza a política" (RODRIGUES, 2020, p. 135).

Especificamente no que diz respeito ao campo da Geografia, Rodrigues (2020) argumenta que a BNCC, ao assumir o que é essencial para o enquadramento curricular na disciplina, os sentidos de "nacional" vão se homogeneizando, num movimento de inclusões e exclusões (LACLAU, 2011). Para o autor, o projeto de formação universal contido na BNCC reverbera na Geografia, através do sentido de espaço como algo linear, sobrepondo as contribuições deste campo de conhecimento, ao abordá-lo como algo previsível e passível de apropriação, em busca de uma agenda identitária e de formação nacional. Essa perspectiva é refutada pelo autor, que pensa as "geografias" nas suas diferenças, considerando as epistemologias constituídas no pensamento geográfico acumulado e negligenciado pela BNCC. Com base nisso, percebe o sentido de "nação" como algo questionável.

Diante da perspectiva de centralização curricular, Drummond (2019) problematiza os sentidos que vão sendo postos para a infância, quando a ênfase recai sobre a escolarização como um suposto acesso a um mesmo conhecimento na tentativa de se estabelecerem saberes que tensionam a produção do currículo. A autora questiona o sentido de direito que tem sido mobilizado nessas políticas que se articulam à ideia de que as políticas curriculares devem se pautar no universal/comum como garantia de direitos e justiça. O diálogo com Derrida (2010) a aproxima das discussões acerca do direito e da justiça e a permite revisitar conceitos aparentemente naturalizados na construção discursiva do direito à educação. Drummond (2019) aponta que

> Para Derrida (2010), a constituição de direito sempre carregará consigo algum tipo de exclusão, seja de algo ou alguém, uma vez que o direito se faz na tentativa de homogeneização. O autor pontua ainda que atender um direito não é, necessariamente, garantir "justiça". Nesse sentido, a democracia não poderia ser compreendida como decorrência "natural" do acesso ao direito. Para ele, o direito se relaciona com a justiça de modo aporético, por pertencer à ordem do cálculo, enquanto a justiça é incalculável porque se refere à singularidade do absolutamente outro. A garantia de um direito não necessariamente o é de justiça, pois justiça requer singularidade. (p. 95)

O diálogo de Drumond (2019) também potencializa articulações que se dão em torno do tempo que, além de instituir um modo de organização a partir de classificações etárias, evidencia uma concepção linear, literal e sequencial como caminho para projeção de um futuro predefinido. Na problematização deste tempo, a autora propõe uma interlocução com a obra literária de *Alice no País das Maravilhas*, aliada a uma reflexão sobre o tempo cronológico que cobra respostas impossíveis de serem mensuradas pelo tempo psicológico. Para a autora, a evocação do tempo como ato normativo para definição de um direito também evoca aspectos de sua imprevisibilidade:

> Do ponto de vista do acesso e da obrigatoriedade como garantia do direito à educação, a questão do tempo como marcador que tangencia e cria indicadores do que pode ser medido e padronizado é questão que, dentre outras, tensiona a produção das políticas curriculares atuais. Dados sobre o tempo de escolarização dos estudantes a curto prazo no discurso do tempo integral e a longo prazo, no que diz respeito aos anos de escolarização e ainda a ideia de que quanto mais cedo se ingressa na escola mais chance de sucesso na vida escolar, tem sido enfoque nas discussões educacionais (p. 165).

Por fim, vale salientar o destaque feito pela autora quando pontua que, em nome da justiça, equidade e democracia, reduz-se e se simplifica o papel da escola, cabendo a ela ensinar os objetivos daquilo que se supõe deva ser aprendido. Trata-se, na visão da autora, de ressignificar educação de qualidade, condições de acesso, justiça e democracia.

A questão do tempo também é provocada no trabalho de Dias (2019), ao discutir os sentidos de leitura e escrita na BNCC para Educação Infantil. A autora destaca a articulação desta política com o PNAIC e com a Lei 12.796/2013, que prevê a obrigatoriedade de matrícula das crianças a partir dos 4 anos de idade, compreendendo que tal movimento produz sentidos de leitura e escrita para Educação Infantil, uma vez que um dos aspectos que se destacam na política base para Educação Infantil diz respeito à transição para o Ensino Fundamental, sendo este – para a autora – um discurso que fortalece a necessidade de preparação para a alfabetização. Dias (2019) dialoga com textos literários, abordando a história de Peter Pan e o crocodilo "Tic-Tac" que o persegue com o prenúncio de um tempo que se aproxima e que persegue. "O Tic-Tac vem a perseguir a pré-escola quando infere sentidos de responsabilização da Educação Infantil no que tange à aprendizagem da leitura e da escrita" (DIAS, 2019, p. 59).

Essas questões acerca da importância de um olhar para a infância sob a noção de alteridade se entrelaçam a outros movimentos de investigação que trazem uma preocupação sobre as agendas da educação no Brasil com investimentos em uma matriz única, dinamizando sentidos em torno da necessidade de centralização curricular que projeta um currículo comum. Tal natureza epistemológica acerca do conceito do universal/comum como já postulamos, vem sendo denunciada e problematizada por entidades e pesquisadores do campo. O nacional, tal qual sugere Lopes (2015), enseja uma perspectiva de construção de um fundamento, um padrão, um conjunto de critérios consensuais com o objetivo de definir, de uma vez por todas, uma identidade, através de propostas apresentadas como nacionais, sendo o nacional mais que o território, um espaço simbólico e cultural.

Educação Infantil tem currículo?

Na continuidade de um diálogo curricular com a infância e com a ideia de qualidade como caminho salvífico, Cristiane G. de Oliveira (2017b) analisa a produção curricular em uma instituição pública marcada pela ideia de oferta de Educação Básica de qualidade por meio do processo de instituição da Educação Infantil. Em diálogo com Bhabha (2013), evidencia a linguagem sob uma perspectiva discursiva e enunciativa, sugerindo que todo posicionamento é sempre um processo de tradução e transferência de sentido, distanciando-se de uma visão de cultura essencializada e que diferenças culturais devem ser compreendidas no momento em que constituem identidades, de modo contingente, indeterminado, podendo ser reinscritas e realocadas (BHABHA, 2013 apud OLIVEIRA, 2017).

A autora, ao partir do pressuposto de que a criação de uma proposta pedagógica para Educação Infantil se dá num contexto de transformações legais e disputas políticas, expõe os tensionamentos e negociações que se colocam nos diferentes saberes, fazeres e experiências docentes, aliadas às demandas de um coletivo de educadores e responsáveis que projetam, de alguma maneira, um fechamento identitário que, por sua vez, constrói um sentido de qualidade. Ao questionar: "Educação Infantil tem currículo?" aproxima-nos das questões desenvolvidas por Camões (2019) na articulação entre infância e currículo, em que a autora problematiza a infância como alteridade, como experiência, com e na diferença, trazendo a criança para o jogo da produção curricular.

Na interlocução com a perspectiva derridiana, a autora se permite pensar a produção da pesquisa para além da fixação e estabilização de sentidos. Inquietada pela BNCC, documento de caráter mandatório que estabelece os campos de experiência como caminho para "organizar" a educação das infâncias, a autora questiona os sentidos de experiência que a subordina à previsibilidade, aplicabilidade e linearidade. A aproximação teórica com os estudos derridianos evidencia a experiência como acontecimento, indo na contramão de uma lógica metafísica que se configura pelo desejo ao acesso imediato ao significado, ao sujeito como presença. O reconhecimento de uma educação alteritária é assumida como fio condutor que atravessa a questão proposta na tese: a possibilidade de discutir uma educação que concebe a infância como experiência; sem ideal, sem garantias, sem prescrições, sem tempo previsível. Experiência é, portanto, uma noção central da pesquisa e a partir da provocação: previsibilidade ou experiência? Ganha notoriedade a potência destes termos para discutir sobre os sentidos que se hegemonizam na produção curricular.

Em publicação recente, Oliveira e Camões (2019) articulam suas pesquisas e sugerem uma reflexão sobre as significações produzidas a partir da proposição do PNAIC e da BNCC como políticas de centralização curricular, inquirido os significados para o currículo, para a Educação infantil, para a alfabetização e para a formação. Pontuam que a tentativa da assunção da previsibilidade subjacente à escola, aliada à tentativa de estabilização de sentidos por meio das políticas de centralização curricular (PNAIC/BNCC), acenam para um caminho de presunção de centralidade e contrariamente postulam a necessidade de se pensar um currículo *com* as crianças, sem conteúdos pré-fixados. Em diálogo com Derrida (2003 apud OLIVEIRA e CAMÕES, 2019), apostam nas referências sobre o "talvez" como forma de conexão com o acontecimento, como invenção da ordem do impossível.

Oliveira, Camões e Frangella (2019) apontam para uma reflexão sobre as infâncias e a formação de professores numa perspectiva alteritária. Sinalizam que o olhar para uma infância descolonizada está interconectado com uma formação docente que caminhe nesta direção. A assunção da produção curricular como produção cultural projeta um sujeito que não está dado aprioristicamente e nesse sentido insta perguntar: "qual a perspectiva a se adotar para entender a perspectiva das crianças?" (CAMÕES, OLIVEIRA e FRANGELLA, 2019, p. 184).

O exercício de pensar a infância na condição de alteridade também foi mote de discussão de Carvalho e Frangella (2020) que, em diálogo com a literatura mais ampla sobre diferença, cultura e alteridade, principalmente com base nas obras de Homi Bhabha, Arjun Appadurai, Jacques Derrida e Gayatri Spivak, debatem temas sobre a infância, a partir do programa *Chaves*[8]. As autoras defendem a necessidade de se discutir a infância vivida a partir de uma condição de alteridade para pensar a infância como um espaço liminar de produção cultural. Nesse sentido, na concepção das autoras, as crianças disputam espaço, disputam significados e inventam as condições de sua existência. Representam sua identidade como iteração, recriando-se no mesmo processo de subjetivação do qual os adultos também participam. As crianças lutam pela criação de um mundo humano e lutam por reconhecimento recíproco.

---

8   *El Chavo del Ocho* (*Chaves* no Brasil e *O Xavier* em Portugal), ou simplesmente *El Chavo*, é um seriado de televisão mexicano que aborda as interações de um grupo de pessoas que moram em uma vila. O protagonista, Chaves, é um garoto órfão de oito anos que muitas vezes enfrenta problemas com adultos, incluindo personagens como Seu Madruga, Dona Florinda e Dona Clotilde. Ele também convive com seus amigos Quico e Chiquinha. Muitas vezes, Chaves é encontrado em um barril de madeira que, segundo o próprio personagem, é apenas um esconderijo. Na verdade, ele mora na casa de número 8. Há outros moradores na vila, como o proprietário, Seu Barriga, Seu Madruga, Dona Neves e Chiquinha (na casa 72), Dona Clotilde, apelidada de Bruxa do 71 por sua aparência e o número de sua residência. https://pt.wikipedia.org/wiki/El_Chavo_del_Ocho

Ao parafrasearem Spivak (2010 apud CARVALHO e FRANGELLA, 2020), que deu a uma de suas obras o título "Pode o subalterno falar?", as autoras perguntam: a criança pode falar?, refletindo sobre a noção de subalternidade proposta por Spivak e trazendo-a para a discussão sobre as relações entre infância e educação. Desse modo, chamam atenção para a polissemia do termo subalterno, que não pode ser entendido em um sentido homogêneo. Spivak (2010 apud CARVALHO e FRANGELLA, 2020) argumenta que ninguém deve falar pelo subalterno que, nesta condição, é mantido como um objeto. Mas os espaços de enunciação devem ser abertos para que o subalterno possa falar e representar a si mesmo. Em diálogo com Spivak, as autoras entendem que, numa relação pautada na alteridade, o subalterno só encontra o outro legítimo na negociação com ele.

Nessa proposição de pacto, percebemos as tentativas de unicidade do currículo que se desdobram em tentativas de fixação de identidades para a criança e para o professor, projetando horizontes a serem alcançados. Tal qual observa Pinar (2011), consideramos currículo como uma conversa complicada. E mergulhar nessa conversa exige uma abertura na qual se possa pensar no outro, na produção de significados. Para as escolas, permanece o desafio de, reconhecendo as relações sob o enfoque da alteridade, valorizar e incentivar as diferenças, através das quais as experiências subjetivas, também das crianças, são tecidas contingentemente e marcadas pela dialogicidade, continuando enredadas umas nas outras e marcadas pelas diferenças, mas não mais obliteradas ou negadas (CARVALHO e FRANGELLA, 2020).

Professores em formação: performar e diferir no uso das tecnologias e ambientes virtuais

Suscitamos, neste momento, questões sobre o foco dessas políticas no trabalho do professor, principalmente no que concerne à responsabilidade de "implementação" de políticas públicas em sala de aula, com vistas à garantia de direitos. No texto produzido para a programação de trabalhos encomendados do GT Currículo na 39ª Reunião Nacional da ANPEd – Associação Nacional de Pós-Graduação e Pesquisa em Educação – Frangella, Axer, Carvalho, Oliveira C. G. de, Camões, Sales e Drummond (2019), as autoras refletem sobre expressões que objetificam o currículo, como, por exemplo, "do currículo à sala de aula", expressão destacada na divulgação de um curso on-line, destinado a professores, coordenadores pedagógicos e profissionais de Secretarias de Educação, responsáveis pelo currículo e formação de professores, com vistas à "aplicação" da BNCC nas salas de aula, no dia a dia da escola, pretendendo auxiliar a "implementação" da BNCC "na prática".

Ressaltamos que a ênfase na "implementação" perpassa, também, as questões do entrelace entre currículo e tecnologia. Temos observado que as propostas político-curriculares nos trazem um jogo tanto no que diz respeito à necessidade do uso da tecnologia como ferramenta em sala de aula quanto ao estímulo para que os professores utilizem ambientes virtuais para propagação das "boas" práticas que garantam o "sucesso" no processo de ensino--aprendizagem. Ferreira e Rosário (2019) destacam o movimento discursivo sobre a importância do uso dos aparatos tecnológicos nas práticas pedagógicas, sob a justificativa de que trazem resultados positivos aos processos educacionais, atrelados inclusive ao alcance dos índices de avaliação. Esse é um movimento que vem se agudizando nas políticas curriculares, com a participação do terceiro setor, como destacam as pesquisas de Silva (2015) e Carvalho (2015) ao investigarem projetos propostos no Município do Rio de Janeiro, como o Projeto *KidSmart* (SILVA, 2015) e a Plataforma Educopédia (CARVALHO, 2015).

O Projeto *KidSmart* foi um Programa criado pela International Business Machines (IBM) que visava integrar a tecnologia às situações de aprendizagem pré-escolar, com o intuito de facilitar o desenvolvimento de crianças em idade pré-escolar, através de jogos educativos disponibilizados em computadores com aparência de brinquedos. A ideia era atrelar a tecnologia aos conteúdos específicos de cada área de conhecimento que constituía o currículo da Educação Infantil do Município do Rio de Janeiro e a formação e capacitação dos professores eram de responsabilidade de um Instituto brasileiro, chamado Avisa Lá[9] (SILVA, 2016).

Da mesma forma, a plataforma Educopédia – ambiente virtual que disponibilizava aulas digitais – estava atrelado à proposta de orientação curricular, vigente à época no Município do Rio de Janeiro, e visava o treinamento dos alunos para as avaliações externas. De acordo com o pronunciamento da então Secretária Municipal de Educação, a Educopédia era uma ferramenta fundamental, pois "além de instrumentalizar o professor, tinha toda uma linguagem que falava diretamente com as crianças e adolescentes, com material instigante para o desenvolvimento do raciocínio" (RIO DE JANEIRO, 2010 apud CARVALHO, 2015). Posteriormente, o Instituto Natura[10] assumiu as orientações do Projeto, contribuindo para dinamizar o trabalho dos professores com a plataforma nas escolas.

---

9 "O Instituto Avisa Lá é uma organização da sociedade civil sem fins lucrativos que, desde 1986, vem contribuindo para qualificar a prática educativa nos centros de Educação Infantil, creches e pré-escolas públicas. Junto às redes de Ensino Fundamental, desenvolve ações de formação para profissionais de educação visando a competência da leitura, escrita e matemática dos alunos nos anos iniciais". Disponível em: https://avisala.org.br. Acesso em: 20 jun. 2021.

10 O Instituto Natura é uma associação sem fins lucrativos ou econômicos, vinculada diretamente à empresa Natura Cosméticos S.A. A empresa Natura é uma empresa brasileira que comercializa produtos de tratamento para o rosto, corpo, sabonetes, barba, desodorantes, óleos corporais, maquiagem, perfumaria, cabelos, proteção solar e materiais de papelaria (NATURA, 2019).

Ferreira (2018), ao pesquisar o uso das tecnologias móveis em uma escola, argumenta que, embora existam tentativas de controle para o uso da tecnologia em sala de aula, com "atividades direcionadas", seu uso é constantemente burlado, pois sempre haverá escapes tendo em vista a imprevisibilidade que constitui a vida escolar. Os escapes, nesse sentido, não são compreendidos como "erros" ou um "desrespeito à regra", mas como constituinte de todo processo normativo, uma vez que – como afirma a autora – a escola é viva. Carvalho (2015) também defende essa perspectiva quando menciona que a tríade política, currículo e tecnologia se movimenta nesses espaços indecidíveis que constantemente enunciam sentidos outros no espaço escolar, uma vez que o processo educativo deve ser percebido como "instituinte de sentidos, como enunciação da cultura, como espaços indecidíveis em que os sujeitos se tornam sujeitos por meio de atos de criação" (MACEDO, 2012, p. 735 apud CARVALHO, 2015).

Nesse movimento currículo e tecnologia, a questão do uso de ambientes virtuais para a divulgação de "boas práticas" se destaca na pesquisa de Rosário (2018) em que a autora discute as práticas alfabetizadoras dos professores, problematizando o sentido de pacto, num contexto discursivo que tenta unificar concepções de alfabetização. Rosário (2018) adensa a discussão, que já mencionamos na pesquisa de Rodrigues (2017), sobre o movimento político curricular que transcorre nos ambientes virtuais, abordando, como objetos de pesquisa, os blogs, fóruns de discussão e páginas do *Facebook* que a autora discute como produções curriculares negociadas de forma contingencial, "indo além do que se pretende com os decretos e regulamentações documentadas pela política" (ROSÁRIO, 2018, p. 72).

A autora apresenta uma discussão vinculada ao trabalho do Ball (2014) sobre redes de políticas, observando que a rede de política, à qual Ball (2014) se refere, vai sendo tecida na relação com a rede que se articula virtualmente na tentativa de pactuar práticas curriculares, no âmbito de uma proposta política homogênea para a formação continuada de professores alfabetizadores. Nesse sentido, a autora chama atenção para outros sentidos que também estão em disputa no campo curricular, dinamizados nos ambientes virtuais, em função da ambivalência que perturba as políticas curriculares. Segundo a autora, o PNAIC, ao operar com esses blogs dentro de uma esperada previsibilidade, incentivando seu uso por parte dos professores, possibilita, ao mesmo tempo, a produção de sentidos como diferimento. Rosário (2018) observa que os espaços dos blogs e grupos do *Facebook* contribuem para questionamentos a posições dogmáticas, uma vez que há produção de muitos sentidos para a alfabetização, o que vai além do que é posto pelo próprio PNAIC.

Carvalho (2020) também considera a necessidade de atentarmos para o intenso fluxo de sentidos sobre a política curricular que tem circulado nos ambientes virtuais, inclusive acarretando desafios para as metodologias de pesquisa (AMARAL; NATAL; VIANA, 2008 apud CARVALHO, 2020). A autora observa as considerações de Derrida sobre a tecnologia, na série de entrevistas concedidas a Bernard Stiegler, que auxiliam no adensamento das questões relativas a espaço-tempo. O filósofo complexifica o tempo da palavra como um movimento que se demarca por um presente político, transformado a cada instante pela tecnologia num espaço/tempo não linear e não homogêneo, como uma produção artificial – um artefato – que potencializa o que entendemos por realidade como uma produção ficcional, formatada por dispositivos midiáticos (DERRIDA; STIEGLER, 2002 apud CARVALHO, 2020). Uma ficção que, em certos aspectos, privilegia a unicidade, em função das demandas de espetacularização. A realidade, então, deve ser problematizada como artefactualidade e artevirtualidade (DERRIDA; STIEGLER, 2002 apud CARVALHO, 2020).

Em seus trabalhos, Frangella (2019) recorre às noções de artefactualidade e artevirtualidade, ao discutir as diferentes inferências feitas à tecnologia na relação com a educação, destacando que as políticas atuais visam atrelar a tecnologia ao sentido de currículo único e prescritivo. A autora comenta que artefactualidade, como condição de produção da atualidade, diz respeito à realidade como algo que não é dado, mas produzido, mobilizado de forma performática: "o que acessamos são esquemas ficcionais". Quanto à artevirtualidade, Frangella (2019) observa que Derrida (DERRIDA; STIEGLER, 2002) trata da impossibilidade de uma demarcação precisa e binária entre virtual e realidade. A virtualidade afeta o espaço-tempo do próprio evento, rompendo com uma lógica sequencial e marcando a fluidez e ambivalência que estão em jogo. Frangella (2019) acrescenta ainda:

> O autor problematiza a questão do tempo, da tensão de um presente/presença reclamado e contínuo, mas o que busco destacar em diálogo com seu pensamento é a questão da alteridade – do outro. Nesse caso, um outro maquinal que precisa ser considerado enquanto tal, o que nos impele a refutar características como objetividade, neutralidade, transparência, imediatização, verdade. Um outro-máquina que performa e espetaculariza o evento, por vezes eclipsando sua singularidade. É a singularidade do evento como alteridade que precisamos discutir e retomar para pensar possibilidades críticas outras em relação à tecnologia. Tensionar a tecnologia como e na diferença, numa problematização que a ressignifique para além de uma ideia de horizontalidade, de um espaço público coabitado por todos, para todos e de forma igualitária, subsumindo relações de poder que perpassam essa *actifactuality*, ideia corrente que se manifesta no que estamos assistindo nos usos e abusos das redes sociais (FRANGELLA, 2019, informação oral).

Essas questões foram tecidas por Carvalho (2020), também atentando para o trânsito das redes de políticas, discutidas por Ball (2014). Inspirada na etnografia de redes, através da qual Ball (2014) mapeia as articulações das redes de políticas que se dão em reuniões presenciais, mas também nos blogs, *Facebook*, eventos virtuais e outras redes sociais, Carvalho (2020) se aprofunda no movimento do Instituto Natura que, segundo a autora, tem participado ativamente das proposições políticas nacionais, em parceria com outros Institutos e Fundações, deslocando-se nos ambientes virtuais. O objeto de estudo de Carvalho (2020) foi um dos projetos do Instituto – o Projeto Trilhas – que visa à formação continuada de professores alfabetizadores, articulada à BNCC. E um dos vieses dessa formação diz respeito ao incentivo para que professores publiquem vídeos no *YouTube*, utilizando os materiais do projeto – disponibilizados no portal Trilhas – e demonstrando a rotina proposta pelo Trilhas para o desenvolvimento do trabalho de leitura e escrita junto aos alunos.

Em diálogo também com o ballet de Pina Bausch – que também nos inspira neste texto –, Carvalho (2020) aproxima a discussão de Derrida sobre artefactualidade e artevirtualidade à arte bauschiana para pensar sobre os processos de tradução em que estamos enredados, através dos quais os sentidos são contestados continuamente, reconfigurados e se deslocam entre o verdadeiro e falso, realidade e ficção. A autora acrescenta que a arte do ballet de Pina, ao se jogar num processo experimental, ainda que haja o registro planejado de cada espetáculo, abre-se a um feixe de atividades físicas e mentais. Desse modo, ainda que nesses vídeos a experimentação pareça contida pela ideia de boas práticas e o estímulo à reprodução dessas práticas, a rotina é encenada de forma diferente, num processo de iteração que vai sendo articulado na medida em que o professor tenta reproduzir aquilo que lhe é proposto. Dessa forma, há algo de incomensurável na fronteira entre real e virtual, que se produz entre as tentativas de se informar a prática do professor e as atitudes negociadas das crianças ao buscarem a câmera o tempo todo, como assim a autora destaca.

Considerações

A metáfora das passagens na leitura das nossas pesquisas e produções textuais põe em campo as condições fronteiriças das políticas curriculares e nos permite propor um espaço de intervenção que reconfigura um entre-lugar contingente, interpondo-se como uma missão de inovação e interrupção que Bhabha (2013), em referência a Walter Benjamin, chama passado-presente – o tempo do agora. Esse tempo nos impele aos limites das outras vozes – dissonantes e dissidentes –, contribuindo para a invenção criativa dentro da existência, a partir do qual "algo começa a se fazer presente" (BHABHA, 2013, p. 25).

Nossos debates têm se fortalecido por dentro das condições fronteiriças, pensando por dentro do que se coloca como minoria que instiga a redefinição daquilo que se tenta colocar como padrão. Personagens dos estudos literários propostos por Bhabha (2013) têm nos proporcionado reflexões sobre as "histórias alternativas dos excluídos" que fissuram o juízo estético e a soberania de uma cultura nacional concebida. A personagem Seth de Toni Morrison, do livro *Beloved*, inspirada na história real de uma ex-escrava que assassinou a sua própria filha, ao ser encontrada por caçadores de escravos, traz uma redefinição no próprio movimento feminista da década de 1990 que fez eco tanto às narrativas libertárias femininas quanto "à dolorosa posição ética de uma escrava que é levada ao infanticídio" (BHABHA, 2013, p. 27). A obra *Beloved* traz uma reivindicação do lugar de fala da subjetividade da mulher negra diante da primazia pela construção de uma cultura e identidade nacionais que se centrava no referencial de um sujeito branco.

Na obra *Os filhos da meia-noite*, de Salman Rushdie (apud BHABHA, 2013), o personagem principal – Salim Sinai – e seus familiares são fontes inspiradoras para a discussão de que a Nação indiana é produzida nas vidas ambivalentes tecidas em tempos descontínuos em que a autoridade é deslocada, sempre dupla, com possibilidades múltiplas de significação em função dos movimentos relacionados à disputa de poder cultural. Em outro livro – *Versos Satânicos* – Rushdie discute questões culturais relativas a migrantes indianos em solo inglês, subvertendo a autenticidade do Corão, através do ato de tradução cultural, ao relatar a história dos indianos migrantes, atores na Inglaterra, que se metamorfoseiam – um em diabo e o outro em anjo – após sofrerem um acidente de avião (apud BHABHA, 2013).

Segundo Bhabha (2013, p. 356), Rushdie "recoloca a intencionalidade do Corão, repetindo-a e reinscrevendo-a no cenário do romance das migrações e diásporas culturais do pós-guerra" (BHABHA, 2013, p. 356). Esse é o motivo pelo qual, na acepção do Bhabha (2013), o livro *Versos Satânicos* foi considerado uma blasfêmia pelos muçulmanos. A blasfêmia reside na abertura de um espaço de contestação discursiva que coloca a autoridade do Corão dentro de uma perspectiva de relativismo histórico e cultural (BHABHA, 2013).

Num ir e vir entre passagens, buscamos ampliar os espaços de contestação discursiva, para pensarmos no currículo inimaginável. Acreditamos que nossa blasfêmia resida no compromisso com uma teoria responsável, que Macedo (2017) nos propõe, para pôr em questão os próprios fundamentos dessa teoria, das nossas pesquisas, questionando as certezas e produzindo significações constantes. Nosso compromisso é colocar em suspenso as certezas e tentativas de fechamentos de sentido para o currículo, lidando com o "imprevisível, não porque é o contrário do que conhecíamos, mas porque é algo impensável, verdadeiramente, completamente diferente" (MACEDO, 2017, p. 26). O nosso olhar para os personagens da literatura pós-colonial, para a arte de Pina Bausch, tem nos convidado a confrontar a produção curricular na intensidade das vidas vividas, nas coisas cotidianas – na "rosa descontraída" a que Bhabha se refere, pois é na condição de deslocamento que discutimos currículo:

> Os poetas iluminam o mundo com imagens e metáforas que estão distantes do discurso diário, mas, no entanto, descobrem a intensidade imaginativa e verbal que está escondida nas coisas cotidianas – talvez um frasco no Tennessee, ou uma rosa descontraída, ou mesmo sapatos de camurça azul (BHABHA, 2015, parág. 3, tradução nossa[11]).

---

11 "[...] *Poets illuminate the world with images and metaphors that are distant from daily discourse, but nevertheless uncover the imaginative and verbal intensity that lies concealed in everyday things – perhaps a jar in Tennessee, or a rambling rose, or even blue suede shoes.* [...]"

REFERÊNCIAS

AFONSO, Nataly da Costa. **Gigante pela própria natureza? A formação discursiva de um Currículo-Nação para a alfabetização**. 2020. 83 f. Dissertação (Mestrado em Educação) – Faculdade de Educação, Universidade do Estado do Rio de Janeiro, Rio de Janeiro, 2020.

ALMEIDA, Marcia Furlan de. A desconstrução derridiana e o processo criativo de Pina Bausch. **ETD - Educação Temática Digital**, v. 20, n. 1, p. 118, 15 jan. 2018. DOI 10.20396/etd.v20i1.8647809. Disponível em: https://periodicos.sbu.unicamp.br/ojs/index.php/etd/article/view/8647809. Acesso em: 11 dez. 2019.

APPADURAI, Arjun. **Dimensões Culturais da Globalização**: A modernidade sem peias. Lisboa: Teorema. 1996.

AXER, Bonnie. **Todos precisam saber ler e escrever**: uma reflexão sobre a Rede de Equivalências da Alfabetização na Idade Certa. 2018. 241 f. Tese (Doutorado em Educação) – Faculdade de Educação, Universidade do Estado do Rio de Janeiro, Rio de Janeiro, 2018.

AXER, Bonnie; CARVALHO, Ana Paula Pereira Marques de; FRANGELLA, Rita de Cássia Prazeres. As Redes de Políticas e a Teoria do Discurso: potências teórico-epistemológicas para leitura do movimento político-educacional na contemporaneidade. **Revista Educação e Cultura Contemporânea**, v. 16, n. 46, p. 69-85, 2019. Disponível em: http://periodicos.estacio.br/index.php/reeduc/article/view/6926/47966321.

AXER, Bonnie; FRANGELLA, Rita de Cássia Prazeres; ROSÁRIO, Roberta Sales Lacê. **Políticas curriculares em uma lógica centralizadora e escapes possíveis**: tecendo outras redes políticas (PUCSP), v. 15, p. 1176-1207, 2017.

BALL, Stephen. Educational Reform: a critical and post strutural approach. Buckingham: Open University Press, 1994. Apud MAINARDES, Jefferson. **A abordagem do ciclo de políticas e suas contribuições para a análise da trajetória de políticas educacionais**. Educação e Sociedade, Campinas, SP, v. 1, n. 2, p. 94-105, maio/ago., 2006.

BARREIROS, Débora Raquel Alves; FRANGELLA, Rita de Cássia Prazeres. **As múltiplas dimensões de uma política-prática curricular**: o caso da

Multieducação na cidade do Rio de Janeiro. Intermeio, Campo Grande, v. 13, n. 26, p. 144-162, 2007.

BARREIROS, Débora Raquel Alves; FRANGELLA, R. C. P. **Um novo olhar sobre o sentido de política nos estudos curriculares**. Roteiro (UNOESC), v. 35, p. 231-250, 2010.

BENJAMIN, Walter. **Passagens**. Organização: Willi Bolle. Colaboração: Olgária Chain Féres Matos. São Paulo/Belo Horizonte: Ed.UFMG/Imprensa Oficial do Estado de São Paulo, 2019.

BHABHA, Homi K. **O local da cultura**. Belo Horizonte: Editora da UFMG, 2013.

BHABHA, Homi K. Why Humanities? 29 jun. 2015. **Department of Communication Skills**. [Blog]. Disponível em: https://csmefgi.blogspot.com/2015_06_01_archive.html. Acesso em: 2 fev. 2020.

BRASIL. Ministério da Educação. **Programa de Formação de Professores (PROFORMAÇÃO)**. Brasília, 2003.

BRASIL. **Pacto Nacional pela Alfabetização na Idade Certa. Manual do Pacto**. Brasília: MEC/SEB, 2012.

BRASIL. Ministério da Educação. **Avaliação nacional da alfabetização (ANA)**: Nota Explicativa. Brasília: INEP, 2013.

BRASIL. Ministério da Educação. **Base Nacional Comum Curricular**. Terceira versão. Brasília: MEC, 2017. Disponível em: http://basenacionalcomum.mec.gov.br/a-base.

CAMÕES, Maria Clara L. S. **O currículo como um projeto de infância**: afinal o que as crianças têm a dizer? 2019. 186 f. Tese (Doutorado em Educação) – Faculdade de Educação, Universidade do Estado do Rio de Janeiro, Rio de Janeiro, 2019.

CAMÕES. M. C. L. S. e OLIVEIRA, C. G. As propostas banais da escola: perspectivas universalistas de políticas curriculares e seus atravessamentos nos caminhos da docência e da infância. In: **Linguagens, Educação e Sociedade**. Teresina, Ano 24, n. 43, set./dez. 2019.

CARVALHO, Ana Paula Pereira Marques de. **A educopédia e seus embaixadores**: "estrangeiros" em cena nas escolas públicas do município do Rio de Janeiro. 2015. 112 f. Dissertação (Mestrado em Educação) – Faculdade de Educação, Universidade do Estado do Rio de Janeiro, Rio de Janeiro, 2015.

CARVALHO, Ana Paula Pereira Marques de. **"Trilhas" nas políticas curriculares no contexto brasileiro**: "signo tido como milagre". 2020. 160 f. Tese (Doutorado em Educação) – Faculdade de Educação, Universidade do Estado do Rio de Janeiro, Rio de Janeiro, 2020.

CARVALHO, Ana Paula Pereira Marques de; FRANGELLA, Rita de Cássia Prazeres. ¿¡Aquí viene el Chavo del 8! Todo el mundo mirando la televisión?. Pensando la diferencia y la alteridad, la niñez y la educación. In: Daniel Friedrich; Erica Colmenares. (Org.). **Resonancias de El Chavo del 8 en la niñez, educación y sociedad latinoamericana**. 1ed.Buenos Aires: Clacso, 2020, p. 75-95.

DERRIDA, Jacques. Semiologia e gramatologia (entrevista a Julia Kristeva). In: **Posições**. Belo Horizonte: Autêntica, 2001.

DERRIDA, J. **Força de lei**: o fundamento místico da autoridade. São Paulo: WMF Martins Fontes, 2010.

DERRIDA, J. **A universidade sem condição**. São Paulo: Liberdade, 2003.

DIAS, Jade Juliane Mota. **Base Nacional Comum Curricular**: Discutindo sentidos de leitura e escrita na Educação Infantil. Dissertação (Mestrado em Educação). Faculdade de Educação. Universidade do Estado do Rio de Janeiro. 83f. 2019.

DRUMMOND, Rosalva de Cássia Rita. **Do Direito à Educação aos Direitos de Aprendizagem**: a escola sob judice. 2019, 196f. Tese (Doutorado em Educação). Faculdade de Educação. Universidade do Estado do Rio de Janeiro. 2019.

FARIA, Nivia Cursino; BARREIROS, Débora Raquel A. **Política de Currículo na perspectiva da tradução e da recontextualização**. Anais da Anped - Sudeste, 2014. Disponível em: https://anpedsudeste2014.files.wordpress.com/2015/07/nivia-cursino-faria-dc3a9bora-raquel-alves-barreiros.pdf. Acesso em: 23 jun. 2021.

FERNANDES, Ludmila Sant'Anna. **O portfólio na formação docente como espaço de produção curricular na educação infantil**: o PROINFANTIL em Mesquita-RJ. 2012. 97f. Dissertação (Mestrado em Educação, Cultura e Comunicação) - Faculdade de Educação da Baixada Fluminense, Universidade do Estado do Rio de Janeiro, 2012.

FERREIRA, Lhays Marinho da Conceição. **As tecnologias digitais na formação das(os) futuras(os) professoras(es) em um instituto de educação no Estado do Rio de Janeiro/BR**. 2018. 86 f. Dissertação (Mestrado em Educação, Cultura e Comunicação) – Faculdade de Educação da Baixada Fluminense. Universidade do Estado do Rio de Janeiro, Duque de Caxias, 2018.

FERREIRA, Lhays Marinho da Conceição; ROSÁRIO, Roberta Sales Lacê. **As tecnologias no movimento de produção curricular**: discutindo política de currículo. Revista E-curriculum, São Paulo, v. 18, n. 3, p. 1466-1486, jul./set., 2020.

FRANGELLA, Rita de Cássia Prazeres. Palestra proferida na mesa Ciclo Dialógico 2: Conhecimento, cultura e tecnologias. 4 nov. 2019. **VI Seminário Web Currículo Educação e Humanismo**. Disponível em: https://www.pucsp.br/webcurriculo/programacao. (informação oral).

FRANGELLA, Rita de Cássia Prazeres. **Políticas curriculares, coordenação pedagógica e escola**: desvios, passagens e negociações. 1. ed. Curitiba: CRV, 2016. v. 1. 228p.

JUNIOR, Edison Aguiar. **Tempos diferentes coexistindo nos pilares e no currículo do Centro Cultural Sobradinho**. Dissertação (Mestrado em Educação, Cultura e Comunicação). Faculdade de Educação da Baixada Fluminense. Universidade do Estado do Rio de Janeiro, 2012.

LABORATÓRIO DE EDUCAÇÃO. **Estudo de caso**: monitoramento da implementação do Pacto Nacional pela Alfabetização na Idade Certa. São Paulo, SP: Laboratório de Educação, 2014. Disponível em: http://labedu.org.br/wp-content/uploads/2017/07/Pesquisa-PNAIC.Compressed.pdf.

LACLAU, Ernesto. **Emancipação e Diferença**. Rio de Janeiro: EdUERJ, 2011.

LOPES, Alice Casimiro; CUNHA, Érika R. Virgílio; COSTA, Hugo Heleno C. **Da recontextualização à tradução**: investigando políticas de currículo. Currículo sem fronteiras, v. 13, n. 3, p. 392-410, set./dez., 2013.

LOPES, Alice Casimiro. **Por um currículo sem fundamentos**. Linhas Críticas (UnB), v. 21, p. 445-466, 2015.

MACEDO, Elizabeth. O currículo no portão da escola. In: Elizabeth Macedo; Thiago Ranniery. (Orgs.). **Currículo, sexualidade e ação docente**. 1ed. Rio de Janeiro: DP *et alii*, v. 1, p. 17-44, 2017.

MACEDO, Elizabeth. Prefacio. In: FRANGELLA, Rita de Cássia Prazeres (Org.). **Políticas curriculares, coordenação pedagógica e escola**: desvios, passagens e negociações. p. 11-16, Curitiba: Editora CRV, 2016.

MENDES, Juliana C. B. **A avaliação como espaço de dissenso**: traduções possíveis na política curricular da Secretaria Municipal do Rio de Janeiro. 2014. 106f. Dissertação (Mestrado em Educação, Cultura e Comunicação). Faculdade de Educação da Baixada Fluminense. Universidade do Estado do Rio de Janeiro, 2014.

MINISTÉRIO DA EDUCAÇÃO (Brasil). Portaria nº 867 de 4 de julho de 2012. Institui o Pacto Nacional pela Alfabetização na Idade Certa e as ações do Pacto e define suas diretrizes gerais. 5 jul. 2012. **Inep**. Disponível em: http://download.inep.gov.br/educacao_basica/provinha_brasil/legislacao/2013/portaria_n867_ 4julho2012_provinha_brasil.pdf. Acesso em: 3 fev. 2020.

NASCIMENTO, Evando. **Derrida**. Rio de Janeiro: Jorge Zahar, 2004.

OLIVEIRA, Cristiane Gomes de. **"Que rei sou eu?" – Escolas públicas de excelência, políticas educacionais e currículo**: uma análise sobre o processo de instituição da Educação Infantil no Colégio Pedro II. 2017b. 219 f. Tese (Doutorado em Educação) – Faculdade de Educação, Universidade do Estado do Rio de Janeiro, Rio de Janeiro, 2017b.

OLIVEIRA, Cristiane Gomes de; CAMÕES, Maria Clara L. S.; FRANGELLA, Rita de Cássia Prazeres. "Essa escola só serve para adultos mandarem nas crianças": alteridade, infância e formação. In: Elizabeth Macedo; Isabel Menezes. (Org.). **Currículo, política e cultura. Conversas entre Brasil e Portugal**. 1. ed. Curitiba: CRV, 2019, v. 1, p. 173-188.

OLIVEIRA, Meyre-Ester B. de. **A produção curricular em uma universidade multicampi**: traduções, mesmidade e diferença. 2017a. Tese (Doutorado em Educação) – Faculdade de Educação, Universidade do Estado do Rio de Janeiro, Rio de Janeiro, 2017a.

RODRIGUES, Danielle Gomes. **Sentidos atribuídos à avaliação na produção de política curricular**: um estudo a partir da Avaliação Nacional da Alfabetização. 2017, 101f. Dissertação (Mestrado em Educação). Faculdade de Educação, Universidade do Estado do Rio de Janeiro, 2017.

RODRIGUES, Phelipe Florez. **Que país é esse? "Geografias" em disputas na Base Nacional Comum Curricular**. 2020. Tese (Doutorado em Educação). Faculdade de Educação. Universidade do Estado do Rio de Janeiro, 2020.

ROSÁRIO, Roberta Sales Lacê. **Blogs de professores e suas redes de articulação**: desafiando os limites de espaçotempo da produção política do PNAIC. 164f. Tese (Doutorado em Educação). Universidade do Estado do Rio de Janeiro, Faculdade de Educação. Rio de Janeiro, 2018.

SILVA, Juliana Virginia da. **Indagações sobre a relação entre currículo e o uso das mídias digitais**: O projeto *KidSmart* na Educação Infantil do Município do Rio de Janeiro. 2016. Dissertação (Mestrado em Educação). Faculdade de Educação, Rio de Janeiro, Universidade do Estado do Rio de Janeiro, 2016.

SILVA, Suzan Christina R. da Silva. **Políticas de currículo e fluxos culturais**: sujeito, conhecimento e diferença. 2011. Dissertação (Mestrado em Educação, Cultura e Comunicação) - Faculdade de Educação da Baixada Fluminense, Universidade do Estado do Rio de Janeiro. Rio de Janeiro, 2011.

SOLÍS, Dafne González. **Rastros de uma campanha de alfabetização**: uma narração mexicana impossível. 2017. 121 f. Dissertação (Mestrado em Educação) – Faculdade de Educação, Universidade do Estado do Rio de Janeiro. Rio de Janeiro, 2017.

SPIVAK, Gayatri Chakravorty. **Pode o subalterno falar?** Belo Horizonte: Editora UFMG, 2010.

CURRÍCULO, INFÂNCIA E ALFABETIZAÇÃO PARA ALÉM DE DETERMINISMOS[12]

Rita de Cássia Prazeres Frangella

> *[...] Desconfio de quem tem a pretensão de melhorar o mundo; desconfio especialmente de minhas ideias que tantas vezes se mostraram equivocadas...*
> *[...] Por que escrevo?*
> *[...] procuro imaginar essa situação impossível, penso no livro que não escreverei nunca, mas que gostaria de poder ler, de poder pôr ao lado dos outros livros que amo numa prateleira ideal. E eis que algumas palavras, algumas frases já se apresentam à minha mente... Desse momento em diante não penso mais em X, nem em nenhum outro modelo possível. É naquele livro que penso, naquele livro que ainda não foi escrito e que poderia ser o meu livro! E tento escrevê-lo... (CALVINO, 2015, p. 131-2)*

Deparei-me com o texto "Por que escrevo?" de Ítalo Calvino que conta da sua aflição de, como escritor, ser interpelado a dizer por que escrevia[13] e da angústia provocada por essa questão. Seria possível fazer valer-me de pergunta semelhante a professora/pesquisadora nas motivações dessa escrita, por exemplo?

Nesse exercício de aproximação, vejo na resposta de Calvino indícios interessantes na busca de sentido para a tarefa que me proponho. Por que escrevo o que escrevo? O que me move nas discussões que me proponho adentrar?

E aí a desconfiança de Calvino também é a minha e se alia à percepção de que "não houve uma primeira vez em que me pus a escrever. Escrever sempre foi tentar apagar alguma coisa já escrita e pôr no lugar dela algo que ainda não sei se vou conseguir escrever" (CALVINO, 2015, p. 131). Assim, minha escrita está enredada no fluxo de significação que constrói a própria escritura que ela tentar abalar, mas de antemão já sabe da impossibilidade

---

12 Partes dessa reflexão recuperam e ampliam as ideias que discuti como palestrante na mesa Cotidiano e criação de saberes: reexistências em formação no V (IN)FORMACCE - Colóquio de Estudos, Pesquisas e Intervenções em Currículo e Formação, realizado entre 7 e 9 de novembro de 2018 na Faculdade de Educação da Universidade Federal da Bahia.

13 O texto se trata da resposta reelaborada de Calvino e publicada no jornal italiano La Repubblica em 1 abril de 1985 com sua resposta à enquete feita pelo jornal francês Liberation para um número especial publicado em março do mesmo ano, em que o mote era "Por que vocês escrevem?" – pergunta dirigida a 400 escritores de destaque.

disso. E é a impossibilidade de chegar a um termo final que a move, que me faz tentar escrever...

Mas por que dizer isso?

Nos últimos anos, a partir das pesquisas desenvolvidas pelo grupo de pesquisa – Currículo, Formação e Educação em Direitos Humanos – GCDEH/ProPEd/UERJ[14] que, sob a minha coordenação, tem se voltado a discutir políticas curriculares para a alfabetização, a formação dos alfabetizadores, a infância, temos problematizado a forte guinada a uma perspectiva de centralização nas políticas curriculares, o que vimos assistindo nas produções curriculares que intentam, sob a égide do comum, dos direitos de todos, traçar rotas nacionais precisas, por isso mesmo únicas, para o desenvolvimento dos processos pedagógicos nas diferentes etapas da educação básica.

No caso da produção de políticas curriculares no Brasil essa é uma luta em curso: um projeto de nacionalidade como universal homogeneizado, com vistas a constituir uma consciência de unidade e ao mesmo tempo de diferença em relação aos outros, o que implica um trabalho de regulação e controle identitário, o que a partir das análises de Appadurai (2004) podemos inferir sobre os sistemas educacionais produzindo operações de nacionalização, ou seja, a produção de identidades nacionais/culturais.

E essa é uma análise que fazemos a partir das pesquisas que tomaram como objeto de análise o Pacto Nacional pela Alfabetização na Idade Certa (BRASIL, 2012) que desde sua instituição trazia em suas propostas o desejo de balizamento de um currículo nacional para a alfabetização, numa retomada de perspectivas de centralização curricular que, se inicialmente se antevê cautelosamente como possibilidade de assim se configurar, se converte em objetivo explícito e se adensa na trajetória, da proposição à promulgação, da Base Nacional Comum Curricular (BRASIL, 2017), e seu posterior processo de implementação que se faz com base na ideia de adaptação curricular. Diante dessas percepções, questionar a fixação de um projeto homogeneizante é fundamental, por ser esse um dos maiores impactos desse – ser matriz única de formulação de propostas curriculares.

Assim, a reflexão sobre a conjuntura de produção de políticas curriculares para a educação básica exigiu pensar em dimensões macro e micro e as relações entre elas. Tratou-se também de uma análise in actu (BHABHA, 2003), em meio às performances da própria política, o que pode fornecer elementos para sua produção que – entendida como cíclica – está se fazendo.

Nesse sentido, não buscamos oferecer definição quantificável de erros/acertos/soluções por meio das análises empreendidas, mas reafirmar o

---

14 Cadastrado no Diretório de grupos de pesquisa – CNPq.

compromisso de assegurar o debate sobre a política curricular, sua compreensão crítica, em consonância com as proposições de Bhabha (2003) quando afirma que a linguagem da crítica é eficiente não pelo que pode oferecer como visão total generalizante, mas que essa abre um espaço de tradução, um lugar híbrido que abala uma lógica binária entre o saber e seus objetos; exige negociação na história que está acontecendo. Trata-se de outra temporalidade, um entre-tempo, longe de uma história teleológica que permite uma leitura descritiva.

Assim, nos rastros dos estudos desenvolvidos, o PNAIC se destaca e captura a atenção, constituindo-se objeto de pesquisa a partir da discussão acerca da tomada da formação de professores como recurso e estratégia política de articulação de política curricular.

Tenho defendido, e há muito tempo (FRANGELLA, 2008; 2012; 2016), a condição dos professores como curriculistas, o que implica reconhecer que aos professores não cabe apenas pôr em ação um currículo a eles proposto, mas que em suas invenções cotidianas, nas disputas e negociações de saberes, trazem a marca de uma feitura curricular como produção política contingente, contextual e inacabada. Por certo, tal acepção pode parecer sugerir a contraposição absoluta aos textos das políticas curriculares, o que tampouco é a intenção ao asseverar a condição do professor como curriculista; não se trata de um jogo excludente de ou um polo ou outro, mas o entendimento da complexidade do fazer curricular que, afastando-se de uma leitura instrumental marcada pela previsibilidade, comporta a impossibilidade de estancamento da significação, ou seja, pensar que:

> [...] na complexidade do fazer curricular, da dinâmica da escola e do jogo político, [...] encenar-se enquanto estratégia híbrida em si, entre-meio de emergência política contingente, performática na medida em que em seus atos, repetindo e reinscrevendo políticas, o faz de forma iterativa, atos tradutórios em que "o presente da tradução pode não ser uma transição tranquila, uma continuidade consensual, mas sem a configuração da reescrita disjuntiva [...] (BHABHA, 2001, p. 311)". Uma defesa do entendimento da produção curricular como híbrido se dá na percepção da performatividade da tradução, no inevitável encontro com o intraduzível – diferença e alteridade – que uma perspectiva híbrida mantém viva (FRANGELLA, 2016, p. 176-177).

O processo de elaboração curricular proposto nas políticas, tal como temos observado na pesquisa, mantém feições instrumentais que reduzem as decisões a serem tomadas a decisões precisas e técnicas, despolitizando a política e desmaterializando-a, tal como Ball *et al.* (2016) discutem em seu trabalho sobre como as escolas fazem política. Sobre isso, o autor afirma que "raramente as políticas ditam ou determinam a prática, mas algumas mais que outras estreitam a gama de respostas criativas" (p. 14); o que vemos se constituir nas políticas curriculares que intentam ditar e determinar a prática, o que se mostra com a ênfase na complexidade de articulações no contexto da BNCC, a partir do investimento na formação e na produção de materiais, o que é encadeado com políticas de avaliação que inferem qualidade a partir de resultados quantitativos, vai estreitando as respostas que possam ser diferentes das estabelecidas como norma.

Lançamo-nos à pesquisa sobre o PNAIC buscando discutir movimentos na produção de políticas curriculares para alfabetização como processo de hegemonização de um dado sentido para a alfabetização, assumindo o desafio da análise de políticas em desenvolvimento: não as observar em termos do que foi feito, como processo findo, mas numa análise que ao acompanhar seus movimentos pode realimentar o processo, inclusive demarcando o entendimento da política como processual. Discutir que sentidos de currículo, docência, formação, alfabetização e infância que se hegemonizaram nesse processo trata-se de pensar efeitos de tais formações discursivas e como essas articulam/demandam outros arranjos sociais

Nesse sentido, acompanhar esses movimentos da política levou-nos a discutir como o pacto firmado foi reelaborado e renegociado num contexto em que o debate acerca da produção de políticas curriculares foi se constituindo um dos principais investimentos no campo educacional. Assim, observar sentidos que se depreendem da articulação de diferentes políticas educacionais que focalizam a alfabetização, em diferentes dimensões, mas que se implicam e interpenetram permitiu-nos discutir as reconfigurações do PNAIC – que, a partir de 2017, inclui também no seu escopo de ação a Educação Infantil; levou-nos também a discutir como esse Pacto é renegociado a partir da produção da BNCC (2017), num contexto discursivo em que se substancializa a adjetivação Nacional que marca as políticas curriculares contemporâneas: o significante "nacional" como um marcador que enfatiza a organização naturalizada das diversidades em favor do "comum" para e de todos, que compreendemos como interpelação discursiva, como narração que cria uma afiliação em que o nome articula uma série de narrativas que emergem como/com autoridade.

No dizer de Margel (2015), há que se observar a força da nomeação, "antes de designar uma coisa, um objeto já aqui, já pensado ou representado, a palavra convoca, chama ou faz alguma coisa vir à existência" (p. 163), numa dimensão espectral que mais evidencia sua virtualidade, o caráter performativo e iterativo da nomeação – no caso, o nacional – como espaço de articulação hegemônica de uma ideia de essência definida numa gramática normativa. Tal construção apaga diferenças, antagonismos e incomensurabilidades, e substitui todos esses com uma única versão de "nacional", igualando e exigindo uniformidade. A nomeação não existe sem fechamento de sentido, o que se dá na recusa da diferença ao mesmo tempo que produz diferenciações, uma cisão discursiva, mas que mobiliza estratégias normalizantes de contenção da anomalia da ambivalência no próprio ato de nominar. O nacional regula essa ambivalência na própria força discursiva do que a nomeação como tal faz.

Assim, a pesquisa, ainda que tivesse como foco o PNAIC, não se limitou a esse ele, mas focalizou políticas curriculares que também tematizam a infância, alfabetização e formação do alfabetizador, como é o caso da BNCC. Mesmo com as diferentes ênfases que tais políticas têm, analisá-las em seus cruzamentos implicou pôr em destaque a compreensão da política como discurso, afastando-se da objetificação que obscurece as negociações que as constituem como processos de caráter híbrido e ambivalente. No caso do PNAIC, como afirmam Alferes e Mainardes (2019), há necessidade de "aprofundamento das noções de "pacto", "idade certa" e "direitos de aprendizagem" presentes no discurso e nos textos da política" (p. 59) e que se fazem presentes em outras políticas como justificativas para seus arranjos; trata-se de tomá-lo como rastro, no diálogo com Derrida (2011a), que abala a noção do ser como presença nos jogos discursivos, que é sempre jogo de presença e ausência (DERRIDA, 2011b), que se pretende analisar.

Compreender tais articulações nos permite inferir sobre os movimentos que permitem a hegemonização de uma dada perspectiva e os movimentos de luta por manutenção e/ou recusa da mesma, o que abala uma explicação causal naturalizada ou essencializada, mas considera as contingências na constituição do social, observando as construções discursivas que permitem que tais formações – também discursivas – como regimes de verdade sejam possíveis.

Pacto ou para além dele?

A tomada do PNAIC como foco de estudos se assentou no entendimento desse como instituinte de políticas curriculares, num movimento de duplicação, assinalado pelo *e*. Não se trata nem de um nem de outro, mas algo a mais, duplificado nos termos que expõe Bhabha (2003): a duplicação do significante marca o lugar da ambivalência, de uma presença adiada – uma presença por meio da ausência, ambivalente na duplicidade da iteração.

Laclau (2011) chama atenção para a iteração como parte da operação hegemônica, numa duplicação da dimensão de repetição e deslocamento de sentido, que, numa perspectiva derridiana, compreende a iteração não como continuísmo, mas como processo aditivo; repetição numa pluralidade de instâncias que, num vazio progressivo, articula essas iterações numa formação hegemônica.

Outra questão que destaca a relevância do estudo sobre o PNAIC é sua expressividade de números e entes envolvidos no programa – dado que se trata de um pacto firmado entre municípios, estados, Universidades (com participação de 100% de estados da União), articulou a formação de professores alfabetizadores no país. Se por um lado, os estudos nos permitiram criticamente problematizar a relação instituinte entre formação e políticas curriculares e debater como o PNAIC participou da pavimentação de um caminho de defesa de um currículo nacional, por outro também observamos o investimento na defesa de uma alfabetização na perspectiva do letramento; o delineamento do ciclo de alfabetização do qual se depreende que a alfabetização é mais processual que ação objetiva e delimitada a uma tempo-espaço predefinido, ainda que essa premissa seja paradoxal a defesa pela idade certa.

Ao se firmar um pacto dessa dimensão, nas suas diferentes apropriações e práticas, uma lógica mimética se desenha como modo de autoridade e ordem, ao mesmo tempo que expõe uma autoridade ambivalente. E com Bhabha (2003) podemos entender que "é o efeito de incerteza que aflige o discurso do poder" (p. 164), uma vez que as fixações normativas se mostram deslizantes nas perturbações que se apresentam nas repetições que, mais que manter uma autoridade transparente, introduzem uma falta que desloca as fronteiras dessa autoridade, assentada numa dualidade opositiva dentro/fora, certo/errado, positivo/negativo...

Mas de onde vem esse ruído, esse murmúrio insurgente?

Responder essa pergunta pode nos permitir discutir a ambivalência da autoridade, na impossibilidade de totalidade da autoridade, que é negociada em sua descosedura iterativa (BHABHA, 2003), tecida nas conversas e encontros entre/com os professores.

Ao longo da pesquisa, ao acompanhar os movimentos de formação de professores propiciados pelo/no PNAIC, fomos observando uma rede construída pelos professores que, ainda em meio às tentativas de controle e hegemonização de práticas e sentidos para alfabetização, em suas traduções cotidianas, subvertem essa lógica unificadora.

As pesquisas ancoradas numa perspectiva discursiva do currículo, a partir da qual o entendemos enquanto enunciação cultural em que múltiplos sentidos são incessantemente produzidos, nos permitem asseverar que o mesmo não se faz absoluto. E assentadas nessas perspectivas nos encontramos com produções que extravasam as tentativas de contenção dos significados propostos no PNAIC, que se dá como articulação entre e com os professores nos encontros da/na formação, nas relações intersubjetivas estabelecidas nos movimentos do PNAIC. Como já destacado em outro estudo, esses movimentos incitaram um "diálogo com a política do PNAIC como espaço de produção curricular e não apenas de reprodução" (FRANGELLA, AXER, ROSÁRIO, 2017, p. 1205).

Nesse sentido, o desvio do PNAIC vai ao encontro da defesa que Lopes e Macedo (2021) fazem na discussão acerca de propostas marcadas por uma lógica de centralização e suas relações com a formação de professores:

> É desse modo que julgamos ser possível operar teórica e politicamente para reverter a lógica que tem imperado nas discussões em torno da BNCC, qual seja a de que é necessária a definição de um currículo nacional para guiar a formação de professores. Experiências como a da Finlândia, cujos índices de qualidade da educação têm sido certificados pelos testes internacionais que explicitam nosso fracasso, mostram que, ao contrário, um bom currículo é garantido por uma boa formação de professores (SAHLBERG, 2015). No mesmo sentido, aponta Sahlberg (2015), a boa formação transcende em muito o domínio de conteúdos ou do saber fazer, foco central de parte considerável das políticas de formação de professores. [...] É muito mais produtivo intervir nas políticas curriculares por meio da constituição de uma rede intersubjetiva da qual participem professores em serviço, pesquisadores da Universidade também formadores de professores, professores em formação inicial que, no espaço situado da escola, vão se produzir como sujeitos. Nessa rede, estarão sendo produzidos currículos – da escola, com desdobramentos no currículo da universidade –, demonstrando ser possível falar em políticas públicas de currículo situadas nas escolas. Na linguagem da circularidade das políticas de que fala Ball (BALL; MAINARDES, 2011), a proposta é transformar o contexto da prática em contexto originário ao invés de tomá-lo, como faz o autor, como contexto de representação da política (LOPES; MACEDO, 2011, p. 6).

E esse traço imprevisto do/no PNAIC, que emerge rasurando o próprio programa e que permitiu que esse também fosse constituindo-se parte do que hoje é posto em cheque, como questão a ser vencida, o que justifica o destaque dado a esse aspecto, uma importância que se avoluma ainda mais num contexto em que se subtrai da formação a escuta, a partilha na valorização de evidências que de forma assertiva e incontestável garantam a produtividade dos processos educacionais. Um significado que se dá a posteriori do acontecimento e como expõe Santiago (1976, p. 70) "atua de maneira diferida, como suplemento num tempo que não é mais o determinismo do tempo da mecânica" e que permite pensar para além...

Daí que minha impossibilidade/possibilidade de escrita, até instigada pela pergunta/resposta de Calvino, é um modo de ler que, inspirado no gesto derridiano, argui o que se dá a ler, não para afirmar o que deve se fazer então e achar saídas, mas pensar atalhos, bifurcações, caminho indecível dado a impossibilidade de ser traçado a priori.

Desinvenções e criações cotidianas – experiências da aporia

A posteriori. É assim, abalando um conceito metafísico de tempo e significando os rastros como numa originalidade secundária, dado que a origem é impossível, uma curriculista reencontra outra e juntas, vão trançando suas experiências.

> *Acaba a aula, as crianças estão arrumando as coisas e saindo. Estou escrevendo no diário de bordo. Felipe fica, seu transporte só chega mais tarde, no horário de saída "dos grandes". De repente ele vem se esgueirando esperando até que está no meu colo enquanto escrevo, querendo ler, um olhar de admiração, até que não aguenta: "Rita, o que você está escrevendo?" Explico a ele, mas a grande questão para ele é como escrevo rápido, a minha letra – cursiva, que ele ainda não sabe e por isso não consegue ler o quanto queria das minhas anotações – até que continua: "quando eu crescer eu vou escrever assim também?" Pronto – está decretado: agora Felipe deseja escrever com a cursiva, rápido como eu. Bruno vem chorando me chamar. Nossa! Está de fato sentido e com aqueles olhos expressivos, lágrimas rolam para me contar que um colega brigou com ele. Pergunto: quem foi Bruno? Aquele preto ali!*
> *O quê? Se fiquei mexida com as lágrimas, endureci instantaneamente – eu é que fiquei sentida. E aí ao invés de ouvir a bronca dirigida ao colega, ele é que foi alvo da minha bronca.*
> *Estamos trabalhando com as diferentes versões dos contos infantis. Ana teve um ideia e apostamos nela: como já lemos alguns contos e outras versões dessas histórias, agora lemos Chapeuzinho Vermelho e daí a Chapeuzinho Amarelo, então ela preparou e levou para lermos/cantarmos com as crianças músicas, dentre elas, Lobo Bobo do Edu Lobo. O que foi isso? Impressionante ver as crianças absolutamente envolvidas, cantando e fazendo leituras tão interessantes. Até a questão da musicalidade eles observaram – Pedro queria saber dessa música que é diferente. Bom, o Lobo levou para a Bossa Nova, para outros tempos. Veio o Pato, o Ganso e fomos todos – quem, quem, quem...*
> *Se queríamos surpreender, fomos surpreendidas, eles nos pegaram pela mão e levaram duas professoras bobas por aí...*
> *Quem teve a ideia de fazer isso? Eu mesma! Tem papel picado, resto de encarte, pedacinhos de papel das cédulas e moedas que cortamos pela sala toda (até no meu cabelo). Mas eles adoraram. Os desafios matemáticos que fomos criando foram muito legais e as estratégias que eles criaram para dar conta de fazer as compras sem desconsiderar os centavos os fizeram quebrar a cabeça. Alguns fazem isso com uma rapidez e já conseguem fazer estimativas...*
> (Fragmentos do Diário de bordo. Turma 11, 2005)[15]

---

15 Atuei como professora do Departamento de Ensino Fundamental do Instituto de Aplicação Fernando Rodrigues da Silveira – CAp/UERJ no período de 2003 a 2012, prioritariamente com turmas do ciclo de

Por que trago esses flashes?

Porque *a posteriori* revisito a minha experiência de professora alfabetizadora, de entrar na escola com crianças... E com elas vou buscar construir caminhos para o que assumo como defesa, a partir da interlocução com as ideias de Derrida (2010): a educação como experiência da aporia.

Re-memorar a professora que fui/sou e com ela pensar nas ações que se mobilizam na aula como conversa, que não se dá na ação de um sujeito sobre o outro, mas que se constitui nas negociações com esse outro que me interpela que, com suas diferenças, desestabiliza certezas, nos permite falar do currículo como produção híbrida inacabada. Isso não se dá sem desconforto, sem estranhamento que vai do papel picado às apostas que fazemos no dia a dia e que pretensamente achamos altas e, na verdade, estão aquém das possibilidades.

O diálogo com Bhabha (2003), a partir da defesa do currículo como enunciação, implica pensá-lo como uma a zona fronteiriça de interrogação, enfrentamento, negociação e contingência. Nesse espaço intersticial em que se mobilizam diferentes forças, de encontros e invenções, se apresentam como entre-lugar de criação de saberes, não como emergência necessariamente do novo inédito, mas como ato de tradução, que não implica em literalidade, mas iterabilidade, iteração que a cada "repetição" traz também outros sentidos, significações que uma dimensão performática, como indica Bhabha, tensiona e impede que uma dimensão pedagógica se erija como manutenção do dado. Assim, os atos tradutórios inauguram uma temporalidade disjuntiva – a temporalidade do ou, movente nas ambiguidades.

É importante ressaltar que não se trata, na leitura discursiva que orienta essa reflexão, de polarização ou binarismo simplista, ou isto ou aquilo, ao contrário, trata-se de um espaço intervalar que exige negociação. Parafraseando Bhabha (2003) emerge como entre-meio entre as exigências oficiais e as necessidades locais. Assim, esse espaço intervalar, esse terceiro espaço criado a partir da disjuntura, inaugura uma ambivalência, um intervalo temporal de reinscrição e negociação, num domínio intersubjetivo. Dessa forma, não há verdade transparente. "As verdades vão sendo substituídas por verdades que são apenas parciais, limitadas e instáveis. Cada movimento da maré local revê a questão política do ponto de vista de todas as redes políticas" (p. 269).

A negociação que se encena "não é nem assimilação, nem colaboração. Ela possibilita o surgimento de um agenciamento instersticial que recusa a representação binária" (BHABHA, 2011, p. 91), o que rompe com um

---

alfabetização. Tínhamos como prática a experiência da produção de uma escrita reflexiva compartilhada entre as duas professoras que atuavam nas turmas do Ensino Fundamental. Mais que um registro das atividades desenvolvidas, constituíam-se espaço de avaliação, análise e também formação.

sentido de causalidade/inevitabilidade, uma vez que essa negociação se da pela contingência.

Essa é uma ideia potente para pensar a produção curricular que também se dá como reinscrição e deslocamento que desestabilizam uma ideia de lugar/tempo próprio de produção – na verdade, esvazia uma concepção de currículo visto como dado, e esse, não sendo presença plena, se articula, recompõe, hibridiza outros saberes e sentidos, num processo que, se numa leitura instrumental, caracterizaria o fazer curricular pela previsibilidade e normatividade, agora se dá pela imprevisibilidade da presença, haja vista que não cessa a possibilidade de significação. Quem/onde/quando se faz currículo?

Retomo então os rastros da professora diante da interrogação – fazemos currículo na escola, com a escola, com os muitos outros que a habitam, o que se dá no atravessamento de múltiplos contextos que se interconectam e põem em disputa a produção de sentidos para a prática pedagógica: que currículo, conhecimento, avaliação, entre outros significantes, são disputados, confrontados, negociados nesses atravessamentos é o que caracteriza essa produção como política, na perspectiva em que me ancoro, político-discursiva. Assim, não há sentido garantido, mas uma feitura contínua que nos faz pensar no currículo como ato de tradução e, como na expressão de Otoni (2005) que afirma que toda tradução é uma transcriação, se dá nas criações, invenções e desinvenções que se dão no terreno do indecidível.

Criamos e aí a autoria docente nos processos de produção de políticas curriculares não pode ser subsumida a presentificação de propostas delineadas aprioristicamente, é preciso pensá-la como intervenção na tensa negociação entre os quereres/fazeres/saberes das escolas e orientações universalizadas, nas negociações atravessadas pelo traço da diferença. Uma produção que, para além das marcas de pureza, se faz híbrida.

É importante destacar que não se trata, a partir de radicalismos que fixem as perspectivas de produção curricular assentadas ou na flexibilização ou na centralização, mas problematizar, no entanto, que em um currículo comum a todos, qual o espaço das singularidades dos diferentes contextos escolares? É impossível analisar as políticas curriculares com base em categorias binárias como prescrição e implementação; as marcas dos discursos oficiais, não como marcadores absolutos, são tentativas de conferir um sentido hegemônico ao que jamais será fixado.

É aí reside a defesa da produção curricular como experiência, a partir da leitura desse conceito em Derrida, que discorre sobre a experiência da aporia como uma travessia, de modo que o real não se localiza neste ou naquele lugar, na saída ou na chegada, ele se dispõe na travessia. Um espaço-tempo transitório, um caminho onde se perturba a ideia de fronteira, um para além da experiência que aponta para uma certa originalidade ou radicalidade da própria experiência. A aporia incide sobre a ideia de indecidibilidade que implica observar que não há fundamento apriorístico que determine de forma absoluta as decisões, mas que essas se dão contingencialmente, em articulações contextuais e dessa forma impelem para um contínuum que não se conforma a uma resposta dada como verdade.

Fontes Filho (2012) discute a lógica da aporia derridiana na forma da impossibilidade como condição de possibilidade do acontecimento, o que implica dizer que esse só se realiza como "salto para fora dos horizontes de antecipação" (p. 144). Assim, o acontecimento é da ordem do imprevisível e indecidível, marcado pela alteridade. Pensar nesses termos não é fácil, mas trazer a experiência da aporia no acontecimento derridiano implica uma responsabilidade ao outro que chega e pode chegar sem ser convidado previamente. É a abertura à diferença, à imprevisibilidade, à singularidade que "pode ser entendida como uma certa forma de resistência à domesticação do acontecimento, à circunscrição daquilo que tem lugar" (p. 149).

Irrepetibilidade que não implica necessariamente o novo inédito, mas como iterabilidade extrapola as tentativas de controle, extravasa. É esse extravasar que o reencontro com os flashs da minha experiência me permitiram pensar: a rasura do cálculo, das atividades que, ainda que planejadas, não impediram a chegada imprevista do outro, que apaga as linhas traçadas, redesenhando-as de forma singular, desafiando esquemas normativos que tentam – e fracassam – calcular e manter a ordem do mesmo.

Daí que o pensar currículo e alfabetização, currículo da alfabetização para além não significa uma superação, o que mantém uma certa linearidade, mas o acolhimento do talvez, que "mantém a questão em vida, assegura-lhe, talvez a sobre-vivência" (DERRIDA, 2004, p. 259).

O talvez desassossega, se move sobre a indecidibilidade que não se deixa capturar na causalidade e previsibilidade, mantém o rastro da impossibilidade... O desafio de trazer essas ideias para pensar o currículo, como Derrida nos incita pensar, que não se trata do im-possível como negativo, imobilismo, mas do "ter-lugar": que no im-possível, no talvez, no indecidível para assim o acontecimento ter lugar, uma interrupção do determinismo que temos nos dedicado a problematizar.

REFERÊNCIAS

APPADURAI, Arjun. **Dimensões culturais da globalização**: a modernidade sem peias. Lisboa: Teorema, 2004.

BALL, Stephen *et al*. **Como as escolas fazem as políticas-atuação em escolas secundárias**. Ponta Grossa: Editora UEPG, 2016.

BHABHA, Homi. **O Local da Cultura**. Belo Horizonte: UFMG, 2003.

BRASIL. **Pacto Nacional pela Alfabetização na Idade Certa**. Manual do Pacto. Brasília: MEC/SEB, 2012.

BRASIL. Ministério da Educação. **Base Nacional Comum Curricular**. Terceira versão. Brasília: MEC, 2017. Disponível em: http://basenacionalcomum.mec.gov.br/a-base.

CALVINO, Ítalo. **Mundo escrito e mundo não escrito – Artigos, conferências e entrevistas**. São Paulo: Companhia das Letras, 2015.

DERRIDA, Jacques. **Força de Lei**: o fundamento místico da autoridade. São Paulo: Editora WMF Martins Fontes, 2010. 2ª Edição.

DERRIDA, Jacques. **Papel-máquina**. São Paulo: Estação Liberdade, 2004.

FONTES FILHO, Osvaldo. **Uma "possibilidade impossível" de dizer em filosofia e literatura segundo Jacques Derrida**. Trans/Form/Ação, Marília, v. 35, n. 2, p. 143-162, Maio/Ago., 2012.

FRANGELLA, Rita. **Múltiplos contextos de produção curricular**: conexões, conflitos e ações da Multieducação no cotidiano escolar. Rio de Janeiro: UERJ Projeto de Pesquisa, 2008.

FRANGELLA, Rita. **Políticas de Currículo e Alfabetização**: negociações para além de um pacto. Rio de Janeiro: UERJ Projeto de Pesquisa, 2012.

FRANGELLA, Rita. **Políticas curriculares, coordenação pedagógica e escola**: desvios, passagens e negociações. 1. ed. Curitiba: CRV, 2016. v. 1. 228p.

FRANGELLA, Rita; AXER, Bonnie; ROSÁRIO, Roberta Sales Lacê. **Políticas Curriculares em uma Lógica Centralizadora e Escapes Possíveis**: Tecendo Outras Redes Políticas. Revista E-Curriculum (PUC-SP), v. 15, p. 1176-1207, 2017.

LACLAU, Ernesto. **Emancipação e diferença**. Rio de Janeiro: EdUERJ, 2011.

LOPES, A. C.; MACEDO, E. Apresentação: Uma alternativa às políticas curriculares centralizadas. **Roteiro**, *[S. l.]*, v. 46, p. e27181, 2021. DOI: 10.18593/r.v46i.27181. Disponível em: https://portalperiodicos.unoesc.edu.br/roteiro/article/view/27181. Acesso em: 8 set. 2021.

MAINARDES, J.; ALFERES, M. A. **O Pacto Nacional pela Alfabetização na Idade Certa em ação**: revisão de literatura. Ensaio: aval.pol.públ.Educ., Rio de Janeiro , v. 27, n. 102, p. 47-68, Mar. 2019 .

MARGEL, Serge. **O espectro do nome**: notas sobre a questão lexical de uma língua filosófica. ALEA. Rio de Janeiro: v. 17/1, p. 162-165, jan./jun. 2015.

SANTIAGO, Silviano. **Glossário de Derrida**. Rio de Janeiro, Francisco Alves, 1976.

RASTROS POLÍTICOS FORMATIVOS: um currículo nacional para alfabetização chamado PNAIC

Beatris Alves Martins
Bonnie Axer
Vanessa Soares de Lucena

Introdução

O presente capítulo traz um olhar para alguns rastros que constituem o funcionamento político do Pacto Nacional pela Alfabetização na Idade Certa (PNAIC), que se pretende nacional e que para tanto se utiliza da formação de professores como estratégia para fixar os muitos sentidos para o entendimento de currículo da alfabetização. Essa problematização propõe sentidos curriculares via formação de professores observados tanto nos materiais, assim como também nas próprias vivências por parte dos professores nos cursos promovidos pelo PNAIC que foram foco das pesquisas desenvolvidas por Axer (2018) e Soares (2021). Nossa discussão busca colocar foco na estratégia política para conduzir uma produção curricular comum e nacional para o discurso de alfabetização plena. Para tanto faremos uso da base teórica pós-estrutural do campo do currículo (LOPES e MACEDO, 2011; FRANGELLA, 2014) e da análise política pela discussão do funcionamento articulatório e contingencial via Teoria do Discurso de Laclau (2011).

A partir de nossas pesquisas, observamos a formação de professores como recurso e estratégia política no PNAIC que faz parte de uma rede política que envolve um conjunto de ações para alimentar e movimentar seus rastros em meio a uma rede de poder em prol da alfabetização[16] plena das crianças brasileiras a fim de atender e articular demandas por alfabetização de qualidade.

Quando operamos com o entendimento de rede, é possível observar os fluxos que constituem a política, sem precisão de origem e que se dão em meio à equivalência (LACLAU, 2011) que introduz a não fixidez necessária para que haja hegemonia no discurso sobre a alfabetização nacional – ou pelo menos uma tentativa de hegemonia. Nesse sentido, acreditamos que

---

16   Ainda que não façamos uma discussão temporal de forma linear visto que esta não dialoga com os caminhos teóricos do grupo, é possível destacar os cursos de formação do pró-Letramento (1999) e Tempo de aprender (2020) que ao nosso ver se imbricam na rede política da alfabetização com o PNAIC.

> [...] ao se estruturarem em torno de uma semelhança que os equivale (desejo da alfabetização plena), os sentidos envolvidos nesse espaço criam uma totalidade que é assumida como universalidade dentro de uma cadeia equivalencial que não se encerra. Busca-se, assim, hegemonicamente um discurso sobre a alfabetização adequada e a melhor maneira de se chegar a ela. Ou seja, momentaneamente são construídos discursos sobre alfabetização com base em inúmeros materiais que chegam às escolas – documentos que assumem uma particularidade como um universal (AXER, 2018, p. 72).

Podemos pensar que um exterior – analfabetismo como marca da falta de qualidade – articula uma série de demandas e constitui assim uma rede de equivalências chamada "formação do professor alfabetizador", que neste texto é o PNAIC, mas poderia ser outro programa. Essa rede, que constitui um curso utilizado como estratégia de articulação de uma política curricular, por exemplo, é descentralizada, movente e negociada em torno de problemas sociais comuns cujas demandas buscam resolver, inclusive a partir de uma formação específica. São relações deslizantes, articulações fraturadas que se movimentam enquanto as demandas, os problemas e suas soluções não são imóveis.

Para então melhor compreender o funcionamento desta rede nos apoiamos na leitura de rastro de Derrida (2001), visto que os rastros de políticas outras e discursos possibilitam a tessitura da rede política em questão, uma vez que tais rastros nos chegam através da herança.

> A condição para que possa haver herança é que a coisa que se herda, aqui, o texto, o discurso, o sistema ou a doutrina, já não depende de mim, como seu estivesse morto ao final da minha frase. [...] A questão da herança deve ser a pergunta que se lhe deixa ao outro; a resposta é do outro (DERRIDA, 2001, p. 46).

Segundo o autor, somos herdeiros, somos produtos da herança – queiramos ou não. A herança, o rastro, nos é dada enquanto tarefa. Para o autor, a herança não nos é algo imóvel, apenas recebido e que nos habita, mas é algo que também nos movimenta e nos leva a outro lugar ainda não conhecido e inesperado. Para Derrida, essa herança nos impõe uma resposta que nos move, visto que supõe um sistema de ramificações e significações, que constituem o próprio rastro, sempre arbitrário e diferencial.

Nesse sentido, segundo Derrida, rastros nos são deixados a todo tempo e proporcionam novas construções de sentido a partir de referências e dos efeitos destes – herança que nos impõe uma resposta que move a tradução.

POLÍTICAS CURRICULARES, ALFABETIZAÇÃO E INFÂNCIA: por outras passagens

> Apesar de tudo, parece-me, a tradução deve se esforçar para ser o mais fiel possível, não pela preocupação de exatidão calculável, mas porque ela nos lembra a lei do outro texto, a sua injunção, a sua assinatura, esse outro acontecimento que já teve lugar antes de nós, e ao qual nós devemos responder como herdeiros (DERRIDA, 2005, p. 195-196).

Essa herança faz do sujeito não apenas herdeiro, mas "um novo sujeito" dentro de outra condição, que se (des)constrói a partir de rastros que são constantes diferimentos. Os rastros simulam a presença, ao mesmo tempo que representam apagamentos ou faltas. Assim, os interpretamos como simulacros de presença.

> Uma vez que o rastro não é uma presença, mas o simulacro de uma presença que se desloca, se transfere, se reenvia, ele não tem propriamente lugar, o apagamento pertence a sua estrutura. Não apenas o apagamento que sempre deve poder surpreendê-la, sem o qual ela não seria rastro, mas indestrutível e monumental substância, mas o apagamento que desde o início o constitui como rastro, que o instala na mudança de lugar e o faz desaparecer na sua aparição, sair de si na sua posição (DERRIDA, 2001, p. 58).

Ora, estamos falando da presença de sujeitos, de demandas, de discursos para o entendimento de uma política curricular. É então, com base no entendimento do conceito de rastro de Derrida, que caracterizamos a prática curricular do PNAIC, visto que olhamos para essa política como movimento e significação que não possui origem definida e tampouco ponto de chegada finalizado, mas rastros que a constituem num contínuo processo de significação, diferenciação e negociação em prol de um país alfabetizado.

Por isso, interpretamos o PNAIC como política curricular, tomando como base o olhar e a pesquisa de Frangella (2015), que problematiza sentidos tomados como absolutos e dialoga com o currículo como um campo de enfrentamento de diferentes discursos. O PNAIC, como pacto pela alfabetização do país, está internamente vinculado a uma meta nacional e é avaliado por provas nacionais, tais como a Provinha Brasil e a Avaliação Nacional da Alfabetização (ANA), que tornam as suas formações entrelaçadas às políticas públicas e, consequentemente, às políticas curriculares. Desse modo, o PNAIC mobiliza e relaciona atores sociais diversos em torno de um mesmo objetivo: a alfabetização plena (usando os termos dessa política), com base num mesmo material pedagógico e curricular. Assim, em nossas pesquisas o PNAIC passa a ser visto como movimento político de produção curricular para a alfabetização brasileira.

Trata-se de uma produção curricular que envolve múltiplos contextos e que neste capítulo tentaremos dar conta de dois deles: formação de professores

e a prática cotidiana em classes de alfabetização por parte de professoras-
-cursistas do PNAIC. Vale mencionar, portanto, que, ao perceber a vivência
cotidiana como produtora de currículo, não defendemos a famosa dicotomia
entre currículo escrito e currículo vivido. Nossa intenção e necessidade é ir
além dessa oposição e faremos isso ao longo do texto.

Sendo assim, quando olhamos os documentos curriculares e formativos
do PNAIC, os percebemos imbricados em contextos políticos diferenciados,
pertencentes a um ciclo contínuo que nos possibilita encarar o professor de
forma ativa nesse processo. Esse diálogo contínuo entre as esferas de produção curricular "exige o reconhecimento do professor como curriculista –
não apenas o que implementa e tem sua prática adequada e/ou condicionada
por políticas curriculares que para ele são elaboradas, mas como formulador
destas, ainda que em outra esfera de produção", como nos aponta Frangella
(2008, p. 5).

Ao escolhermos analisar o PNAIC via discurso acerca da formação de
professores, entendemos que tal discurso possui papel fundamental para o funcionamento desta política, uma vez que este é constituído por uma negociação
complexa de sentidos que disputam e configuram aquilo que será entendido
e defendido como currículo nacional para a alfabetização.

Ao serem evidenciadas e exploradas algumas teorias e metodologias para
o melhor modo de alfabetizar, temos em jogo no PNAIC uma articulação con-
flituosa e necessária entre a identificação por parte dos professores e a prática
cotidiana dos mesmos. A apresentação teórica de diferentes modos de fazer
e pensar a aprendizagem da leitura e da escrita e posteriormente a apresentação de conduções específicas reduzidas a sequências didáticas e avaliações
sugeridas e esperadas nos chamam atenção acerca da função ambivalente da
formação em questão – formar, reformular ou formatar?

Quando tratamos da formação de professores algumas preocupações
e "sensos comuns" ganham espaço, como é o caso da desvalorização e responsabilização docente ao enunciar a necessidade de suprir uma falta na
qualidade do serviço que vem sendo prestado. Assim, as ações de formação
continuada são também momentos de produção curricular constituída em
meio a uma *"imbricação de significados, mobilizados por uma falta compartilhada"* (FRANGELLA, 2016, p. 115) – falta de qualidade na educação
básica, especialmente na alfabetização. Tal insatisfação acaba por produzir
um discurso positivo acerca desse pacto.

Vale destacar ainda que tais preocupações que envolvem os professores
e suas atuações colocam foco e importância, e com esta, nós concordamos,
na potência da atuação docente enquanto contexto de produção curricular. A
vivência cotidiana no tão falado, valorizado e esquecido *chão da escola* direciona para o professorado o reconhecimento deste espaço e seus atores como
produtores de currículo. Dessa maneira, retomamos a discussão apontada na

introdução deste texto da nossa não aposta na dicotomia currículo escrito versus currículo vivo.

Assim como Camões e Oliveira (2019),

> [...] vemo-nos diante de um cenário complexo e fluido onde a docência é parte integrante e significativa das produções de sentido nas políticas curriculares (OLIVEIRA, 2017), deste modo, esvazia-se o cenário polarizado entre macro e microcontextos, entre o estado como origem de políticas e o velho lugar fixado ao docente na escola de executor, detentor de conhecimentos e instrumentos de reprodução de programas de regulação definidas em mapeamentos lineares dos processos políticos (p. 163).

Sendo assim, a polarização entre contextos, sejam estes macro ou micro, perdem sentido quando estamos falando de produção política curricular, encarada por nós como produção na instabilidade. Estamos operando com um currículo que se encontra em constante disputa, negociação e transformação. Ao operar em busca de estabilidade, produzem-se inúmeras possibilidades para romper com o que se apresenta estável – um pacto, por exemplo – num ininterrupto diferir. Assim, falamos não apenas de formação ou formatação, mas também de reformulação movente.

O PNAIC e seu contexto histórico-político

Para darmos início então às nossas discussões e para puxar alguns fios dessa rede de poderes e disputas pela qual o PNAIC se constitui julgamos necessário fazer um breve histórico do mesmo. O PNAIC foi um programa de formação continuada de professores alfabetizadores de âmbito nacional que se configura como um acordo federativo – esferas municipal, estadual e federal. Tal programa possui como intenção primeira a garantia da alfabetização plena das crianças até os oito anos.

Mas em que esse curso de formação se diferencia de outros cursos tão divulgados e duradouros? Estamos lidando com uma produção política que buscou articular e significar alfabetização e, consequentemente, uma base curricular para a alfabetização. Tal articulação faz parte de uma rede política que visa atender uma série de demandas, como qualidade na educação, direito de aprendizagem, alfabetização plena, tempo para alfabetizar e controle via avaliação.

Segundo o retrospecto trazido pelo próprio PNAIC em um de seus cadernos de formação, há o destaque para um contexto de renovação curricular devido à ampliação do Ensino Fundamental para nove anos, a necessidade de institucionalização do Ciclo de Alfabetização e o cumprimento da Meta 5 do Plano Nacional de Educação (PNE), que prevê que todas as crianças do

Brasil estejam plenamente alfabetizadas até o final do terceiro ano do Ensino Fundamental. O PNAIC tem assim, em sua constituição, uma discussão marcadamente curricular.

Um programa de formação como este, que deseja mostrar uma qualidade da alfabetização e traz o discurso de garantia do direito ao saber ler e escrever, não surpreende pela imponência de sua adesão e abrangência de alcance, visto estar vinculado a uma meta nacional de alfabetização e à redução dos altos índices de analfabetismo do país. Tal alcance pode ser melhor exemplificado com os grandiosos números do PNAIC:

Quadro I – Adesão ao PNAIC[17]

ANO	Professores alfabetizadores	Orientadores de estudo	Municípios que aderiram
2013	281.725	15.953	5.276
2014	267.375	15.146	5.489
2015	235.983	14.691	5.222
2016	226.808	13.198	5.360
2017 A 2019	*	*	*

*não apresentam esses dados em sites oficiais do Ministério da Educação (MEC).
Fonte: quadro elaborado pelas das autoras com base nos dados retirados do Documento norteador PNAIC 2017.

Temos então uma política de formação de professores em âmbito nacional que configurou um acordo e possui como intenção primeira a alfabetização plena das crianças. *"Assim, este Pacto surge como uma luta para garantir o direito de alfabetização plena a meninas e meninos, até o 3º ano do ciclo de alfabetização"* (BRASIL, 2012a, p. 5).

O PNAIC possui ainda quatro princípios que precisam ser considerados ao longo do desenvolvimento de seu trabalho de formação: 1) ensino problematizador; 2) capacidade de leitura e produção de texto durante todo o processo de escolarização com acesso a diferentes gêneros discursivos; 3) conhecimentos oriundos das diferentes áreas apropriados pelas crianças; 4) ludicidade e cuidado como condições básicas nos processos de ensino-aprendizagem. Além desses princípios destacados, o PNAIC atua também com base em quatro eixos centrais: 1) formação continuada dos professores alfabetizadores; 2) elaboração e distribuição de materiais didáticos e pedagógicos; 3) avaliações unificadas do governo; 4) gestão, controle social e mobilização.

Identificamos a formação como eixo norteador do PNAIC. Conforme o manual do pacto divulgado na época de seu lançamento, *"Em primeiro lugar, é fundamental contar com professores alfabetizadores bem preparados,*

---

[17] Participam do Pacto os 26 estados e o Distrito Federal, o que totaliza 5.497 municípios do país, gerando a participação de 313 mil professores alfabetizadores e mais de 15 mil orientadores de estudo, com o apoio de 38 universidades públicas; o PNAIC atende mais de 7 milhões de estudantes até o momento (informações do site do MEC).

motivados e comprometidos com o desafio de orientar as crianças nesta etapa da trajetória escolar" (BRASIL, 2012, p. 20). Embora seja esse o eixo central da política em questão, foca-se nesse texto em uma análise macrocontextual; observando como tal eixo – a formação – se articula para significar um currículo nacional para a alfabetização. Logo, eixos e princípios são lidos por nós de maneira entrelaçada, visto que os percebemos constituintes do pacto pela alfabetização que fora instituído.

De acordo com os materiais divulgados pelo site do MEC e PNAIC, em **2013** o curso de formação em questão possuía como principal componente curricular a ênfase em Linguagem. Em **2014**, o curso objetivou aprofundamento e ampliação dos temas tratados em 2013, além também de focar na área da Matemática. No ano de **2015**, o PNAIC buscou a ação reflexiva do professor sobre o tempo e o espaço escolares com foco no currículo inclusivo, "que defende os direitos de aprendizagem de todas as crianças, fortalecendo as identidades sociais e individuais e a integração entre os componentes curriculares" (pacto. mec.gov). **Em 2016**, o objetivo foi fortalecer as estruturas de gestão estadual e municipal; por isso foram incluídos na equipe de gestão um representante da União Nacional dos Dirigentes Municipais de Educação (Undime) e um coordenador regional para colaborar com a articulação entre as redes.

É importante destacar que inicialmente (2013 a 2014), a formação instituída pelo PNAIC se deu através do curso presencial promovido pelas universidades públicas parceiras do programa. Posteriormente, de 2015 a 2019, os cursos poderiam ser mesclados entre presenciais e virtuais e ficou a cargo de cada universidade responsável decidir a abordagem a ser utilizada. Durante a vigência do programa, a organização de funcionamento precisava articular as universidades, secretarias de Educação e escolas para a realização do processo formativo dos professores atuantes nas salas de aula.

Quadro II[18] – Carga horária para professores e orientadores

ANO	Professores alfabetizadores	Orientadores de estudos
2013	120 horas	200 horas
2014	160 horas	200 horas
2015	80 horas	100 horas
2016	100 horas	100 horas
2017	100 horas	100 horas
2018	*	*
2019	100 horas	120 horas

*NOTA: Nos documentos Nacionais Oficiais do MEC não há indicativos de carga horária relativo a 2018.
Fonte: quadro elaborado pelas das autoras com base nos dados retirados do Documento norteador PNAIC 2017.

---

18   Fontes: Documento Orientador 2012, 2014, 2015, 2016, 2017, 2019.

De 2015 a 2018 houve uma continuidade da ampliação das concepções para formação continuada dos professores alfabetizadores com inserção de distintos campos curriculares na alfabetização, tais como Artes, Ciências Humanas e Ciências da Natureza (Documento Orientador PNAIC/RJ, 2019, p. 10).

Com os resultados não satisfatórios da ANA em 2013, 2014 e 2016, a partir de **2017** algumas inovações foram implementadas e o PNAIC passou a compor uma política educacional sistêmica que partia de uma perspectiva ampliada de alfabetização, trabalhando a Alfabetização na Idade Certa, a melhoria da aprendizagem em Língua Portuguesa e Matemática no Ensino Fundamental, bem como a inclusão da Educação Infantil e o Programa Novo Mais Educação (PNME)[19]. Dessa maneira, optou-se por adotar uma estratégia descentralizada para atender à diversidade de arranjos federativos, além de valorizar experiências exitosas e inspiradoras.

A principal mudança no programa em 2017 foi um maior direcionamento da intencionalidade pedagógica das formações e da atuação dos formadores. Reforçou-se assim "*a importância de ter, na estrutura de formação e gestão, atores locais altamente comprometidos com os processos formativos e de monitoramento, avaliação e intervenção pedagógica*" (pacto.mec.gov.br, acesso em 2017). Dessa maneira, as universidades passaram a ter menos atuação no PNAIC e passaram a ser substituídas pelos representantes municipais.

Levando em consideração as muitas reformulações sofridas pelo programa, o PNAIC é interpretado em nossas pesquisas e nesse texto como luta política e não apenas como prescrição que tenta ditar, via curso de formação, um modo único de fazer a alfabetização. Essa luta por uma representação única para o currículo brasileiro da alfabetização não é uma luta não ganha, mas em constante disputa que ao longo do tempo de sua vigência foi ganhando outros sentidos e lutas. Nos propomos então a analisar o PNAIC como produção cultural instável e contingente, em que a hegemonia é vivenciada com provisoriedade (LACLAU, 2011). Para pensar numa política curricular pautada na contingência, entendemos a política como algo inacabado e traduzido a todo momento num ciclo contínuo de produção cultural. Dessa maneira, o PNAIC é lido enquanto política curricular constituída num jogo de poder que disputa para decidir modos de pensar e fazer a alfabetização. Logo, temos em jogo uma política de formação de professores que desenha um currículo nacional.

---

19   O PNME é uma estratégia do Ministério da Educação que tem como objetivo melhorar a aprendizagem em língua portuguesa e matemática no Ensino Fundamental por meio da ampliação da jornada escolar de crianças e adolescentes.

Currículo instituído como formação: estratégia política de articulação

O PNAIC como política curricular que disputa sentidos para o saber ler e escrever e, a partir disso, traça orientações e metas que movimentam a educação e a maneira com a qual escolas e professores concebem o processo de ensino-aprendizagem, também constitui uma rede de políticas e poderes outros que permite que ele se fabrique e se modifique a todo momento, como destacamos na breve apresentação feita acerca das propostas e planejamentos para cada ano do programa (2013-2018). Os atores sociais envolvidos nesse processo são produzidos pelos discursos e movimentam a política. Buscamos então colocar sob *rasura* os atravessamentos que permitem que se configure uma política entendida como Pacto. Quando fazemos menção ao conceito derridiano de rasura, queremos chamar a atenção para os traços borrados que repetem sem repetir e colocam novamente em questão a ideia de origem e/ou pureza.

> A rasura é a própria marca do apagamento da oposição, permitindo ainda, de maneira ambivalente, a leitura do termo rasurado, mas indicando o horizonte para além do qual até esse signo perderia sua pertinência (DERRIDA, 2001).
> Com isso, nesse é não é, marca-se uma palavra e tenta-se apagá-la, mas nisso afirma-se a palavra e seu apagamento, seu apagamento a faz mais legível porque necessária. O que está sob rasura se apresenta como indeterminação (FRANGELLA, 2016, p. 8).

Dessa maneira, colocando o PNAIC sob rasura, operamos com a impossibilidade de uma hegemonia absoluta em torno de um sentido para a alfabetização nacional se dar por completo, ainda que tal desejo seja motivador da política. A hegemonia é então vista como ficção com efeitos, duradouros ou não, e busca a fixação de sentidos para a alfabetização e para o currículo.

Para além de uma falsa sensação de hegemonia que se pode ter com a formação e manutenção de um pacto, pensamos o PNAIC como produção híbrida que envolve múltiplos contextos imbuídos de negociação, tensão, mobilização e produção que não vem apenas do governo ou das orientações mais gerais, nasce também de necessidades e orientações locais e/ou internacionais. Nasce também das conversas entre professores em momentos de formação, por exemplo.

Há no PNAIC, assim como em toda e qualquer produção curricular, uma tentativa de direcionamento de sentidos, constituída a partir de formações, que consideram os financiamentos que chegam e os conhecimentos pedagógicos que são colocados em questão. Perceber como se dá a produção de sentidos em múltiplos contextos, governamentais ou não, é entender quais discursos pedagógicos fortalecem essas políticas e como o fazem. Nesse conjunto de ações optamos por destacar a formação continuada de professores alfabetizadores, já que esta foi uma das dimensões do PNAIC.

Para abarcar as múltiplas formações que os professores alfabetizadores possuem ao longo de sua carreira ou das formações precárias e pouco consistentes, o PNAIC se estruturou então como um curso com duração de três anos que buscou garantir,

> dentre outros aspectos, as ferramentas para alfabetizar com planejamento. A alfabetização ocorre no dia a dia e deve ser voltada para cada um dos alunos. Portanto, o curso tem enfoque sobre os planos de aula, as sequências didáticas e a avaliação diagnóstica, onde se faz um mapeamento das habilidades e competências de cada aluno para traçar estratégias que permitam ao aluno aprender efetivamente. A formação precisa garantir ainda o aprofundamento dos conhecimentos sobre alfabetização, interdisciplinaridade e inclusão como princípio fundamental do processo educativo (BRASIL, 2012, p. 13).

No eixo de formação, de acordo com o MEC, a intenção era aperfeiçoar ao longo de três anos (ciclo de alfabetização) educadores críticos para que tivessem fundamentação teórica e prática para propor soluções para os problemas enfrentados pelas crianças no processo de alfabetização. Assim, o professor alfabetizador tem a função primordial de auxiliar na formação para o bom exercício da cidadania, visto que, para exercer sua função de forma plena, é preciso ter clareza do que se pretende ensinar e como ensinar, segundo a política em questão. Para isso, segundo as orientações do PNAIC, não bastava ser um reprodutor de métodos com o objetivo de domínio de um código linguístico; era fundamental ter clareza sobre qual concepção de alfabetização está subjacente à sua prática.

A formação dos professores alfabetizadores, enquanto estratégia política de condução de um currículo que se pretendia nacional, se estabeleceu primeiramente por via de um curso presencial e pelo recebimento de materiais didáticos distribuídos pelo MEC. O curso presencial foi baseado no Programa Pró-Letramento[20] – Mobilização pela Qualidade da Educação – cuja metodologia propunha estudos e atividades práticas para a melhoria da qualidade de aprendizagem da leitura/escrita e matemática.

---

20   O Pró-Letramento – Mobilização pela Qualidade da Educação – é um programa de formação continuada de professores para a melhoria da qualidade de aprendizagem da leitura/escrita e matemática nos anos/séries iniciais do Ensino Fundamental. O programa foi realizado pelo Ministério da Educação em parceria com universidades que integraram a Rede Nacional de Formação Continuada e com adesão dos estados e municípios até o ano de 2012 (BRASIL, 2015, p. 20).

Os cadernos de formação[21] do PNAIC, distribuídos aos professores e usados como base de toda a formação, abordam uma amplitude do campo da alfabetização ainda que houvesse um foco maior na aquisição do Sistema de Escrita Alfabética "*com base nos pressupostos construtivistas de Emília Ferreiro e Ana Teberosky (1999) sobre a psicogênese conceituando a alfabetização como processo de aquisição do código escrito*" (COSTA, 2017). Observa-se também um destaque das produções teóricas da autora Magda Soares (1998, 2003, 2004) quando há uma supervalorização da base no letramento numa alfabetização que se daria como ciclo.

Vale destacar que a cada ano de formação os professores alfabetizadores receberam um conjunto de materiais – cadernos de formação – organizados de maneira parecida, sempre composto por 7 cadernos, dentre eles um de apresentação, um sobre discussão acerca do currículo da alfabetização e um caderno de avaliação sistemática. Esses materiais orientavam e organizaram o curso do PNAIC e fundamentavam a defesa de uma alfabetização em ciclo, a formação de professores e a Avaliação Nacional de Alfabetização, pilares que atravessaram todos os anos de formação do PNAIC e desenharam uma possível proposta de um currículo da alfabetização comum para o país.

No PNAIC, o curso[22] era feito a partir de encontros com os professores alfabetizadores conduzidos pelos chamados orientadores de estudo, que eram professores das redes públicas de ensino que fizeram um curso específico, ministrado por universidades públicas parceiras do PNAIC. As universidades promoveram então cursos de formação continuada que pressupunham um "mergulho" na formação inicial, para então promover possíveis trocas entre concepções anteriores com os desdobramentos e conhecimentos experienciados, na prática, por profissional dos anos iniciais do Ensino Fundamental. Nesse sentido, é fundamental o *diálogo entre a universidade e a escola*, porque são campos marcados por embates cognitivos que possibilitam questionamentos sobre as práticas curriculares e pedagógicas.

Essa estrutura multiplicadora de formação era composta pelo professor formador, vinculado às universidades públicas brasileiras; ele realizava a formação dos orientadores de estudo; estes, com base nos mesmos princípios formativos, preparavam os professores atuantes nas escolas. Era esperado que as escolas dialogassem com seus professores e formadores, com a comunidade em que se inseriu e com o PNAIC em si, aprofundando a relação entre ambas

---

21 Os cadernos de formação destinados aos professores alfabetizadores eram divididos em oito unidades e cada unidade possuía uma temática específica (concepções e princípios da alfabetização, currículo, avaliação, planejamento e consolidação da alfabetização) que foi desenvolvida aos longo dos três anos do ciclo (Ano 1, Ano 2 e Ano 3).

22 Essa formação foi conduzida por orientadores de estudo, professores pertencentes ao quadro das redes de ensino selecionados com base nos critérios estabelecidos pelo MEC; eles participaram de um curso de formação de 200 horas ministrado por formadores selecionados e preparados pelas universidades públicas que integraram o programa.

e criando uma relação de colaboração mútua, no intuito de alfabetizar todas as crianças até o final do 3° ano do ciclo de alfabetização.

Sendo assim, os cursos presenciais eram ministrados por orientadores de estudos, baseados nos cadernos de formação do e nas capacitações oferecidas pelas universidades que traziam uma perspectiva construtivista e sociointeracionista (COSTA, 2017). Para então fazer um diálogo com algumas capacitações oferecidas, faremos uso das práticas cotidianas colhidas na pesquisa de Soares (2021) enquanto cursista do PNAIC Rio[23]. A autora dedica-se a discutir a produção curricular das professoras cursistas do PNAIC no cotidiano da escola e participou das formações propostas no programa.

Além das aulas presenciais com base nos cadernos distribuídos e mencionados acima, no curso promovido pelo PNAIC Rio, havia ainda os seminários, outros momentos de formação que permitiam debates através de fóruns e palestras, com convidados, geralmente, professores da universidade ou especialistas em algum tema de interesse e relevância para o curso. Nesses momentos de trocas, os temas eram debatidos com falas de experiências exitosas e práticas da formação em diferentes contextos.

Ao "colocar os professores para conversar", como por muitas vezes foi repetido nos seminários ou em outros momentos de formação, o PNAIC foi ganhando configurações muito específicas em cada localidade e colocou foco nas atuações dos professores. Dessa maneira, a formação de professores é entendida aqui como estratégia de funcionamento curricular, visto que a ação de formação é também uma ação de currículo.

As aulas presenciais no PNAIC Rio seguiam uma estrutura, quase sempre parecida, que envolvia a temática discutida desdobrada na proposição de atividade pedagógica acerca do Sistema de Escrita Alfabética, Consciência Fonológica, Gêneros Textuais ou Letramento. Havia ainda uma tarefa a ser aplicada na turma para um posterior retorno e discussão. As produções dos alunos eram debatidas para buscar soluções nas dificuldades no sistema de escrita e cada cursista relatava o que havia acontecido na vivência da tarefa. O programa de formação PNAIC estimulava assim reflexão e mudanças nas práticas pedagógicas dos professores.

Nas entrevistas realizadas em seu estudo e em sua própria inserção como professora alfabetizadora, Soares (2021) observou que algumas professoras faziam a inclusão de propostas sugeridas pelo curso, tais como canto para leitura, rotina de trabalho combinada com os alunos, caixa da matemática, canto da matemática, jogos e brincadeiras que eram sugeridos pelo curso para ampliação do sistema de escrita. Tais recursos eram experimentados, traduzidos e experienciados em cada sala de aula e, quando havia o retorno

---

[23] A universidade responsável pela formação no Rio de Janeiro é a Universidade Federal do Rio de Janeiro (UFRJ).

para o curso, cada professor (cada escola, cada aluno) relatava uma vivência diferente para a mesma atividade.

Alguns professores ainda eram resistentes às mudanças sugeridas pelos materiais e pelas abordagens[24] feitas no curso, por exemplo a inserção de jogos, hora de leitura, interpretação oral, brincadeiras matemáticas, as interpretando como "perda de tempo". Tal interpretação foi sendo ressignificada à medida que era apresentada a experiência daqueles que ousaram tentar uma proposta diferente. Essas mudanças nas práticas pedagógicas dos professores que de certa forma eram instigadas via PNAIC não ocorreram de forma uniforme e homogênea. Cada orientador de estudo levou suas contribuições para formação de maneira diferenciada e estas foram traduzidas e vivenciadas pelos professores e professoras de maneiras imprevisíveis e inesperadas. Essas múltiplas traduções das implicações curriculares trazidas pelo PNAIC fortalecem nossa leitura acerca da produção curricular a partir das significações, experiências, vivências e a culturas de cada um. Fortalece ainda nossa interpretação do professor enquanto curriculista que produz sua política.

Quando destacamos a produção política do professor como ator social do currículo, quando reconhecemos que suas práticas cotidianas são traduzidas continuamente, chamamos atenção para a impossibilidade da tradução se dar forma absoluta, pois toda tradução, toda leitura traz uma interpretação e esta reforça a não existência de uma visão única. *"Traduzir é aceitar compartilhar, negociar, transitar, abrir canais de comunicação na direção do outro, transferir nomes, paixões, lugares de fala e de escrita"* (NASCIMENTO, 2004, p. 38). Ao traduzir um currículo em determinado contexto escolar, inúmeros sentidos são sobre determinados, o que nos impede de acessar um único sentido. Este não será, assim, aplicado (na busca incessante por controle que caracteriza a educação), mas sim vivenciado em meio a traduções precárias e contínuas.

Formação, reformulação ou formatação de um modo de fazer? O legado do PNAIC

Ao colocarmos sob rasura os inúmeros materiais produzidos e divulgados e, também, os cursos que orientaram e conduziram um fazer docente a fim de dar conta da idade certa para a alfabetização plena, retomamos a discussão que trouxemos no início do capítulo. O que temos em questão afinal? Formação, reformulação ou formatação?

---

24 No curso eram questionados os sistemas de ensino tradicionais, baseados na cópia e memorização sem contextualização e propostas atividades interdisciplinares e contextualizadas usando livros literários, cotidiano dos alunos, o próprio espaço escolar, jornais, revistas, televisão, internet, etc.

Com base nas discussões teóricas desenvolvidas no grupo de pesquisa, seria no mínimo incoerente reduzir a formação de professores do PNAIC numa única interpretação. Por isso finalizamos este capítulo recuperando a enunciação trazida no início – a formação de professores é entendida por nós como estratégia política ambivalente de funcionamento do PNAIC. Quando identificamos tal estratégia enquanto ambivalente nos apoiamos em Bhabha (2007) e entendemos que a significação é múltipla e não impede nem paralisa totalmente outras significações; é performática nas significações, visto que estas se dão no terreno da enunciação.

A ambivalência é uma estratégia discursiva que permite outras possibilidades de devir, se remete à impossibilidade de uma decisão se dar por completo. Não se trata de falta de decisão, mas sim de uma decisão fraturada, incompleta e falha que precisa acontecer e no momento que acontece movimenta tal política. Seja para produzir novos modos de pensar e fazer a alfabetização, seja para refazer ou até para tentar finalizar a mesma numa única teoria ou método, o curso de formação do PNAIC e seus discursos não se fazem em absoluto, deixam brechas que possibilitam a movimentação política desse currículo, seja para definir uma idade certa, seja para decidir um novo tempo de aprender.

Bhabha (2007) chama a atenção para a impossibilidade da linearidade em virtude do deslizamento de sentidos, a partir do qual a linguagem se constitui e nos constitui. Há, nesse sentido, continuamente negociação em meio a fluxos de poder que impossibilitam decidir por isto ou aquilo, pois não se trata de um simples binarismo, mas sim uma decisão complexa, que deseja isto e aquilo. É "em torno do 'e' – conjunção da repetição infinita que a ambivalência da autoridade civil circula como significante 'colonial', que é menor que um e duplo" (BHABHA, 2007, p. 145). Ora, estamos então falando de formação e formatação em prol de um modo de alfabetizar que se pretende nacional.

A ambivalência – aqui identificada na estratégia política que constitui a dimensão de formação continuada do PNAIC – questiona posições dogmáticas, engessadas diante do significado. É função dela, como estratégia discursiva de conhecimento e poder, exigir "uma reação teórica e política que desafia os modos deterministas ou funcionalistas de conceber a relação entre o discurso e a política" (BHABHA, 2007, p. 106). Nesse sentido, um significante de autoridade cultural, curricular – Pacto Nacional pela Alfabetização na Idade Certa – ganha sentido num contexto específico produzido em confronto com a diferença. No tempo em que ganha sentido o perde e coloca a própria política em constante questionamento e suspeita. Sendo assim, nenhuma formação é absoluta ou se encerra nela mesma. Outros discursos e outras formações em prol de uma alfabetização plena estão por vir.

> Assim, as ações de formação continuada de professores não podem ser tomadas como isoladas ou subordinadas às políticas curriculares estabelecidas *a priori*, mas em uma relação que, negando uma anterioridade, se dá como uma articulação. Na formação não se re-apresenta uma dada política curricular, mas repete-se ou expõe-se essa política como rastro, em uma ação que mantém aberta a luta pela significação, pois não se assenta na literalidade, mas como contra assinatura, mesmo tendo como horizonte a fidelidade a um sentido visto como dado, o irrompe deixando sua marca (FRANGELLA, 2016, p. 115).

A produção desses sentidos de formação de professores é importante para o estudo do currículo, uma vez que esses sentidos disputados nas políticas estabelecem regras e hegemonizam significados. São significados que transitam e ampliam as redes de tensões, trazendo um novo repertório de significações e de articulações políticas que refletem no currículo e assim vão se emaranhado em uma rede de poder sem fim. A alfabetização enquanto uma das grandes prioridades da Educação de nosso país movimenta, organiza, produz e estrutura inúmeras estratégias políticas e curriculares. Dessa forma, ao propor uma estruturação dos processos de alfabetização, com o objetivo oferecê-los e garanti-los de uma única forma, comum e nacional, observamos uma tentativa homogeneizadora nas ações de formação e consequentemente de produção curricular. Dessa maneira, o PNAIC como produção político-curricular mobiliza relações ambivalentes em prol de um discurso, de um pacto. A formação de professores então passa a funcionar também como estratégia para fazer funcionar o currículo nacional para a alfabetização, visto que a ação de formação é também uma ação de currículo e, dessa maneira, o PNAIC possui maior intervenção a partir de sua produção múltipla.

Essa luta política pode ser observada em uma análise macrotextual dos cursos de formação onde a escolha de uma dada metodologia ignora tantas outras, onde as tensões são postas nessa cadeia de interesses. Apesar disso, podemos observar que, ainda que exista uma tentativa de fixar sentidos para alfabetização e para formação de professores, é possível nessa tentativa haver escapes.

Quando os professores retornam às suas salas, em meio a um curso de formação, os percebemos imbricados em contextos políticos diferenciados, pertencentes a um ciclo contínuo. Esse diálogo contínuo entre as esferas de produção curricular exige o reconhecimento do professor como curriculista, como já defendido anteriormente. O currículo é também uma produção cotidiana.

> Nesse sentido, é importante destacar os docentes como atores da política, pois a produzem e traduzem-na em suas ações, nos deslocamentos por diferentes espaços e tempos; com isso, afirmam o extravasamento

de sentidos da política, o que confere aos movimentos docentes outras possibilidades de escapes e significação dessa política (LOPES, 2010). Constrói-se, assim, uma imagem que não é original, devido ao próprio ato de repetição, e também não é idêntica, devido à própria diferença que a define. Estamos então falando de uma construção performática não dupla, mas ambivalente. Essa ambivalência é fruto também da tradução, pela qual há a produção de sentido nas condições estruturantes do funcionamento da linguagem e em condições performativas. (AXER, FRANGELLA & ROSÁRIO, 2017, p. 1198).

E nessa intenção de criar sentidos há um diferimento, mesmo havendo uma tentativa de reprodução, releitura ou até citação a enunciação será uma recriação, uma singularidade, visto que é produzido por um outro sujeito, em um outro momento e assim o professor vai produzindo seu currículo. Esse movimento dinâmico de práticas de linguagens do cotidiano que rompem a prisão de sentidos explorando novas formas de significados, visto que *"qualquer manifestação do currículo, qualquer episódio curricular, é a mesma coisa: produção de sentidos. Seja escrito, falado, velado, o currículo é um texto que tenta direcionar o "leitor", mas que o faz apenas parcialmente"*. (LOPES & MACEDO, 2011, p. 42).

Consideramos produtivo o reconhecimento de que a tentativa de estancamento da significação de uma política ou de um documento curricular é luta perdida e contínua, pois as brechas que permitem as lutas políticas irão sempre existir para que lutas outras aconteçam. Sendo assim, com base nas discussões trazidas aqui, compartilhamos uma visão outra do currículo, que não desconsidera as especificidades existentes em cada política e que reconhece a produção do conhecimento presente em cada instância, em cada momento do processo de sua produção – seja na tentativa de formatação ou na vivência da reformulação.

Ao propormos a leitura do PNAIC enquanto como produção instável e contingente, onde a hegemonia é vivenciada com provisoriedade, reconhecemos e destacamos uma política curricular pautada na contingência que não traz uma verdade única, mas sim diversas interpretações e formas de significar e conceber um futuro alfabetizado. Estamos operando com a política como algo inacabado e traduzido a todo o momento num ciclo contínuo de produção cultural e rede sem fim. Assim, momentaneamente, uma formatação se fecha, para então poder dialogar e produzir pactos que constituam a realidade defendida e reformulada; em dado momento o acordo é assumido, sentidos são significados, discursos hegemonizados e um currículo nacional se institui, ainda que provisoriamente.

REFERÊNCIAS

AXER, Bonnie. **Todos precisam saber ler e escrever**: uma reflexão sobre a Rede de Equivalências da Alfabetização na Idade Certa. Tese (Doutorado em Educação) – Programa de Pós-Graduação em Educação, Universidade do Estado do Rio de Janeiro, 2018.

AXER, Bonnie; FRANGELLA, Rita de Cássia Prazeres; ROSÁRIO, Roberta Sales Lace. Políticas curriculares em uma lógica centralizadora e escapes possíveis: tecendo outras redes políticas. **Revista e-Curriculum**, São Paulo, v. 15, n. 4, p. 1.176-1.207, out./dez. 2017.

BHABHA, Homi K. **O local da cultura**. Belo Horizonte: Ed. UFMG, 2007.

BRASIL. **Pró-Letramento**: Programa de Formação Continuada de Professores dos Anos/Séries Iniciais do Ensino Fundamental: alfabetização e linguagem. Ed. rev. e ampl. Brasília: MEC/SEB, 2008.

BRASIL. Pacto Nacional pela Alfabetização na Idade Certa. **Manual do Pacto**. Brasília: MEC/SEB, 2012.

BRASIL. Pacto Nacional pela Alfabetização na Idade Certa. **Formação do Professor Alfabetizador**: Caderno de Apresentação. Brasília: MEC/SEB, 2012a.

BRASIL. Pacto Nacional pela Alfabetização na Idade Certa. **Documento orientador das ações de formação em 2014**. Brasília: MEC/SEB/DAGE, 2014.

BRASIL. **PNAIC em ação 2016**: documento orientador das ações de formação continuada de professores alfabetizadores em 2016. Brasília: MEC/SEB, 2016.

BRASIL. **PNAIC em ação 2017**: documento orientador das ações de formação continuada de professores alfabetizadores em 2017. Brasília: MEC/SEB, 2017.

BRASIL. **PNAIC em ação 2019**: documento orientador das ações de formação continuada de professores alfabetizadores em 2019. Brasília: MEC/SEB, 2019.

COSTA, Kaira Walbiane Couto. **Cadernos De Formação Do Pnaic Em Língua Portuguesa**: Concepções De Alfabetização E De Letramento. 2017, 184 f. (Doutorado em Educação) - Instituição de Ensino: UNIVERSIDADE FEDERAL DO ESPÍRITO SANTO, Vitória, 2017.

CAMÕES, Maria Clara Santiago; OLIVEIRA, Cristiane Gomes de. As propostas banais da escola: perspectivas universalistas de políticas curriculares e seus atravessamentos nos caminhos da docência e da infância. In: **Linguagens, Educação e Sociedade**. Teresina, Ano 24, n. 43, set./dez. 2019.

DERRIDA. Jaques. **Posições**. Belo Horizonte: Autêntica, 2001.

DERRIDA. Jaques. **Fidelidade a mais de um**: - merecer herdar onde a genealogia falta. Tradução de Paulo Ottoni. In: OTTONI, P. Tradução manifesta: double bind & acontecimento. Campinas: Ed. Unicamp, 2005. p. 164-198.

FERREIRO, Emília & TEBEROSKY, Ana. **A psicogênese da língua escrita**. Porto Alegre: Artmed, 1999.

FRANGELLA, Rita de Cássia Prazeres. **Múltiplos contextos de produção curricular**: conexões, conflitos e ações da Multieducação no cotidiano escolar. Projeto de Pesquisa. Rio de Janeiro: UERJ, 2008.

FRANGELLA, Rita de Cássia Prazeres. **Políticas de currículo e alfabetização**: negociações para além de um pacto. Projeto de Pesquisa. Rio de Janeiro: UERJ, 2015.

FRANGELLA, Rita de Cássia Prazeres. **Políticas de formação do alfabetizador e produção de políticas curriculares**: pactuando sentidos para alfabetização, formação e currículo. Práxis Educativa, Ponta Grossa, v. 11, n. 1, p. 107-128, 2016.

LACLAU, Ernesto. **Emancipação e diferença**. Rio de Janeiro: EdUERJ, 2011.

LOPES, Alice Casimiro. **Convergências e tensões no campo da formação e do trabalho docente**: currículo. ENDIPE, Belo Horizonte, 2010.

LOPES, Alice Casimiro; MACEDO, Elizabeth Fernandes. **Teorias do currículo**. São Paulo: Cortez, 2011.

NASCIMENTO, Evando. **Derrida**. Rio de Janeiro: Zahar, 2004.

SOARES, Magda. **Letramento**: um tema em três gêneros. Belo Horizonte: EALE/Autêntica, 1998.

SOARES, Magda. A reinvenção da alfabetização. **Presença pedagógica**. Belo Horizonte, n. 52, p. 15-21, jul./ago., 2003.

SOARES, Magda. Letramento e alfabetização: as muitas facetas. **Revista Brasileira de Educação**. São Paulo: n. 25, p. 5-17, jan./abr. 2004.

SOARES, Vanessa de Lucena. **A Produção Curricular do Professor Alfabetizador**: diálogos com o PNAIC. Dissertação (Mestrado em Educação) - Universidade do Estado do Rio de Janeiro, Rio de Janeiro, 2021.

POLÍTICAS CURRICULARES PARA A ALFABETIZAÇÃO ATRAVESSADAS PELOS FIOS DO TEMPO

Bonnie Axer
Jade Juliane Dias
Rosalva de Cássia Rita Drummond

> *A realidade não mudou, e não há um único relato possível. Todavia, pensar apenas de modo chronos é limitar e estreitar o uso do tempo, relacionando-o apenas ao relógio, aos afazeres e tarefas, e deixando de usufruir, aproveitar e usar o tempo com qualidade, não apenas como quantidade. O tempo é algo a ser vivido, e a essência de kairós é o que se obtém dele, de como são aproveitadas as oportunidades (ARANTES, 2015, p. 9).*

Reconhecer e defender a importância da leitura e da escrita na infância compreende que o acesso ao mundo letrado se dá desde o nascimento, entretanto, a legitimação se institui perante grande parte da sociedade quando a criança passa a dominar os processos de decodificação e codificação da língua escrita. Os discursos que fortalecem tais argumentos e passam, por sua vez, a negar determinadas práticas com a leitura e com a escrita de maneira mais fluida e contingente, marcando assim, um investimento maior nas políticas educacionais neste campo.

Partimos da compreensão de que alguns marcos temporais estruturam e orientam a produção nacional de um currículo para a alfabetização, tendo em vista que estes também são marcados por um discurso que reduz o direito à educação. Sendo assim, nossa intenção é contribuir para o debate, propondo algumas reflexões que visam ampliar possibilidades de pensar a relação *tempo na/da alfabetização* e os modos como criam sentidos no processo de produção curricular tanto da Educação Infantil como nos primeiros anos do Ensino Fundamental.

O tempo, geralmente é significado pelo *tempo chronos*[25], conceito caracterizado pela sociedade moderna que marca o modo como nos organizamos,

---

25 "[...] para os gregos, chronos era a palavra atribuída ao "tempo dos homens", ou seja, o tempo físico, que é cronológico e que segue uma ordem. Chronos representa a característica destrutiva do tempo, o qual consome todas as coisas. Ao representar Chronos como um deus que devorava seus filhos, os gregos consideravam-se filhos do tempo e, visto que é impossível fugir ao tempo, mais cedo ou mais tarde, eles seriam vencidos (devorados) pelo tempo. [...] Chronos se refere a um espaço ou intervalo de tempo, daí vem o termo cronômetro, e, às vezes, é usado para transmitir a ideia de demora. É o tempo medido pelo relógio, pelo calendário; o tempo determinado dentro de um limite" (ARANTES, 2015, p. 3).

criando sentidos e postulando a forma como lidamos e avaliamos a vida. Na mitologia grega, *chronos* tem a ver com essa lógica fracionada do tempo, através dos horários, calendários, marcações que enclausuram em anos, décadas, atividades, eventos, marcando atrasos, prazos e modos de significar o sucesso na vida.

Na escola, não é diferente, nos acostumamos a significar as vivências dentro de um "tempo (co)**letivo**". Quando passamos a organizar a vida dos sujeitos a partir de um tempo da escola, o tempo letivo, este passa a ser o mesmo tempo de todos – coletivo. Percebemos tal configuração também como estratégia de centralização e homogeneização das vivências escolares, visto que, em nome de um mesmo tempo letivo para todos, assistimos a um tipo de organização curricular ganhar forma – grades de horários em matrizes disciplinares, em tempos de aula que organizam quais as disciplinas merecem mais tempo de "ensino". Definimos quem ganha tempo, quem "passa de ano", quem perde tempo ou quem "repete o ano". Enfim, estamos falando de marcações e terminologias que fazem alusão ao tempo escolar e que são naturalizadas, por vezes questionadas, mas dificilmente alteradas.

A partir das discussões do grupo de pesquisa, focadas nas políticas curriculares para a infância, a questão do tempo (e seus desdobramentos) é entendida como um movimento discursivo importante que alinha as temáticas abordadas por nós. Ao investigar as políticas curriculares para a alfabetização[26] e, ao observar os discursos das políticas que trazem "tempos certos" de ingressar na escola, de se matricular, de se alfabetizar, nossas pesquisas passam a ser atravessadas pela preocupação de um tempo certo de aprender/ensinar. Optamos em desenvolver neste capítulo nossa reflexão acerca de um marco temporal que nos afeta e tenta produzir sentidos para a qualidade da educação via políticas curriculares. Destacamos que tal marco nos mobiliza e traz incômodo, principalmente devido aos possíveis desdobramentos que o mesmo produz para os sentidos de currículo e alfabetização.

Nossas escolhas metodológicas se fazem acerca da leitura das políticas educacionais enquanto políticas curriculares para alfabetização. Consideramos que tais políticas se alinham através de uma certa ideia de temporalidade linear e fixa, neste sentido, a proposta aqui é refletir sobre os sentidos para um currículo da alfabetização tensionados pela necessidade de definição de "tempo da aprendizagem" da leitura e da escrita que produzem sentidos tanto para a Educação Infantil, quanto para os Ensino Fundamental.

Dessa forma, a discussão de tempo/idade configura-se uma chave de leitura do Pacto Nacional pela Alfabetização na Idade Certa – PNAIC (BRASIL, 2012) bem como os marcos temporais presentes na Base Nacional

---

26 Para a produção deste livro estamos falando da pesquisa: "**Políticas de currículo e alfabetização: negociações para além de um pacto**", coordenado pela professora Rita Frangella.

Comum Curricular - BNCC (2017) e na Política Nacional de Alfabetização - PNA (2020), a fim de entender como tais políticas vêm inferindo sentidos nos discursos no campo da alfabetização. Elencamos essas três políticas a partir de uma rede complexa de currículo, política, discursos, demandas, interesses, articulações e disputas em prol da alfabetização plena.

Embora a discussão e defesa de uma concepção específica sobre alfabetização não seja nosso foco aqui, vale registrar que para pensar e defender uma concepção de alfabetização nos apoiamos numa perspectiva discursiva da mesma (SMOLKA, 1999), o que significa dizer que se apropriar dos atos da leitura e da escrita é um processo contínuo em que os sujeitos precisam se colocar e interagir com o mundo. A partir da dimensão discursiva da alfabetização, a autora nos ajuda a pensar na produção de diferentes currículos na alfabetização, visto que acreditamos que o que torna possível o processo da alfabetização é *o sentido que se dá ao que se quer ler e escrever* e este se dá através da interação com Outro, com muitos Outros.

> Contudo, se a alfabetização não consiste meramente na aprendizagem da escrita de letras, palavras e orações. Nem tampouco envolve apenas uma relação da criança com a escrita [...] implica, desde sua gênese, a 'constituição do sentido' [...] 'uma forma de interação com o outro pelo trabalho da escritura' (SMOLKA, 1999, p. 69).

Esta significação está profundamente relacionada com o espaço de autoria dos estudantes, momento de produção de sentidos que corrobora para que o processo de aquisição de leitura e escrita esteja impregnado de sentidos, desta forma ler e escrever não se reduz à perspectiva técnica limitada à codificação/decodificação das palavras, uma vez que, como autor, a criança testa, cria hipóteses, pensa e arrisca ideias sobre como e o que se lê e escreve, se coloca no mundo através de relações múltiplas e por vezes inesperadas. É esse movimento de produção contínua de significado que possibilita a ampliação de sentidos, sentidos esses não previstos que dificilmente podem ser predeterminados pelo tempo ou garantidos através de um método, ou de alguma listagem que sirva a todos.

Nesse âmbito, se estamos imersos em uma sociedade letrada, não será apenas no Ensino Fundamental que a criança terá contato com a escrita e a leitura. Esta conversa complicada em torno das relações da Educação Infantil e alfabetização precisa ser pensada com todo cuidado para tecermos esses fios. E é nesse interstício que nos propusemos a questionar e provocar, pois não aceitamos que a resposta seja o simples lugar da criança na escola, a idade certa de iniciar ou completar a alfabetização, a definição de um método de alfabetização ou a redução ao ensino específico de modos da produção curricular na Educação Infantil e mesmo nos primeiros anos do Ensino Fundamental.

A partir dessa possibilidade de compreender os processos de construção da leitura e escrita na infância e da nossa inserção na escola de educação básica – que nos provoca a pensar as relações que se colocam no campo da alfabetização através das questões abordadas em nossas pesquisas – questionamos os modos como tais políticas se estruturam. Compreender a alfabetização de forma discursiva significa defender que, nesse processo, professoras e crianças produzem o currículo da alfabetização, tensionadas por expectativas, concepção do que é ler e escrever, experiências de vida e disputas de sentidos. Não há um percurso previamente estabelecido que possa ser mapeado, fragmentado e seguido como um manual de sucesso. Nesse sentido, ancoradas nessa compreensão, propomos uma leitura que desconfia de propostas metodológicas definidas como promessa de resolução do problema de fracasso no campo da alfabetização em nível nacional.

Quanto tempo o tempo tem? As Políticas Curriculares para a alfabetização e o foco no planejamento

Ao olharmos para o PNAIC percebemos uma tendência curricular, observada também em outros documentos oficiais, que chama nossa atenção pelo viés normatizante que remete ao entendimento de currículo reduzido a ideia de planejamento. Portanto, ao problematizarmos as concepções de aprendizagem, o fazemos considerando o Ensino Fundamental e a Educação Infantil marcados pela lógica que alinha planejamento sistemático/ensino à aprendizagem. Essa lógica vem se configurando em abrangência nacional – proposta no PNAIC que vem se instituindo também na BNCC e no programa Tempo de Aprender[27] da PNA – justificando que o caminho curricular proposto irá garantir o direito à alfabetização plena das crianças do Brasil.

Essa relação e os desdobramentos das políticas das quais chamamos atenção, dizem respeito ao nosso entendimento de produção de política em rede e das relações que o PNAIC estabelece com políticas outras e que com ele produzem uma rede de equivalências políticas e saberes. Trata-se de uma articulação política educacional que busca significar alfabetização e, consequentemente, uma base curricular para a alfabetização.

> A opção pelo termo rede (e suas múltiplas referências teóricas) se dá pela discussão de inexistência de um centro nas relações hegemônicas. Na rede não é possível identificar uma origem e os inesperados caminhos que cada fio poderá tomar. Propomo-nos, então, a problematizar toda e qualquer

---

27 O Tempo de Aprender é um programa sobre alfabetização vinculado à PNA. Segundo sua apresentação, trata-se do programa mais completo da história do Brasil. Destinado precipuamente às crianças da pré-escola e do 1º e 2º ano do Ensino Fundamental das escolas públicas brasileiras. Disponível em: http://alfabetizacao.mec.gov.br/#ancora. Acesso em: 20 jul. 2021.

produção política em rede como produções instáveis e contingentes, em que a hegemonia é vivenciada provisoriamente (CARVALHO; AXER; FRANGELLA, 2019, p. 81-82).

O PNAIC é um programa federal de formação continuada de professores, instituído em 2012, que visa assegurar que todas as crianças estejam alfabetizadas até o 3º ano do Ensino Fundamental (8 anos de idade). Este programa se constitui, a nosso ver, por uma rede de políticas e poderes outros que permitem que o mesmo se fabrique e se modifique a todo o momento. Nesse sentido, tal pacto se faz econômico, cultural, político e curricular, visto que nele "disputam sentidos para o saber ler, escrever e tempo para tal aprendizagem, a partir dos quais são traçadas orientações e metas para uma alfabetização na idade certa" (AXER, 2018).

No desenvolvimento e desdobramentos em nossas pesquisas, tínhamos como incômodo inicial o discurso da idade certa que o PNAIC enuncia, tendo em vista que, ao defender um tempo adequado para aprendizagem, esse mesmo discurso trazia um tempo limite para que a mesma acontecesse, o que acabava por excluir aqueles que não respondiam da forma esperada ao planejamento previamente estruturado pela política, além de apontar para implicações de responsabilização docente. Esse tempo que passou a ser definido discursivamente como "idade certa" trazia uma ideia de tempo adequado para se estar alfabetizado, desenhado por um currículo nacional, por exemplo. Acompanhar a trajetória das políticas, no entanto, foi nos ajudando a ampliar essa discussão, e é também sobre essa relação que tratamos nesta seção.

Cabe dizer que esse discurso da idade certa pouco conversava com a própria defesa de alfabetização em ciclo que o PNAIC propunha, uma vez que a configuração curricular que defendia um ciclo de aprendizagem para a alfabetização de 3 anos (1º, 2º e 3º anos). Nos cadernos de formação, material utilizado na formação de professores no âmbito do programa, recorrentemente era destacado o "respeito ao tempo da criança" ou até um alargamento desse tempo de apropriação da leitura e da escrita não anuncia um momento limite para que a aprendizagem se dê. Logo, percebemos sentidos sendo disputados no âmbito do próprio PNAIC que, ora é uma possibilidade de alargamento para vivenciar tal aprendizagem, ora tem-se uma defesa de limite para tal vivência que se alinhava ainda a uma política de avaliação nacional.

Sendo assim,

> O tempo definido por uma "idade certa" na escola constitui-se investimento no futuro, com vistas à garantia do sucesso no processo de escolarização, nas políticas de ampliação do EF e obrigatoriedade de matrícula na pré--escola. Esse tempo é lido por nós como um dos aspectos que articula demandas da "idade certa de aprendizagem", funcionando como balizadores do currículo da "educação de qualidade" e mobilizando a produção

de propostas, programas governamentais e, por sua vez, políticas curriculares tensionadas pelos sentidos do que vem sendo significado por estar alfabetizado (AXER e DRUMMOND, 2019, p. 7).

Nesse contexto discursivo, identificamos a META 5 do Plano Nacional de Educação (PNE) como pano de fundo do PNAIC e consequentemente da BNCC e da PNA. Tal meta fala estritamente da alfabetização e estabelece a necessidade de alfabetizar todas as crianças, no máximo, até o final do 3º (terceiro) ano do Ensino Fundamental. O que traz ainda um destaque para a alfabetização e ao nosso ver, também coloca muita responsabilidade no processo e nos envolvidos em tal processo, visto que o PNE "busca equidade e qualidade da educação em um país tão desigual como o Brasil".

Entre as principais estratégias registradas no PNE para o cumprimento da Meta 5, situa-se a estruturação de processos pedagógicos nos anos iniciais do Ensino Fundamental, em articulação com estratégias que deverão ser desenvolvidas pela pré-escola, com qualificação e valorização dos professores alfabetizadores e apoio pedagógico específico, a fim de garantir a alfabetização plena de todas as crianças (Estratégia 5.1). Estratégia essa que veremos com mais clareza na PNA e que será abordada mais à frente.

Importante observar a relação estabelecida que dispõe de marcos temporais para a definição de indicadores de qualidade. Com isso, a discussão acerca da "idade certa" tem destaque nas propostas para a alfabetização. Discussão que é retomada na BNCC. É possível considerar, entretanto, que o ciclo de alfabetização presente nas discussões sobre a proposta do PNAIC, que carregavam questões que iam além do discurso da "idade certa", tem o foco de mobilização deslocado, em função da organização sistemática das habilidades previstas na área de linguagens da BNCC para o 1º e 2º anos do Ensino Fundamental. A versão homologada da BNCC traz a redução do tempo de alfabetização alinhado pelo PNAIC, logo passamos de 3 anos para o limite de 2 anos para que a criança conquiste a "alfabetização plena", o que também nos chama atenção e passa a ser um foco de nossas pesquisas.

Na BNCC então, o tempo da alfabetização passa a ser de dois anos. Como dar conta de uma meta que possibilita um trabalho com três anos letivos para garantir a idade certa de estar alfabetizado que agora se configura com dois anos? Mais que discutir a definição de um "tempo certo" de alfabetização – dois ou três anos – ou se tem ou não uma idade certa de se alfabetizar. O nosso foco se articula em torno dos sentidos do que se coloca nesse jogo, cuja concepção de "estar alfabetizado", pode ser tangenciado por limites temporais que servem para encaixar os saberes das crianças em tempos de aprender...

Ao apresentar sua definição da alfabetização, a BNCC, explicita seu entendimento e nos permite compreender qual o alinhamento propõe em razão da sistematização da métrica que propõe na organização.

> Embora, desde que nasce e na Educação Infantil, a criança esteja cercada e participe de diferentes práticas letradas, é nos anos iniciais (1º e 2º anos) do Ensino Fundamental que se espera que ela se alfabetize. Isso significa que a alfabetização deve ser o foco da ação pedagógica. Nesse processo, é preciso que os estudantes conheçam o alfabeto e a mecânica da escrita/leitura – processos que visam a que alguém (se) torne alfabetizado, ou seja, consiga "codificar e decodificar" os sons da língua (fonemas) em material gráfico (grafemas ou letras), o que envolve o desenvolvimento de uma consciência fonológica (dos fonemas do português do Brasil e de sua organização em segmentos sonoros maiores como sílabas e palavras) e o conhecimento do alfabeto do português do Brasil em seus vários formatos (letras imprensa e cursiva, maiúsculas e minúsculas), além do estabelecimento de relações grafofônicas entre esses dois sistemas de materialização da língua (BRASIL, 2017, p. 89).

Nesta leitura, o alinhamento que ao mesmo tempo apresenta o reconhecimento que é nos anos iniciais que se espera que a criança se alfabetize pontua o que se espera dessa alfabetização. A Alfabetização, significada por modos de compreensão tangíveis cujos ajustes são passíveis de segmentação e marcação nessa estrutura sequencial que temos assistido em políticas curriculares, pouco conversa com um entendimento de alfabetização enquanto processo discursivo que defendemos como professoras alfabetizadoras. Quando lidamos com a ameaça concreta de redução desse tempo – defesa pela alfabetização até os 7 anos feita pela BNCC –, uma "idade certa como garantia" de um tempo de consolidação para tal aprendizagem até os 8 anos de idade não nos parece tão ruim, talvez necessária para as lutas que escolhemos enfrentar momentaneamente. Interpretamos então a idade certa como mais um discurso político e ambivalente. Temos aqui uma "estratégia dupla da política que se transforma e pode vir a ser um argumento interessante e potente para o posicionamento contrário de um tempo reduzido para a alfabetização – ciclo de alfabetização de dois anos ou crianças aos sete anos plenamente alfabetizadas" (AXER & DRUMMOND, 2019, p. 6).

Outro dado relevante é que, durante o processo de discussão e produção da BNCC, o PNAIC vai ganhando outros sentidos sobre os processos do ciclo de alfabetização, situação que cria também implicações para a Educação Infantil. O estreitamento desse tempo de alfabetização no Ensino Fundamental passa a ser significado pela ideia de antecipação do processo na Educação Infantil, fortalecendo velhos discursos. A "idade certa de alfabetização" e o "tempo de aprender" se produzem dentro do jogo de significações e marcas de velhos/novos discursos, em que o fantasma da "idade adequada" continua a rondar figurando um tempo de aprendizagem negociado através de disputas que se sustentam sob a égide da história do fracasso brasileiro em alfabetizar as crianças.

Neste entendimento, da Base como estratégia política para o cumprimento de determinadas metas, observamos que o PNAIC se alinha com esse intuito e se articula com esses movimentos. Assim, percebemos estes movimentos como enredados, articulando e negociando sentidos que permitem a emergência de um discurso sobre a alfabetização que impregna a significação de leitura e escrita na Educação Infantil (DIAS e FRANGELLA, 2019).

A partir da demanda do "comum a todos" presente na BNCC, o direito à alfabetização passa a ser um dever da criança, principalmente quando a aferição dos níveis de alfabetização se dá via exame nacional e tem idade limite para acontecer, pautando-se, em nossa leitura, na concepção de uma criança "padronizada" em uma ideia que singulariza as necessidades de forma homogênea e universalizante, inferindo também, nesse nexo, possibilidades de critérios de responsabilização docente.

Daí o incômodo com o discurso da idade certa, que é constituído a partir de uma temporalidade escolar, ganha outros contornos, uma vez que se fundamenta não pelo fato de ter uma idade em que se está definindo alfabetizar, mas o que está se definindo como alfabetização. Para além de uma questão de tempo limite, questionamos o que tem sido significado por aprendizagem da leitura e escrita. Significações que tecem forças realinhando velhos discursos transvestidos como novas soluções. Como estratégia então, o planejamento ganha destaque e nesse fluxo de leitura, passa a ser interpretado por nós como uma faceta de organização fundamental para a construção do currículo da alfabetização desenhado pelo PNAIC, pela BNCC e pela PNA.

Estamos falando de uma estrutura curricular que muito se aproxima de uma racionalidade tyleriana. Falamos isso pela defesa incessante do planejamento, das sequências didáticas sugeridas, dos conhecimentos delimitados a cada momento da aprendizagem, dos direitos de aprendizagem propostos por tais políticas e pela previsibilidade que constitui os planejamentos propostos. A importância do planejamento para o currículo da alfabetização parece ser uma tentativa de reedição de um currículo instrumental para pensar a organização do ciclo de alfabetização, seja ele de três anos, dois ou ainda, iniciado na Educação Infantil.

Esse planejamento passa então a funcionar como estruturação segmentada e sequencial dos objetivos, a preparação de um modelo a ser seguido e um balizador de um currículo anunciado, previsto e nacional. Currículo eficiente que será bem-sucedido. O currículo segmentado e sequencial é uma tentativa de cerceamento do potencial produtivo das crianças e dos/das professoras/professores. A **prescrição** destacada impossibilita trazer a diferença para a negociação e assim se faz como estratégia de **controle de sentido que tenta impedir os efeitos produtivos da norma** e a mantém apenas como normatização. Queremos aqui chamar atenção para a redução da multiplicidade de experiências curriculares à unificação da vivência escolar via planejamento.

Como operar com a previsibilidade e linearidade quando se entende a alfabetização – e o currículo – enquanto um processo pautado pela relação com o outro? Seja na reflexão sobre a alfabetização, mas principalmente na reflexão sobre as relações de aprendizagem que compõem o que entendemos e chamamos de educação, a previsibilidade é posta sob suspeita a todo tempo pelos aportes teóricos trazidos em nossas pesquisas. O que não significa que não há intenção de planejar. O planejamento é necessário, mas ele não é único, não é estável e nem imutável. Ao pontuarmos aqui esta questão, mais do que dizer que as formas como as políticas nacionais para a alfabetização criam constrangimentos que diminuem modos outros de significar a alfabetização, queremos assumir nosso compromisso político como pesquisadoras, para disputar lugar sobre nossa compreensão do que é alfabetizar e do que é produzir currículo para a alfabetização.

Quando falamos desse currículo – da alfabetização, não queremos disputar novos métodos ou definir novas formas, contudo, não podemos deixar de interrogar discursos que envolvem as tradições de métodos de alfabetização e desconfiar dos fundamentos que as sustentam. Escolhemos pensar o currículo como fluxo, através de processos enunciativos (BHABHA, 2007), o que nos afasta da ideia do currículo – coisificado, fixo, passível de ser reduzido ao aspecto estrito de ensino/método/tempo, ao mesmo tempo em que procuramos pensá-lo como uma tarefa política, como uma prática que envolve momentos enunciatários, vários sujeitos – crianças, professores, famílias, sociedade; díspares interesses e múltiplas relações de força, produzidos em fluxos contingenciais diferenciados, atravessados por contextos, temporalidades, necessidades, negociações e atravessamentos que tensionam e produzem multiplicidade de significações, criando possibilidades/impossibilidades, como espaço fronteiriço, em que a "fronteira se torna o lugar a partir do qual algo começa a se fazer presente", como a "ponte que reúne enquanto passagem que atravessa" (BHABHA, 2007, p. 24).

Com base na apropriação das ideias de Macedo (2006; 2011; 2016) e de Frangella (2008; 2015), temos desenvolvido nossas pesquisas com base no entendimento de currículo enquanto enunciação cultural. Essa interpretação tem nos auxiliado na compreensão do currículo não apenas como algo normatizado por onde são reproduzidos conteúdos, sujeitos e posturas, mas um artefato cultural que produz, reproduz e traduz sentidos continuamente. Apoiamo-nos em Bhabha (2007) para compreender a ideia de currículo como produção cultural, o que nos permite problematizar a centralização e estruturação de um currículo único. Para o autor, a cultura é ato de enunciação, ou seja, é significação ininterrupta.

> É apenas quando compreendemos que todas as afirmações e sistemas culturais são construídos nesse espaço contraditório e ambivalente da

enunciação que começamos a compreender por que as reivindicações hierárquicas de originalidade ou "pureza" inerentes às culturas são insustentáveis, mesmo antes de recorrermos a instâncias históricas empíricas que demonstram seu hibridismo (BHABHA, 2007, p. 67).

Dessa maneira, ao operarmos com o entendimento de currículo como produção cultural é impossível pensarmos no planejamento curricular de forma cristalizada, visto que o currículo como cultura se constitui na enunciação e pela existência de lacunas no ato da significação (BHABHA, 2007). Isso impede que qualquer fechamento pretendido seja plenamente alcançado. A tentativa de controle traz em si lacunas que sinalizam a incompletude dos sujeitos, evidencia a ambivalência da linguagem e permite a produtividade da norma. Nessa leitura, observamos que o tempo constitui um forte balizador das políticas, tensionando, como já mencionado, a produção de sentidos do currículo na Educação Infantil e Ensino Fundamental, em razão da necessidade de alfabetização em nosso país.

Temos "todo o tempo do mundo"? Tensões entre a Educação Infantil e o Ensino Fundamental

A alfabetização é, sem dúvida, uma das grandes prioridades da Educação de nosso país. Nesse contexto, assistimos a ela se organizando, se estruturando e produzindo estratégias políticas e curriculares para a alfabetização. Dessa forma, ao propor uma estruturação dos processos de alfabetização, com o objetivo de garanti-los e avaliá-los, podemos observar a tentativa homogeneizadora nas ações de formação e produção curricular do Pacto. Temos uma situação real – altas taxas de analfabetismo no Brasil – e uma situação ideal: Brasil, um país alfabetizado. Ambas as situações são tensionadas por diversas tendências teóricas para a alfabetização (AXER, 2018, p. 13).

O delineamento do entendimento do tempo instituído nas políticas educacionais é significado pela necessidade de definição precisa – através do modo *chronos* – definindo critérios que sejam passíveis de métrica, essa questão, entretanto, nos convoca a pensar modos outros de contar essa mesma história, que inclui *kairós*[28] – em que outros sentidos de qualidade e valores dessa passagem figura aspectos da imprevisibilidade das experiências colocando sob rasura o tempo *chronos*. Alijar da dimensão do tempo a possibilidade *kairós* de ser é instituir, em nosso entendimento, uma certa violência que

---

28 "Kairós era o filho de Chronos, deus do tempo e das estações, e que, ao contrário de seu pai, expressava uma ideia considerada metafórica do tempo, isto é, o tempo não linear e que não se pode determinar ou medir, uma oportunidade ou até mesmo a ocasião certa para determinada coisa. Em outras palavras, o momento certo, o momento oportuno" (ARANTES, 2015, p. 9).

exclui a diferença em razão da necessidade de padronização. Esse movimento duplo, que produz transbordamentos de sentidos (DERRIDA, 1973), que não pertence nem à ideia do tempo *chronos* e nem a *kairós*, pois são constitutivos um do outro, neste sentido, não significaria elegermos ou excluir um modo de compreensão ou outro.

O tempo definido por discursos de que há uma "idade certa" ou por movimentos que tentam definir um dado "*tempo de aprender*" constituem-se assim, pela mesma lógica que veicula sentidos de investimento no futuro, com vistas à garantia do sucesso no processo de escolarização, já anunciada nas políticas de ampliação do Ensino Fundamental, por exemplo. Esse tempo localizável é lido por nós como um dos aspectos que articula demandas da "idade certa de aprendizagem", funcionando como balizador do currículo da "educação de qualidade" e mobilizando a produção de propostas, programas governamentais e por sua vez políticas curriculares tensionadas pelos sentidos do que vem sendo significado por estar alfabetizado (AXER e DRUMMOND, 2019).

A alfabetização tem seus sentidos em disputa, uma vez que envolve diferentes concepções e acaba por colocar em questão, também, a Educação Infantil. E, um sentido forte nessa disputa, relega à Educação Infantil a tarefa de preparar para a alfabetização. A articulação das demandas não elimina a diferença e a negociação dos sentidos, coloca-os em jogo, deslocando alguns deles, sem que eles sejam apagados. Esse arranjo, entretanto, cria uma contenção momentânea, um certo ajuste consensual que é assombrado, contudo, pelos elementos que tensionam a construção das políticas e ameaçam sua estabilidade. E nesse fluxo a ansiedade de que as crianças estejam preparadas para ingressar no Ensino Fundamental é espectro que ronda a construção das políticas curriculares da Educação Infantil colocando sempre um senão nas propostas, um ir e vir que nos remete à ideia de certo retorno ao passado.

Esse novo/velho arranjo – que apresenta como inaugural uma questão que nunca deixou de ser pauta – cria fissuras em algumas conquistas no campo da Educação Infantil. Desse modo, as discussões a respeito de um currículo para alfabetização trazem uma tensão que merece nossa atenção, visto que mobiliza e afeta a produção curricular para/com infância. Do desconforto em razão aos sentidos da "idade certa" da alfabetização às disputas de sentidos pelo tangenciamento do direito à educação, pautados no enfoque na alfabetização como "início" desse itinerário formativo das crianças, retoma-se uma conversa antiga a respeito do papel da Educação Infantil no sistema educacional brasileiro. Parece-nos que a alfabetização, então, traz tensões não só para os anos iniciais do Ensino Fundamental, quando rouba o tempo da criança – o tempo da brincadeira –, em razão das coisas sérias, como da Educação Infantil quando questiona a sua função – em nome da "preparação" para os anos iniciais. O direito à educação, significado pelo direito de estar alfabetizado, ressignifica o lugar da criança na escola e é o que tem nos mobilizado em promover esta discussão tomando como perspectiva da fronteira Educação Infantil-Ensino Fundamental (DRUMMOND, 2014).

A articulação entre Educação Infantil e Ensino Fundamental tem sido discutida no contexto das produções acadêmicas com o foco na transição de uma etapa para outra, o que reitera a necessidade de atenção à produção curricular nesse interstício, sendo as questões a respeito da inserção da leitura e escrita na Educação Infantil um aspecto que merece cuidado.

Nosso entendimento, já mencionado, nos aproxima de uma perspectiva discursiva de alfabetização (SMOLKA, 1999) que não separa letramento e alfabetização, assim como não exclui da Educação Infantil experiências que envolvem sentidos de leitura e escrita no mundo. Contudo, cabe destacar que, quando esta temática é questionada por nós neste texto, se faz no que diz respeito aos sentidos de alfabetização presentes nas políticas em questão e seus enfoques reducionistas sobre as concepções de alfabetização. Não defendemos a antecipação dos processos de antecipação da "alfabetização" nesses moldes, é importante destacar.

O PNAIC, a BNCC e a PNA alinham discursos que configuram modos que situam a alfabetização em uma perspectiva temporal regulatória através de indicadores passíveis de conferência, o que justifica, então, nossa atenção em olharmos a questão do tempo, como marcador dessas políticas entendendo-o como indexador de "qualidade", alinhado à ideia de que o tempo é o que qualifica as práticas escolares. O tempo cria armadilhas e a política as encara como estratégias de produção.

Nesse sentido, a ideia de ciclo de alfabetização/tempo de alfabetização, estratégia presente em cada uma das políticas analisadas, colocam sob rasura a defesa de um tempo certo, ao mesmo tempo em que postulam padrões e limites fixos. Configura-se, nesse entendimento, uma estratégia política ambivalente pois ao mesmo tempo em que reforça uma ideia de tempo/idade certa, coloca a mesma ideia em cheque deslocando alargamentos e/ou encurtamentos postos em questão na discussão na BNCC e no PNAIC, aspectos que definem contornos e sentidos para o que é alfabetizar e o que é estar alfabetizado. Em face às discussões da BNCC ainda, a Educação Infantil é também questionada.

Podemos dizer, assim, que o discurso da idade certa traz em seu bojo mais que a definição de um determinado ano de finalização da conclusão de um período de aprendizagem, carrega sentidos que alimentam o discurso do tempo de aprender. O bloco único de três anos, defendido pelo PNAIC através do discurso da idade certa, logo é tomado como questionamento e argumento para que essa "marca temporal" seja alterada. A ameaça de redução desse tempo apontada na BNCC tem na PNA gatilhos que se alinham nessa concepção para "ajustar" a tal idade certa, incluindo nessa pauta de discussão, outras demandas inclusive.

Do ponto de vista do Ensino Fundamental, acarreta não apenas na diminuição do tempo de consolidação de tal aprendizagem, mas também no entendimento sobre o que é processo complexo de aprendizagem da alfabetização. Reforça a tensão sobre o processo de aquisição da Leitura e Escrita, dando ênfase ao "velho/novo" discurso do "método" de alfabetização, o que não contribui na ressignificação necessária e tão discutida na ampliação do Ensino Fundamental de 9 anos, de tomar aspectos da Educação Infantil na reorganização curricular, ao contrário, invisibiliza esta discussão por trás de dados numéricos, referenciando-se pelos dados dos índices de alfabetização como argumento, retomando a necessidade de ajuste do *tempo de aprender,* convocando a Educação Infantil no PNA.

Do ponto de vista da Educação Infantil – implica encurtamento do tempo de "ser infância" em que "velhos/novos" discursos da "preparação" para a leitura e escrita ganham espaço, em detrimento das suas especificidades educativas para esse momento. Alija o tempo primordial de ser Educação Infantil em função do compromisso com a eficácia da alfabetização desconsiderando as possibilidades de ser da leitura e escrita na primeira infância apontadas nas pesquisas brasileiras do campo.

A partir então das disputas para os sentidos de currículo e a alfabetização via políticas curriculares que envolvem as diferentes interpretações e experiências da Educação Infantil e Ensino Fundamental, trazemos novamente a valorização do tempo como um discurso potente e estratégia política para tornar hegemônico um dado modo de fazer.

Como Axer (2018), entendemos o discurso "tempo certo de aprendizagem" como significante vazio. Ao interpretarmos o discurso do tempo como significante vazio nos aproximamos da Teoria do Discurso - TD e o entendemos como um significante da falta e da totalidade ausente (LACLAU, 2011). O que significa dizer que para unir demandas distintas, para movimentar o jogo político e mobilizar os envolvidos em torno da alfabetização nacional (seja via PNAIC, BNCC ou PNA), o esvaziamento de sentido de um significante/ discurso possibilita a movimentação política desejada e possíveis mudanças. Na lógica da TD, o significante vazio tem dimensão e funcionamento como metáfora, visto que esse significante (tempo) é esvaziado de sentido por tanta flutuação – construída pelo desenvolvimento das redes políticas.

Ao operar com um discurso esvaziado, visto que é inchado de muitos sentidos (tempo certo para começar a se alfabetizar, tempo limite para estar alfabetizado, tempo de aprender, tempo para aprender…), trazemos à tona uma totalidade impossível de ser alcançada – alfabetização plena das crianças do Brasil. Com a bandeira de uma idade certa da alfabetização, essa mobilização aproxima e une diferentes perspectivas acerca da alfabetização. Como já mencionado, encaramos o PNAIC como rede política na qual os sentidos de currículo e alfabetização estão disputando nessa rede para então significar o que o PNA, a partir de agora, chama de *alfabetização plena* e precisa.

Operarmos com a ideia de rede política (BALL, 2014) traz à tona a ideia de incompletude hegemônica e com a significação vivenciada de forma constante que nos possibilita compreender a constituição de uma dada realidade e de redes específicas como consequência de uma negociação maior: um "pacto curricular básico para o tempo de aprendizagem da/na alfabetização".

Sendo assim, aquele discurso de idade certa que por vezes questionamos, hoje, talvez, se faça interessante para defender um tempo adequado para pensar a alfabetização, visto que agora estamos lidando com um movimento político em que há a defesa de uma redução do ciclo de alfabetização e antecipação desta com o encurtamento da Educação Infantil por exemplo. Para além da significação que transborda ao falarmos de tempo certo de aprender, este é ambivalente. Esta ambivalência é constituinte do ato de enunciar e é o que torna a agência política possível. Agir na produção curricular encarando-a como prática cultural traz uma percepção dela não somente como prática ou simplesmente documento escrito, mas principalmente como espaço de produção fruto do discurso.

Esta ação e as defesas curriculares feitas se dão no terreno da ambivalência e não possibilitam uma unidade fixa, uma vez que não se faz coerente pensar na linearidade das enunciações de uma política curricular, por exemplo. Para pensar então numa política curricular pautada na contingência mencionada, esta não pode ser interpretada como verdade absoluta, mas sim sujeita a diversas interpretações e formas de significar e conceber a leitura, a escrita e uma futura alfabetização plena.

Considerações finais – "O tempo por um fio..."

Discutir a questão do tempo, pelo viés de políticas curriculares que trazem sentidos para a alfabetização, e é possível considerar tensionamentos que reverberam questões que a todo momento são discutidas por nós em seu caráter aporético (DERRIDA, s/a), isto é, da ordem do indecidível/irresolvível, por assim dizer.

O entendimento de discurso no qual nos baseamos não separa linguagem, o indivíduo e o político, mas o compreende também como prática, que estabelece regras de produção de sentidos e, por assim dizer, não há nada exterior ao discurso. "Discurso é uma totalidade relacional de significantes que limitam a significação das práticas e que, quando articulados hegemonicamente, constituem uma formação discursiva" (LOPES; MACEDO, 2011, p. 252).

A compreensão de discurso como resultado da prática articulatória, em que um conjunto de elementos-momentos são provisoriamente articulados fadados a deslocamentos, em uma estrutura instável e precária, cuja construção se dá em meio a um jogo político que permite a adesão de diferentes elementos que passam a ser momento desse discurso nos possibilitou revirar o que já havia sido dito sobre o currículo da alfabetização.

Nesse jogo de significação do que venha ser o direito à educação e suas garantias pelo direito de aprendizagem, o currículo da alfabetização tem sido frequentemente questionado. É requerido seu papel na Educação Básica, seja no Ensino Fundamental, seja na Educação Infantil. A mobilização em torno da qualidade na educação coloca os conteúdos e as formas de trabalho em voga. Se por um lado o seu reconhecimento nas políticas públicas educacionais é importante, por outro lado, são criados limites e normas para atendimento das necessidades de respostas padronizadas incoerentes com as demandas das infâncias.

É neste movimento que problematizamos a maneira como esses sentidos vão se colocando no cenário da Educação Básica e caracterizando o tempo como esse marcador cronológico, como um dispositivo regulador de práticas pedagógicas e, nesse caso, como mecanismo que tenta fixar previamente como se dará aquele processo, quando deve ser iniciado e quando deve terminar.

As formas como as políticas públicas educacionais se relacionam com a perspectiva de uma temporalidade fixa e linear, caracterizada pela necessidade de definir nortes que possam ser avaliados, qualificados e traduzidos em números e metas alcançadas, suprime a dimensão mais ampla, reduzindo as possibilidades do que não pode ser previsto, que Derrida nomeia por "violência jurídico-simbólica" (DERRIDA, 2010). As possibilidades de ser direito a todos é ao mesmo tempo a que desqualifica como tal, produzindo sua impossibilidade.

O fato de compreendermos que essa é uma discussão que tangencia as políticas trazidas aqui para o debate reforça o argumento, em que nos ancoramos teoricamente, que a produção das políticas nunca se dá de maneira isolada, mas sim em constante articulação com tantas outras que constituem uma rede (CARVALHO; AXER; FRANGELLA, 2019).

A questão do tempo mobiliza políticas curriculares, e assim percebemos um rastro político (FRANGELLA, 2020) que acompanha o PNAIC, a BNCC e a PNA que coloca "um tempo certo", "tempo adequado" para a alfabetização como solução para as demandas que circundam essa questão. Aliado a isso, metodologias específicas, planejamentos predeterminados e atividades preestabelecidas de maneira universalizante para todo o país endossam o discurso de garantia de eficácia. Todavia, o **quando**, que geralmente é um termo que denota noção de tempo, expressa a dúvida de pais, professores, crianças. Quando começamos a alfabetizar? Mais cedo? Quando terminamos o processo? Em 3 anos? 2 anos? As configurações se modificam para que o Ensino Fundamental esteja de acordo com essas modificações. A problemática do tempo certo, assim, não se configura por uma tentativa de definição de resposta que resolva essas questões.

Nosso trabalho como pesquisadoras nos coloca no campo de leitura das políticas educacionais entendendo que é o exercício de tensionar os sentidos que nos possibilita disputar sentidos, construir pistas que nos possibilitem pensar criar rotas de fuga do determinismo de que, uma vez homologadas tais políticas, só nos cabe implementar. E, se por um lado, há necessidade de considerarmos marcos legais que instituam alguma margem para acompanhamento e avaliação das políticas nacionais, criando inclusive jurisprudência para instituírem-se espaços de reivindicação pelo direito à educação, por outro lado é fundamental reconhecer espaços de produção e diferenciação que rasuram mais possibilidades, ampliados pelas significações sejam pelas crianças ou pelas professoras.

REFERÊNCIAS

AXER, Bonnie. **Todos precisam saber ler e escrever**: uma reflexão sobre a Rede de Equivalências da Alfabetização na Idade Certa. Tese (Doutorado em Educação) – Programa de Pós-Graduação em Educação, Universidade do Estado do Rio de Janeiro, 2018.

AXER, Bonnie; DRUMMOND, Rosalva. Currículo e o tempo de aprender: aproximações necessárias para pensar a alfabetização nacional. In: **ANAIS ANPED**: 39ª Reunião Nacional da ANPEd (2019). Disponível em: http://anais.anped.org.br/sites/default/files/arquivos_37_4.

ARANTES, Paulo Corrêa. **"Crónos e Kairos"** Revista Pandora Brasil - Nº 69 Dezembro de 2015 - ISSN 2175-3318 Disponível em: http://revistapandorabrasil.com/revista_pandora/kronos_kairos_69/paulo.pdf. Acesso em: 2 mar. 2021.

BALL, Stephen John. **Educação global S. A.**: novas redes políticas e o imaginário neoliberal. Ponta Grossa: Universidade Estadual de Ponta Grossa, 2014.

BRASIL. **Pacto Nacional pela Alfabetização na Idade Certa**. A organização do planejamento e da rotina no ciclo de alfabetização na perspectiva do letramento: ano 2, unidade 2. Brasília: MEC/SEB, 2012.

BRASIL. Ministério da Educação. **Base Nacional Comum Curricular**. Versão final. 2017. Disponível em: http://basenacionalcomum.mec.gov.br/images/BNCC_EI_EF_110518_versaofinal_site.pdf. Acesso em: set. 2021.

BRASIL. Ministério da Educação. Secretaria de Alfabetização. **PNA**: Política Nacional de Alfabetização/Secretaria de Alfabetização. Brasília: MEC, SEALF, 2019.

BHABHA, Homi. **O local da cultura**. Belo Horizonte: UFMG, 2007.

CARVALHO, Ana Paula Pereira Marques de; AXER, Bonnie; FRANGELLA, Rita de Cássia Prazeres. **A rede de políticas e a teoria do discurso**: potências teórico-metodológicas para leitura do movimento político-educacional na contemporaneidade. Revista Educação Contemporânea. v. 16, n. 46, p. 69-85, 2019.

DERRIDA, Jacques. **Uma certa possibilidade impossível de dizer o acontecimento**. 2012. Disponível em: https://periodicos.unb.br/index.php/cerrados/article/view/26148. Acesso em: 2 mar. 2021.

DERRIDA, Jacques. **Força de Lei**: o fundamento místico da autoridade. São Paulo: Editora WMF Martins Fontes, 2010. 2ª Edição.

DERRIDA, Jacques. **Gramatologia**. São Paulo: Perspectiva, 1973.

DIAS, Jade Juliane. **Base Nacional Comum Curricular**: Discutindo sentidos de leitura e escrita na Educação Infantil. Dissertação (Mestrado em Educação) - Programa de Pós-Graduação em Educação, Universidade do Estado do Rio de Janeiro, 2019.

DIAS, Jade Juliane; FRANGELLA, Rita de Cássia Prazeres. **Discursos sobre currículo, leitura e escrita na educação infantil**: articulações políticas, tensões e aproximações. Revista Linguagens Educação Sociedade. Teresina, Ano 24, n. 43, set./dez. 2019.

DRUMMOND, Rosalva. **Do Direito à Educação aos Direitos de Aprendizagem**: a escola sub judice, Tese (Doutorado em Educação) – Programa de Pós-Graduação em Educação, Universidade do Estado do Rio de Janeiro, 2019.

DRUMMOND, Rosalva. Drummond. **Educação infantil-ensino fundamental**: possibilidades de produções curriculares no entre-lugar, 2014.

FRANGELLA, Rita de Cássia Prazeres. **"Muitos como Um"**: políticas curriculares, justiça social, equidade, democracia e as (im)possibilidades de diferir. Educar em Revista, Curitiba, v. 36, 2020.

FRANGELLA, Rita de Cássia Prazeres. **Políticas de currículo e alfabetização**: negociações para além de um pacto. Projeto de Pesquisa. Rio de Janeiro: UERJ, 2015.

FRANGELLA, Rita de Cássia Prazeres. **Múltiplos contextos de produção curricular**: conexões, conflitos e ações da Multieducação no cotidiano escolar. Projeto de Pesquisa. Rio de Janeiro: UERJ, 2008.

LACLAU, Ernesto. **Emancipação e diferença**. Rio de Janeiro: EdUERJ, 2011.

LOPES, Alice Casimiro; MACEDO, Elizabeth. **Teorias de Currículo**. São Paulo: Cortez, 2011.

MACEDO, Elizabeth. Prefácio. In: FRANGELLA, Rita de Cássia Prazeres (Org.). **Políticas curriculares, coordenação pedagógica e escola**: desvios, passagens e negociações. Curitiba: CRV, 2016.

MACEDO, Elizabeth. Prefácio. In: FRANGELLA, Rita de Cássia Prazeres (Org.). **Currículo, identidade e diferença**: articulações em torno das novas diretrizes curriculares nacionais para a Educação Básica. Projeto de pesquisa. Rio de Janeiro: UERJ, 2011.

MACEDO, Elizabeth. Prefácio. In: FRANGELLA, Rita de Cássia Prazeres (Org.). **Currículo**: política, cultura e poder. Currículo sem Fronteiras, v. 6, p. 98-113, 2006.

SMOLKA, A. L. B. **A criança na fase inicial da escrita**: A alfabetização como processo discursivo. São Paulo, Cortez, 1999.

POR UMA OUTRA SIGNIFICAÇÃO DA EDUCAÇÃO INFANTIL NAS POLÍTICAS CURRICULARES

Cristiane Gomes de Oliveira
Maria Clara de Lima Santiago Camões
Thais Sacramento Mariano Teles da Silva
Taiana Souza do Nascimento

Situando-nos num contexto de reforma das políticas curriculares, nos ocuparemos aqui de problematizar as formas como a infância vem sendo (re)significada no atual cenário educacional, provocadas por reflexões que se tornam cada vez mais caras a estudos no campo da infância tais como autoria, autonomia, experiência, ludicidade, dentre outras, para o desenvolvimento infantil.

Na assunção da Educação Infantil como campo que articula discursos em torno das concepções de infância, formação docente, prática pedagógica e curricular, mobilizamos discursos que se afinam com as proposições que defendemos para Educação Infantil, como primeira etapa da educação básica. Se analisarmos no âmbito das políticas voltadas para o currículo, veremos questões que não podem ser esquecidas, especialmente no que se refere a "tentativa" de silenciamento das crianças na Educação Infantil, em suas diferentes formas limitantes (de subjugação, de preparação ou direcionamento formativo predefinido como o melhor projeto para uma vida que está sempre por vir, de "autorização" de fala) que em nome de uma suposta "qualidade" (re)significam o trabalho e intentam definir de uma vez por todas projetos únicos de infância e de criança por meio de programas de centralização curricular e práticas pedagógicas homogeneizantes.

Então, problematizar as políticas curriculares para a infância potencializa essa discussão na contemporaneidade, sobretudo, após o reconhecimento da Educação Infantil como Etapa da Educação Básica (Lei nº 9.394/1996 – LDB, que estabelece as diretrizes e bases da educação nacional); a obrigatoriedade de matrícula a partir dos 4 (quatro) anos de idade (Lei nº 12.796/2013) e a incorporação da Educação Infantil em documento de caráter normativo como a Base Nacional Comum Curricular (BNCC/2017).

O que se corporifica nesse processo em que a Educação Infantil ganha certa notoriedade no contexto educativo é justamente o argumento da necessidade de melhoria do desenvolvimento da educação básica, o que acaba por repercutir na defesa de currículos homogeneizantes, como consequência da centralização curricular e traz como problemática a fixação do sentido comum/ universal e de um currículo nacional. Tal natureza epistemológica acerca do conceito do universal/comum vem sendo denunciada e problematizada por entidades e pesquisadores do campo. O que nos fornece indícios de que a fixação em torno do sentido comum recai para a produção de demandas curriculares que tentam fixar um projeto único para as infâncias na Educação Infantil. Nesses movimentos políticos-curriculares sentidos são mobilizados na tentativa de sublinhar uma perspectiva de unicidade para o currículo (RODRIGUES, 2020; AFONSO, 2020).

A produção de um sentido nacional para o currículo, destacado no parágrafo anterior evidencia, tal qual sugere Lopes (2015), uma perspectiva de construção de um fundamento, um padrão, um conjunto de critérios consensuais com o objetivo de definir, de uma vez por todas, uma identidade. Propostas supostas como nacionais, sendo o nacional mais que o território, constituem um espaço simbólico e cultural. E na contramão do que possa sugerir uma identidade nacional, apostamos na produção de políticas curriculares para a infância como uma produção contínua de significados resultados de negociações e articulações.

Afastando-nos, portanto, dos sentidos produzidos em movimentos que se pretendem totalizadores, temos nos debruçado sobre reflexões em torno da política e da cultura, ancoradas nos pressupostos teóricos de Hommi Bhabha (2013) e de Jacques Derrida (2010). Aportadas nas perspectivas dos estudos culturais (BHABHA, 2013), a concepção de currículo que assumimos nos estudos das políticas e produções curriculares, aproxima-se da ideia de cultura, que não se desdobra por meio de polarizações através de uma perspectiva do certo e errado, mas, pelo caráter híbrido conferido à cultura ao romper com uma concepção tradicionalista que totaliza representações históricas como memoráveis e predefinidas (FRANGELLA, 2009, p. 1).

Ressaltamos, nesse sentido, a importância da interpretação cultural a partir do que Bhabha (ibdem) preconiza não mais pela visão de somas, totalidades, mas de rasura, que passam a ser elaborados nas fronteiras culturais, pelo papel importante da ambivalência discursiva, onde sentidos são (re) significados, (re)elaborados numa produção contingente e ambivalente por meio de processos de negociações constantes.

Pensar as políticas curriculares, e, o próprio currículo para a infância como um processo de enunciação cultural nos possibilita, por conseguinte, analisar políticas de currículo como produções político-discursivas e reforça nossos argumentos, de que é a partir das negociações e das disputas que os sentidos e interesses se hibridizam na formulação curricular. Tal argumentação nos permite romper com as perspectivas universais e essencialistas, criando novas perspectivas na busca por múltiplos sentidos, outras significações, que não se estabelecem a priori pelas políticas públicas educacionais.

O diálogo com a perspectiva derridiana nos remete às dimensões políticas e, na medida em que compreendemos que os sentidos políticos não são necessariamente orientados por uma estrutura preexistente, compreendemos que estaremos sempre na iminência do indecidível. Nesse sentido, "a política torna-se terreno de diálogo e de disputa que envolve a experiência do impossível e do necessário." (LOPES e SISCAR, 2018, p. 8). Na acepção de que os sentidos políticos não são orientados para uma estrutura que pré-existe, Lopes (2018) enfatiza que tal perspectiva derridiana não caracteriza o autor como anticálculo, antirrazão, anticonhecimento ou anticiência, uma vez que o cálculo, a razão e a ciência são discursos situados nas relações de poder e são eles que nos possibilitam saber o máximo possível para orientar – nunca programar – uma decisão (p. 107). De tal modo que a indecidibilidade não nos impede da necessidade de julgar, projetar ou definir normas, no entanto é preciso olhar para esse movimento sem parâmetros epistemológicos fixos.

Nos inscrevemos assim, em um sentido de currículo que não se configura enquanto documento a ser seguido. Compreendemos que o currículo é construído a partir das influências das políticas, mas também a partir das significações dos atores que o vivenciam. Deste modo, pensar a Educação na perspectiva da diferença e da experiência evidencia escapes aos moldes escolarizantes da/para infância, argumentando acerca da impossibilidade de, diante da complexidade subscrita às experiências, analisar políticas curriculares com base nesta relação que reduz a educação ao ensino e sobre ela mantém um realismo que posiciona a educação como acontecimento calculado, previsto, definido.

É em meio ao contexto teórico supracitado que propomos nesse artigo o diálogo com a produção acadêmica desenvolvida pelo grupo de pesquisa (GRPesq)[29] que compomos, no entrecruzamento das reflexões que emergem das pesquisas desenvolvidas, assumindo-as como uma produção do campo curricular, uma vez que este tem se dedicado a pesquisar, tematizar e propor reflexões de modo a dialogar com diferentes espaços de produções teórico--metodológicos sobre políticas e práticas curriculares assentadas na concepção de currículo como produção cultural.

Dessa forma, o artigo está organizado em eixos de análise/escrita, tecidos a partir das produções do Grupo de Pesquisa em uma revisão de literatura que nos possibilita dialogar com que temos problematizado acerca desse movimento das políticas curriculares e infância, fazendo jus às trajetórias da pesquisa.

Num primeiro movimento, destacaremos algumas produções do grupo e suas articulações com o campo da infância. A reflexão que segue aponta o

---

29 Currículo, Formação e Educação em Direitos Humanos: Grupo de pesquisa do Programa de Pós-Graduação em Educação da Faculdade de Educação da Universidade do Estado do Rio de Janeiro (UERJ), coordenado pela Profa. Dra. Rita de Cássia Prazeres Frangella.

que temos mobilizado enquanto defesa para a Educação Infantil, mediante políticas de centralização curricular diante de um momento marcado por retrocessos nas conquistas de direitos e nas políticas sociais. Por fim, levantamos reflexões sobre a impossibilidade de assumir a infância e a Educação Infantil como definição última, no entendimento da experiência como acontecimento imprevisível. E nesse movimento de superar "o formato escolar dominante", é importante ressaltar que afastamo-nos de possíveis movimentos de polarização ou binarismo de identificação do espaço escolar como lugar de doutrinação ou como redenção.

A Educação Infantil como campo em disputa: perspectivas curriculares para as infâncias

A percepção de que a escola e o currículo serão sempre alvos de disputa sobre aquilo que se entende que precisa ser ensinado articula demandas de criação de currículos, formação de professores e produção de materiais didáticos que se pretendam nacionais e comuns sob a pretensão de mobilizar saberes hegemônicos e estancar a disputa pela significação do currículo. Na contramão deste movimento, temos, em nosso grupo de pesquisa, ampliado o debate ao assumir a hiperpolitização como caminho. Nesse sentido, destacamos a impossibilidade de estancar sentidos ou definir verdades e abrimos a discussão política para que não sejamos nós a decidir no lugar do outro, o que não se trata de assinarmos uma defesa de que qualquer coisa pode ser feita na escola.

A pesquisa como movimento discursivo envolve múltiplas negociações e foi no diálogo travado com o grupo de pesquisa, nesse processo incessante de articulações e negociações que fomos (des)construindo argumentações que nos ajudaram a pensar que discutir currículo é também discutir currículo na Educação Infantil. Assim, em meio a essa arena de disputas, entendemos as contribuições advindas do grupo de pesquisa e dos pesquisadores que o compõem como marcos de nossas articulações curriculares para a infância.

Destacamos uma importante trajetória de estudos e pesquisas realizadas que se articularam ao longo do tempo em eixos temáticos que discutem a produção curricular a partir dos tensionamentos para o próprio currículo, no processo político-discursivo fomentado nessas políticas, e como este movimento foi se articulando às discussões para/sobre as infâncias. São estes trabalhos/pesquisas, desenvolvidos por membros do grupo em questão, que comporão este momento de análise e servirão de subsídio para compreensão desta articulação tecida ao longo do tempo.

O PNAIC (Plano Nacional de Alfabetização na Idade Certa) aparece nas pesquisas como importante marco desta articulação, especialmente a partir da incorporação de discussões sobre a Educação Infantil no programa e nas políticas nacionais para a infância.

Axer (2018), ao reconhecer o PNAIC como política de formação, assumida pelos governos federal, estadual e municipal, com objetivo de assegurar a alfabetização das crianças até os oito anos de idade, o reconhece também como política curricular, na medida em que sugere normatizações e sentidos para alfabetização nacional. Trata-se, segundo a autora, de uma rede de relações que coloca em disputa discursos, avaliações, propostas e materiais didáticos, ou seja, o currículo. O PNAIC, entendido como produção cultural, mostra-se, na análise, como política inacabada, traduzida e incessantemente (re)significada, envolta numa luta por tentar manter uma visão que reduz a educação ao ensino.

Frangella, Axer e Rosário (2017) também em diálogo com o PNAIC assumem a não significação objetiva e o não fechamento absoluto de sentidos e o fazem a partir de uma análise de blogs criados por professores como estratégia de disseminação de práticas instituídas. Marcam, no entanto, a tessitura desses diálogos em rede como caminho de significação, de conhecimento, de currículo e docência e não apenas de reprodução de um discurso prefixado, predefinido.

Drummond (2014) mobiliza uma discussão acerca da infância, escolarização e direito indagando: "De que direito estamos tratando? Direito a que educação?" E diante de tais questionamentos problematiza os sentidos que vão sendo postos à infância quando sob o véu do direito, a ênfase na escolarização e no acesso ao conhecimento tenta estabelecer saberes que tensionam a produção do currículo.

Ainda em diálogo com Drummond (2019) apontamos que a autora coloca sob suspeita a discussão acerca do direito e os sentidos que esse vai produzindo nas políticas educacionais quando transmuta a perspectiva de direito à educação em direito à aprendizagem. Mais uma vez o PNAIC e também a BNCC evidenciam-se como políticas focadas na produção curricular, aproximando-se de uma lógica de apagamento das diferenças, potencializado por uma lógica universalizante. A escola é defendida como entrelugar de culturas e, portanto, como lugar de contradições, disputas, negociações, consensos e conflitos. Como postula Drummond (ibdem), acima de tudo, é preciso enfatizar a defesa ao direito de significação.

Como parte da produção do grupo de pesquisa damos destaque também ao livro organizado por Frangella (2016) e intitulado: *Políticas curriculares, coordenação pedagógica e escola: desvios, passagens e negociações*. Embora sem estabelecer um diálogo direto com as políticas curriculares para a infância, evidencia o engajamento do grupo nas discussões políticas e curriculares e marca sua preocupação com mecanismos coloniais e discursos totalizantes que bloqueiam a alteridade e escondem ambivalências, trazendo à tona questões caras à Educação Infantil no que diz respeito à desconstrução de um olhar que coloniza e subalterniza as crianças e suas infâncias.

Como marco significativo das produções para/sobre a infância, a tese de Oliveira (2017) fortalece o engajamento do grupo com a Educação Infantil através da análise do processo de instituição da Educação Infantil em uma tradicional escola pública da rede federal de ensino. Ao abordar questões relacionadas a significação de ensino de excelência às políticas educacionais e o processo de produção curricular na Educação Infantil, parece "selar" este diálogo profícuo com as infâncias diante do questionamento: Educação Infantil tem currículo? Sem a pretensão de definir respostas definitivas, a autora defende, impelida pelas perspectivas pós-estruturais e discursivas, as produções curriculares para a Educação Infantil sob a perspectiva descolonizadora. Distancia-se assim da relação de dominação/dominado, colonizador/colonizado, ou de subalternização da infância e traz as diferenças numa relação de evidenciamento, reconhecendo a diferença como alteridade e constituição do eu.

Ainda sobre essa articulação entre infância e currículo, a tese de Camões (2019) ao pensar a infância como alteridade, como experiência, com e na diferença, problematiza a participação das crianças na produção curricular. Ao partir da questão: O que dizer das experiências de ser criança na Educação Infantil? Evidencia a institucionalização de uma Base Nacional Comum Curricular (BNCC) na qual a Educação Infantil está estruturada a partir da definição de campos de experiência, e problematiza a promoção de currículos centralizados em nível nacional, arguindo o conceito de experiência que nele se apresenta. Aproxima-se assim da experiência derridiana da desconstrução e aponta para a experiência radical como alteridade, uma experiência do outro, a impossibilidade de apreensão total do outro, a experiência como acontecimento. De modo que, ao conceber a infância como experiência, evidencia-se um processo contínuo de significação que não se erige sobre bases prefixadas, se constrói junto, uma produção discursiva, discursivamente produzida na luta política.

Dias (2019) amplia o debate sobre a institucionalização da BNCC assumindo como recorte da pesquisa as perspectivas de leitura e escrita, inquirindo a maneira como os discursos que estão sendo produzidos na e para a Base são traduzidos e ressignificados mediante essas traduções. Objetiva com isso, observar se os discursos contidos na BNCC são produzidos enquanto tentativa de normatizar o ensino e repensar as traduções acerca dos sentidos de leitura e escrita que permeiam o processo de alfabetização e que circulam na Educação Infantil.

As produções aqui destacadas alinhavam discursos que potencializam o processo de significação curricular numa produção discursiva que articula diferentes sentidos. Outras tantas se articulariam[30] com o que temos defendido em termos de desconstrução das tradições curriculares que insistem em produzir regras, normas e definições prévias como estancamento de sentidos sobre a experiência, a aprendizagem e o currículo. Aproximamo-nos destas perspectivas, refutando significados essencializados, num movimento de não apagamento das diferenças, numa proposição de constante negociação.

É nesse contexto, que destacamos a Educação Infantil, uma vez que esta se encontra envolta por uma dimensão político-discursiva, que emana para organização curricular uma dada rigidez ao não considerar a diferença nas enunciações curriculares para infância. É dessa maneira, que traremos nesse artigo, um olhar para as infâncias, por acreditarmos na impossibilidade de uma projeção de identidade única e fixada para o currículo da Educação Infantil.

A escola como lugar de encontro: o currículo como produção cultural

Ao problematizarmos a educação como experiência de vida, a potencializamos como movimento de relação com o outro e com o mundo. Apostamos na escola como lugar de encontro de adultos e de crianças, enfatizando a importância da interação e da negociação no exercício de alteridade. Apostamos na escola (também), como espaço de produção de conhecimento. Um conhecimento que transcende o didatismo, a burocratização e hierarquização dos conhecimentos, em direção a uma escola que revele uma nova discursividade. Nesse sentido, escuta e acolhida não podem se configurar como simples estratégias pedagógicas, mas como possibilidade de produção de conhecimento.

E para o desafio de construção de uma sociedade justa em que a democracia seja uma prática cotidiana a que somos chamados, trazemos o questionamento: qual o lugar que as crianças têm ocupado nesse processo?

Mobilizadas por essa questão trazemos ao diálogo a ideia de (re)significações das práticas pedagógicas cotidianas com as crianças no contexto escolar, assumindo as insurgências como movimentos de produção curricular na Educação infantil.

Entre essas e tantas outras questões que nos mobilizam, trazemos os atravessamentos das nossas reflexões como professoras pesquisadoras, nas trocas com o grupo de pesquisa e pelas experiências como docentes na Educação infantil. Nesses percursos, nossos olhares se voltam aos anseios e expectativas das crianças, a todo instante, mas também das famílias. E notamos, já nas primeiras narrativas e informações que recebemos das crianças, aquelas

---

30 Optamos por trazer neste texto os trabalhos em que a Educação Infantil está em destaque ou correlacionada às questões abordadas.

que as famílias consideram importantes, como possibilidades de mapear um encontro hospitaleiro.

Não é incomum as crianças serem apresentadas e identificadas pelas habilidades que já possuem (ela já lê, já escreve, já reconhece os números, já conta) e o lugar da falta (do que a criança não faz) como preocupação e expectativa em relação a superação da mesma, no convívio escolar. Não menos incomum é a apresentação de um currículo projetado para a criança como futuro *porvir* (escrito junto, como horizonte calculado, programado no presente: definição de universidade, estudo, trabalho) e que, por vezes, justifica a escolha da escola, quando possível de ser feita.

É pensando na significação dos contextos e possibilidades de reconhecimento da criança como o outro, que se constitui e é constituída nas relações, que trazemos ao texto a pergunta tão comum às crianças: o que você vai ser quando crescer? A despeito da perspectiva recorrente e predominante de uma vida sempre apontada ao horizonte futuro das crianças, a pergunta se apresenta na intenção de ouvir os desejos da criança e de sua intenção na forma de habitar o mundo que a ela se apresenta. Salvo as exceções, nessa "fala autorizada" geralmente, a escuta é limitada visto que, dependendo da resposta, brevemente a criança é (re)colocada a pensar em rotas calculadas em maiores ou menores probabilidades de alcance ou concretização, diante das estruturas que delimitam, ou pretendem delimitar, as posições sociais, as possibilidades e perspectivas dos sujeitos. É convidada a refletir sobre que posição social ocupará, e em quais condições, se dará a realização do seu desejo (ou das perspectivas a ela apresentada como respostas mais "palatáveis"). Uma forma de projeção da constituição de sua identidade, que de certa forma, também recai sobre a função social e papel da instituição escolar nesse processo nos diferentes momentos da educação.

Não menos problemática é, com o passar do tempo, a crença em discursos de possibilidades de escolha de um futuro porvir, programado, mas delimitado pela institucionalidade regulada, predeterminada por conhecimentos considerados os legitimados na escola, e não necessariamente ou tão somente pela escola, como conhecimento profícuo.

É partindo desses pressupostos e do movimento, no campo educacional, de significação do currículo como produção cultural e da escola como contexto local de produção de discursos políticos onde sentidos são negociados (OLIVEIRA e CAMÕES, 2016), que trazemos os atravessamentos de estudos e escritos do grupo de pesquisa para refletir sobre o lugar que as crianças têm ocupado na construção da democracia como uma prática cotidiana. A fala de Mateus, uma criança de 5 anos, de que "*...a escola só serve para os adultos mandarem nas crianças*" incita a pensar caminhos possíveis de subversão de uma educação que posiciona (e tenta fixar) a criança no lugar de subalternidade (OLIVEIRA, CAMÕES, FRANGELLA, 2019). E os sentidos atribuídos por ele à escola. Apropriamo-nos, então, de estudos do campo do currículo e os articulamos com estudos das infâncias para pensar sobre as práticas educacionais com as crianças no contexto escolar (e não apenas para elas).

Tais estudos têm possibilitado a discussão sobre uma forma outra de educar que nos desafia a subverter a lógica escolar da previsibilidade em direção à experiência da infância, pensando na constante negociação com o outro, compreendendo a criança como esse outro, buscando identificar, portanto, a presença da participação da criança na significação das práticas de ensino e na produção curricular.

Ainda que discursos girem em torno de estudos que considerem as crianças como autoras, produtoras de cultura, de conhecimentos, intentamos trazer o lugar ocupado pelas crianças na discussão do contexto de produção curricular e de significação de práticas educacionais uma vez que, na relação adulto-criança, o movimento de valorização do protagonismo infantil, por vezes, ainda é assombrado por uma escuta limitada, por significados que os adultos vão atribuindo às infâncias seguindo uma lógica apriorística que se baseia no não saber da criança, e ainda, por vezes, ancorada em aspectos biológicos, psicológicos e de contextos sociais. Defendemos que a ideia de protagonismo da criança nos contextos político, social e educacional de produção curricular deixará de ter necessidade de ser constantemente reafirmada, a partir do exercício alteritário, de reconhecimento da criança "como outro" e "eu como o outro".

Na defesa de uma teoria curricular comprometida com a alteridade, e, portanto uma teoria curricular aberta ao futuro monstro, assim anunciado na perspectiva derridiana, Macedo (2018) argumenta que a insistência em uma teoria curricular cujo objeto é a projeção do futuro, é anacrônica e perigosa. Defende que a educação tem a ver com os eventos e imprevistos que rompem com a normalidade constituída. Acontece no acolhimento do "monstro que chega", ao *porvir* (p. 156).

A argumentação de uma teoria responsável (Ibidem) que admite a presença, a necessidade e o desejo da regra no ato educativo, e ao mesmo tempo, a impossibilidade de uma regra totalizadora, aponta para a teoria do currículo capaz de "desdobrar-se a si mesmo e de desconstruir-se", irrompendo com discursos curriculares "capturados pela ideia da prescrição", em decisões que se abrem ao outro:

> A educação é experiência de alteridade, é na relação com o outro totalmente outro, aquele irrepresentável no presente como futuro, que ela se faz. Não haveria educação na ordem do "puro" cálculo, na medida em que o cálculo quer controlar a alteridade, treinar ou ensinar ao custo de moldar o outro na economia do mesmo. Assim, o futuro da educação não pode ser

o futuro como expectativa reguladora, o futuro "que se apresenta como um presente futuro na forma modificada do presente (DERRIDA, 2010, p. 54 *apud* MACEDO, 2018, p. 166).

Nesse sentido, entre os caminhos que podemos trilhar em direção a uma sociedade democrática, coloca-se como insurgência a experiência alteritária contrapondo-se a discursos curriculares que orientam práticas educacionais pautadas em regras que permitem o cálculo de atos educativos, considerados como os mais adequados ou a medida necessária para uma "boa educação", um futuro "projetado".

Se ao investigar o lugar da infância no cotidiano da Educação Infantil, consideramos que a criança é capaz de produzir discursos sobre si mesmas, sobre os outros e sobre os eventos (SCRAMINGNON *et al.*, 2017, p. 47 apud OLIVEIRA, CAMÕES e FRANGELLA, 2019) coloca-se sob suspeita imagens predefinidas e discursos únicos, homogêneos, de mesmidade. Torna-se possível "o talvez" ao planejado, ao previsível, em direção à experiência da infância no delineamento das práticas educacionais.

Ao produzir discursos, as crianças vão dando contornos e sentidos às práticas, como formas de agenciamento. Insurgências que deslocam e (re)significam as práticas educacionais, produzindo currículo, quebrando a lógica da previsibilidade, subvertendo a temporalidade continuísta e linear.

Se reconhecemos por um lado, o aprisionamento da educação a uma temporalidade continuísta, anacrônica, reconhecemos, nas relações cotidianas entre adultos e crianças a possibilidade de constante reconstrução a partir da abertura ao *talvez* ou ao "se", como possibilidades outras de significação dessas práticas, onde sujeitos e decisões são constantemente deslocados.

Considerações: por uma outra educação para as infâncias

> A expansão da forma escolar constituída na modernidade se radicalizou e se estendeu nas últimas décadas para grande parte das crianças pequenas. Entretanto, educar a criança pequena na contemporaneidade é o grande desafio, pois diz respeito a algo muito difícil de alcançar quando se está submetido à lógica escolar de ensino: aprender a enfrentar a imprevisibilidade das mudanças nos modos de agir e interagir com os outros no mundo porque implica também estar disponível para lidar com os sonhos, e, simultaneamente, com o cotidiano visível e com a ordem do invisível (RICHER e BARBOSA, 2013, p. 28).

Começamos este texto problematizando as formas como a infância vem sendo (re)significada no atual cenário educacional, especialmente num contexto de reforma das políticas curriculares. Encaminhamos nossas reflexões trazendo os contributos de trabalhos e pesquisas que vêm se constituindo como importantes referências para nossas discussões acerca de um currículo para a Educação Infantil. Apostando nesta análise final, e certamente provisória, na possibilidade de propor uma outra educação para as infâncias, trazemos assim, Richer e Barbosa (ibidem) que nos falam sobre o grande desafio de educar a criança pequena na contemporaneidade, isto porque, como apontam as autoras, é preciso se abrir para o sonho, para o invisível, ou para o imprevisível, o insurgente como fomos apontando ao longo do texto.

Ao tematizar a relação entre desenvolvimento da Educação e a produção das políticas curriculares, temos evidenciado a pesquisa como produção de sentidos das políticas públicas. Ressaltamos, desta maneira, que o modo de fazer pesquisa configura-se como importante parte do engendramento do jogo político, e assim, marca nossa preocupação frente a mecanismos que se estabelecem a partir de conceitos hegemonicamente estabelecidos pelas políticas curriculares nacionais na contemporaneidade.

Desta forma, ao tomarmos a pesquisa como parte do jogo político, viabilizamos reflexões importantes a partir dos deslocamentos/deslizamentos dos olhares tanto para a leitura desse movimento da política curricular, quanto para os sentidos que por meio desse processo político estão em embates na luta por significação do currículo na Educação Infantil enquanto primeira etapa da Educação Básica, e nosso objeto de pesquisa.

Portanto, inferir sobre a produção curricular na primeira infância como um processo de articulações entre os vários contextos em que as políticas transitam e que produzem sentidos para o trabalho no campo da Educação Infantil é, sobretudo, compreender que é por meio das produções discursivas, negociações e luta constante por significações que a análise desse jogo político se torna possível.

Assim, pontuamos que é justamente nesse movimento político de luta por significação que surge a necessidade de pensar a produção curricular na primeira infância, em meio a projetos educacionais que trazem propostas de "controle curricular", na tentativa de delimitar, fragmentar e silenciar crianças e suas infâncias por meio de um processo que visa à homogeneização presente em grande parte das políticas públicas curriculares.

Queremos chamar a atenção para a noção de que a reinvenção da escola através da visibilização de práticas insurgentes implica nos perguntarmos, constantemente: o que tem regido as nossas práticas com as crianças? O que sabemos? O que sabemos sobre o que elas sabem? O que consideramos sobre o que pensam? Sobre o que conhecem e sobre o querem conhecer? Que caminhos apontam nesse processo de produção de discurso, de conhecimento?

O que aprendemos com as crianças? Sobre o que elas nos ensinam? O que mudamos no nosso planejamento em função do que as crianças nos provocam?

Do mesmo modo, a visibilização de práticas insurgentes para a reinvenção da escola implica reconhecer a criança como insurgente das práticas cotidianas. No movimento de diferir, visibilizar (para além dos discursos de ode à diversidade, à pluralidade) a infância que no movimento incessante de se reinventar, nos resiste, e nos escapa (OLIVEIRA e ABRAMOWICZ, 2013, p. 163). Deslocam-nos ao estranhamento, ao desconhecido, ao outro que chega como o "futuro monstro", ao desvio não programado, imprevisível, afastando-se da infância como categoria universal, singular, essencializada como o vir a ser adulto. Implica uma análise minuciosa das práticas diárias e como vão se definindo nos microeventos os conceitos de cidadania, de participação e de democracia (DELLEUZE e GUATTARI, 1980 apud VANDENBROECK e ROETS, 2013).

Entre as perguntas sobre "o que querem as crianças?" e "O que querem para as crianças?" se encontram possibilidades de significação de uma Educação Infantil, e, portanto, para significação das práticas educacionais, no entrecruzamento entre adultos e crianças, e não ora um, ora outro, mas que se enunciam na diferença.

No compromisso docente, movimentos insurgentes trilham (se é que é possível fixá-los em percursos) no desafio de "atentar às negociações e articulações necessárias a partir do que as crianças enunciam, expandindo experiências que as compreendam como sujeitos sócio-históricos que pertencem a grupos sociais, possuem desejos próprios". Que se "constituem por um olhar atento ao mundo e constroem diferentes formas de (re)criá-lo" (FLORES; ALBUQUERQUE, 2015, p. 27 apud OLIVEIRA e CAMÕES, 2016), em movimentos também insurgentes, que não aguardam a nossa "autorização" para se manifestar, mas sobretudo, precisam que não sejam invisibilizados. As crianças nos convidam cotidianamente, à reflexão de que no movimento de reinvenção da escola, a insurgência habita na possibilidade de abertura ao "talvez que diz sim ao acontecimento, à possibilidade de disrupção, ao deslocamento" (LOPES, 2018, p. 111).

Reconhecer a criança como produtora de cultura, de discursos que mobilizam sentidos, é uma ação política que vai muito além de perguntar o que quer fazer, como podemos fazer na definição das práticas cotidianas. É caminhar em direção à criança, no exercício de alteridade, desde a mais tenra idade, fugindo à perspectiva de mesmidade. Reconhecendo-a como o outro, retiramos a criança da solidão (TONUCCI, 2019) que a condição de diferença lhe impõe.

Por fim, pensar práticas e possibilidades de insurgência com as infâncias é estar aberto ao exercício do diferir, e ao "investimento radical" (LOPES, 2018) em processos interpretativos do currículo de planejamento, de estudo, de práticas, de decisões que requerem, entretanto, flexibilidade diante da imprevisibilidade e da impossibilidade de controle total do processo, de regulação que fixe ou determine as individualidades.

> "Não se trata de um método" como presença, "para permitir que o outro, totalmente outro, surja, mas de um exercício contínuo de preparar-se a si para a vinda do outro monstro que sempre vem e com quem, não poucas vezes, o futuro não tem sido hospitaleiro" (MACEDO, 2018, p. 173).

Trata-se da possibilidade de ver/ouvir a criação de sentidos dados pelas crianças ao mundo, nas formas como as enunciam e vão nos dando pistas sobre as experiências e as práticas.

REFERÊNCIAS

AFONSO, N. C. **Gigante pela própria natureza?** A Formação discursiva de um currículo-nação para a alfabetização. 2020. 85f. Dissertação (Mestrado em Educação) - Faculdade de Educação, Universidade do Estado do Rio de Janeiro, 2020.

AXER, B. **Todos precisam saber ler e escrever**: uma reflexão sobre a Rede de Equivalências da Alfabetização na Idade Certa. 2018. 241f. Tese (Doutorado em Educação). Faculdade de Educação, Universidade do Estado do Rio de Janeiro, Rio de Janeiro, 2018.

BHABHA, H. K. **O Local da Cultura**. Belo Horizonte: UFMG, 2013. 2ª edição.

BRASIL. Lei nº 9.394, de 20 de dezembro de 1996. **Estabelece as Diretrizes e Bases da Educação Nacional**. Diário Oficial da União Brasília: Congresso Nacional, [1996]. Disponível em: http://www.planalto.gov.br/ccivil_03/leis/l9394.htm. Acesso em: 30 ago. 2021.

BRASIL. Lei nº 12.796, de 4 de abril de 2013. **Altera a Lei nº 9.394, de 20 de dezembro de 1996, que estabelece as diretrizes e bases da educação nacional, para dispor sobre a formação profissional da educação e dar outras providências**. Diário Oficial da União Brasília: Congresso Nacional, [2013]. Disponível em: http://www.planalto.gov.br/ccivil_03/_ato2011-2014/2013/lei/l12796.htm. Acesso em: 30 ago. 2021.

BRASIL. Ministério da Educação. Conselho Nacional de Educação. **Conselho Pleno**. Resolução CNE/CP Nº 2, de 22 de dezembro de 2017. Institui e orienta a implantação da Base Nacional Comum Curricular, a ser respeitada obrigatoriamente ao longo das etapas e respectivas modalidades no âmbito da Educação Básica. Diário Oficial da União, Brasília, 22 de dezembro de 2017, Seção 1, pp. 41 a 44. Disponível em: http://basenacionalcomum.mec.gov.br. Acesso em: 30 ago. 2021.

CAMÕES, M. C. L. S. **O currículo como um projeto de infância**: afinal o que as crianças têm a dizer? 2019. 186f.Tese (Doutorado em Educação). Faculdade de Educação, Universidade do Estado do Rio de Janeiro, Rio de Janeiro, 2019.

DERRIDA, J. **A universidade sem condição**. São Paulo: Liberdade, 2003.

DERRIDA, J. **Força de Lei**: o fundamento místico da autoridade. São Paulo: Editora WMF Martins Fontes, 2010. 2ª Edição.

DIAS, J. J. M. **Base Nacional Comum Curricular**: Discutindo sentidos de leitura e escrita na Educação Infantil. 2019. 83f. Dissertação (Mestrado em Educação). Faculdade de Educação. Universidade do Estado do Rio de Janeiro, 2019.

DRUMMOND, R. C. R. **Educação infantil-ensino fundamental**: possibilidades de produções curriculares no entre-lugar. 2014. 129f.Dissertação (Mestrado em Educação). Faculdade de Educação da Baixada Fluminense, Universidade do Estado do Rio de Janeiro, 2014.

DRUMMOND, R. C. R. **Do direito à educação aos direitos de aprendizagem**: a escola *sub judice*. 2019.225f.Tese (Doutorado em Educação). Faculdade de Educação, Universidade do Estado do Rio de Janeiro, 2019.

FRANGELLA, R. C. P. **Educação Infantil e a institucionalização da infância**: entre a autonomia e a regulação. Teias (Rio de Janeiro), v. 10, p. 1-15, 2009.

FRANGELLA, R. C. P. **Políticas curriculares, coordenação pedagógica e escola**: desvios, passagens e negociações. 1. ed. Curitiba: CRV, 2016. v. 1. 228 p.

FRANGELLA, R. C. P.; AXER, B.; ROSÁRIO, R. S. L. **Políticas curriculares em uma lógica centralizadora e escapes possíveis**: tecendo outras redes políticas. Revista e-curriculum (PUCSP), v. 15, p. 1176-1207, 2017.

LOPES, Alice Casimiro. **Por um currículo sem fundamentos**. Linhas Críticas, v. 21, n. 45, maio/ago., 2015, p. 445-466. Universidade de Brasília, Brasil.

LOPES, A. C. **Sobre a decisão política em terreno indecidível**. In: LOPES, A.C., SISCAR, M. Pensando Política com Derrida: responsabilidade, tradução, porvir. São Paulo: Cortez, 2018.

LOPES, A. C.; SISCAR; Marcos. **Pensando políticas com Jacques Derrida**. In: LOPES, A. C., SISCAR, M. Pensando Política com Derrida: responsabilidade, tradução, porvir. São Paulo: Cortez, 2018.

MACEDO, E. **A teoria do currículo e o futuro monstro**. In: LOPES, A. C., SISCAR, M. Pensando Política com Derrida: responsabilidade, tradução, porvir. São Paulo: Cortez, 2018.

OLIVEIRA, C. G. de; CAMÕES, M. C. S. **Currículo e infância**: o que querem (para) as crianças? Revista Nuances: estudos sobre educação. Presidente Prudente-SP, v. 27, n. 3, 89 p. 4-20, set./dez. 2016. INSS:2236-0441.DOI: http://dx.doi.org./10.14572/nuances.v27i3.4580.

OLIVEIRA, C. G de. **"Que rei sou eu?"**: Escolas Públicas de Excelência, Políticas Educacionais e Currículo: uma análise sobre o processo de instituição da Educação Infantil no Colégio Pedro II. 2017. 219 f. Tese (Doutorado em Educação). Faculdade de Educação, Universidade do Estado do Rio de Janeiro, Rio de Janeiro, 2017.

OLIVEIRA, C. G. de; CAMÕES, M. C. S.; FRANGELLA, Rita de Cássia Prazeres. **"Essa escola só serve para adultos mandarem nas crianças"**: alteridade, infância e formação. MACEDO, Elizabeth; MENEZES, Isabel (orgs.). In: Currículo, política e cultura: conversas entre Brasil e Portugal. Curitiba: CRV, 2019, v. 5, p. 173-188.

OLIVEIRA, F. de; ABRAMOWICZ, A. **Educação e diferença**: na direção da multidão. In: ABRAMOWICZ, A.; VANDENBROECK, M. (Org.). Educação Infantil e diferença. Campinas, SP: Papirus, 2013.

RODRIGUES, Phelipe Florez. **Que país é esse? Geografias em disputas na Base Nacional Comum Curricular**. 2020. 150f. Tese (Doutorado em Educação) – Faculdade de Educação, Universidade do Estado do Rio de Janeiro, Rio de Janeiro, 2020.

TONUCCI, F. **A solidão da criança**. Tradução de Maria de Lourdes Tambaschia Menon; revisão técnica de Ana Lúcia Goulart de Faria. 2. ed. Campinas, SP: Ciranda das letras, 2019.

VANDENBROECK, M.; ROETS, G. **Mães imigrantes na Educação Infantil**: a possibilidade de reciprocidade, cidadania e democracia. In: ABRAMOWICZ, A.; VANDENBROECK, M. (Org.). Educação Infantil e diferença. Campinas, SP: Papirus, 2013.

AVALIAÇÃO NACIONAL DA ALFABETIZAÇÃO (ANA): um movimento de desconstrução

Débora Raquel Alves Barreiros
Guilherme Pereira Stribel

Em meio às políticas educacionais instituídas nas últimas décadas, reconhecemos um estratégico movimento entre o sistema de avaliação de larga escala e a produção curricular, principalmente no que se refere às ações para a Educação Básica. Reconhecemos que os índices apresentados pelas escolas públicas no que se refere à aprendizagem nos anos iniciais do Ensino Fundamental realmente são preocupantes, visto que os resultados de diferentes instâncias: Prova Brasil, ANA, SAEB que culminam no IDEB, afirmam não haver avanços e que a baixa qualidade atribuída ao desempenho dos alunos do ciclo de alfabetização reflete nos anos seguintes de escolarização.

As políticas estabelecidas para alfabetização se tornaram emergentes no cenário brasileiro desde a década de 1990, principalmente pelas ações requeridas às Secretarias Municipais de Educação no que tange às intervenções metodológicas que visem à melhoria na qualidade de ensino e para a formação de professores em serviço. No que tange às ações designadas recentemente pelo Ministério da Educação para o ciclo de alfabetização, essas estão diretamente relacionadas aos objetivos do Programa Nacional pela Alfabetização na Idade Certa (PNAIC), a saber:

> I. garantir que todos os estudantes dos sistemas públicos de ensino estejam alfabetizados, em Língua Portuguesa e em Matemática, até o final do 3º ano do Ensino Fundamental;
> II. reduzir a distorção idade-série na Educação Básica;
> III. melhorar o Índice de Desenvolvimento da Educação Básica (IDEB).

Cabe destacar que as ações/eixos do PNAIC (BRASIL, 2012) abrangem os três níveis de governo para efetivação, tendo como propósito a formação continuada de professores alfabetizadores; elaboração de materiais didáticos e tecnologias educacionais; avaliação e; gestão, controle e mobilização social. Argumentamos que desdobramentos das políticas de avaliação em larga escala no Brasil aumentam as estratégias por um currículo único e definidor das práticas pedagógicas, assim como a responsabilização dos professores pelos resultados do trabalho escolar. Como mesmo assegura Maria Inês Fini [presidente do INEP] numa entrevista:

> [...] com a aprovação da Base Nacional Comum Curricular (BNCC), o Inep terá a oportunidade de fazer os ajustes das matrizes de referência do Sistema de Avaliação da Educação Básica, do qual fazem parte a ANA e a Prova Brasil. "Avaliar não é apenas medir. Avaliar é medir e atribuir um juízo de valor para essa medida. E esse juízo de valor poderá ser atribuído com mais transparência a partir da aprovação da nova BNCC. Ela definirá melhor o que é o processo de alfabetização e em que ano escolar ela deverá ocorrer".[31]

A Portaria nº 867, de 04 de julho de 2012, acerca do PNAIC, ainda institui a realização de avaliações anuais universais, através do Instituto Nacional de Estudos e Pesquisas Educacionais Anísio Teixeira (INEP) abarcando todos os concluintes do 3º ano de escolarização dos anos iniciais do Ensino Fundamental, ou seja, ao final do ciclo de alfabetização. No mesmo documento, é indicado que tais avaliações têm como função assegurar o direito de aprendizagem aos estudantes.

Sobre a formação continuada de professores, o documento orienta que sejam formados professores alfabetizadores dentro dos pressupostos do PNAIC e, também, a constituição de uma rede de professores alfabetizadores e orientadores de estudos, havendo previsão de remuneração aos participantes através de bolsa oriunda do Ministério da Educação (MEC). Sobre o segundo eixo, há a vinculação do Programa Nacional do Livro Didático (PNLD), indicando a distribuição de livros didáticos para 1º, 2º e 3º anos, obras complementares e distribuídas pelo Programa Nacional Biblioteca na Escola (PNBE), obras de apoio a professores e jogos e tecnologias que apoiem a alfabetização. No eixo avaliação, o PNAIC institui algumas ações:

> I - avaliação do nível de alfabetização, mediante a aplicação anual da Provinha Brasil aos estudantes das escolas participantes, pelas próprias redes de ensino, no início e no final do 2º ano do Ensino Fundamental;
> II - disponibilização pelo INEP, para as redes públicas, de sistema informatizado para coleta e tratamento dos resultados da Provinha Brasil;
> III - análise amostral, pelo INEP, dos resultados registrados após a aplicação da Provinha Brasil, no final do 2º ano;
> IV - avaliação externa universal do nível de alfabetização ao final do 3º ano do Ensino Fundamental, aplicada pelo INEP.[32]

---

31 Disponível em: http://portal.inep.gov.br/artigo/-/asset_publisher/B4AQV9zFY7Bv/content/mec-anuncia-politica-nacional-de-alfabetizacao-para-reverter-quadro-de-estagnacao-na-aprendizagem/21206. Acesso em 10 jan. 2018.
32 Trecho retirado do Diário Oficial Nº 129, quinta-feira, 5 de julho de 2012, consultado em 08/09/2021 e disponibilizado em: http://www.educacao.ufrj.br/wp-content/uploads/2018/06/portaria_n867_4julho2012_provinha_brasil.pdf

É possível observar a mobilização da Provinha Brasil como instrumento de avaliação externa que fosse aplicado no decorrer do ciclo de alfabetização e a criação de outra avaliação externa que verificasse a proficiência dos estudantes ao final do ciclo, de modo que houvesse dados mais detalhados do processo. Além disso, os itens II e III do trecho acima indicam preocupação com a análise e socialização dos resultados construídos ao longo do processo.

Consideramos que todo o movimento instituído envolve a intenção das agências mundiais, que visam por meio de ações político-econômicas uma melhoria dos níveis educacionais a partir do monitoramento a partir de avaliações externas, principalmente de países em desenvolvimento. Inclusive Ball (2004, p. 1.109) sinaliza a preocupação como as avaliações para a construção do que chamamos de sociedade desejada.

> [...] cada vez mais, as políticas sociais e educacionais estão sendo articuladas e legitimadas explícita, direta e, muitas vezes, exclusivamente em função do seu papel em aumentar a competitividade econômica [...], desconsiderando compromissos de justiça social, equidade e tolerância e enaltecendo o espírito empresarial, a competição e a busca pela excelência.

Em uma revisão da literatura construída por Alferes e Mainardes (2019), analisando 64 trabalhos publicados entre 2013 e 2016, é perceptível a compreensão da política como articuladora de diferentes ações, sobretudo voltadas à formação de professores. A operacionalização de tais movimentos pode ser compreendida na lógica da interpretação e da tradução (BALL, MAGUIRE e BRAUN, 2016). Segundo os autores, a dimensão da interpretação está comprometida com a linguagem da política, enquanto a dimensão da tradução aproxima-se das práticas. Nesse sentido, as ações do PNAIC, em suas diferentes manifestações enquanto política pública, carece de instrumentalização que permita o enraizamento das demandas propostas às práxis. Macedo (2012) nos ajuda a pensar o processo político dentro das ações que articulam o currículo, avaliação e formação, por reconhecer que as relações de poder são parte da preocupação com os processos de formação continuada para "melhor" qualificar as práticas pedagógicas existentes.

> [...] há algo que é necessário discutir, tomando, por exemplo, as questões curriculares e formativas (mas não só) como preocupação pedagógica atual e como uma pauta importante da práxis educacional das ações afirmativas. [...] levando em conta o poder instituinte do currículo nos plurais cenários educacionais e sua história, envolvendo de forma significativa configurações de poder, esse dispositivo pedagógico tem assumido um lugar histórico educacional inigualável em termos contemporâneos (MACEDO, 2012, p. 176).

Compreendemos, portanto, que as políticas públicas sempre tendem a atuar como um *global* que tenta se hegemonizar rumo aos *locais*. Contudo, esse processo é mais complexo, considerando todas as variáveis contextuais, culturais e sociais que permeiam a vida humana. A questão que envolve a dimensão da tradução, na perspectiva que assumimos, é a impossibilidade de apreensão, ao menos *a priori*, dos sentidos que serão produzidos e produzirão as políticas.

Com o objetivo de compreender o papel da Avaliação Nacional da Alfabetização dentro da Política Nacional de Alfabetização instituída pelo Ministério da Educação em outubro de 2017, este trabalho buscar analisar os desdobramentos de uma política de avaliação de larga escala a partir da responsabilização do docente e na reforma curricular, que infere sobre a concepção de sujeito prevista na ANA, assim como o movimento de desconstrução que envolve a tradução de políticas educacionais no âmbito da escola.

Avaliação Nacional da Alfabetização: um movimento de desconstrução

Optamos por trabalhar com o conceito de desconstrução dentro das políticas de avaliação, por entendermos que desconstruir, na acepção de Derrida, nos permite compreender o movimento, que levam o sujeito a novos contextos, novas leituras, novos olhares sobre o outro e sobre o mesmo. A atividade desconstrutiva significa propor a possibilidade da coexistência com o paradoxo: a permanência na fronteira, naquilo que o autor caracteriza de indecidibilidade – os interstícios, os entre-lugares – que possibilitem repensar as diferenças para se esquivar da dicotomia e "substituir a noção de tradução pela de transformação" (DERRIDA, 2001b, p. 26).

Cabe ressaltar que a desconstrução não é um processo marcado pela negação do outro, até mesmo porque não cabe negar, pois existe um valor em cada história, que muitas vezes preferimos manter viva, mas que tem seus limites. São tais limites que podemos chamar de indecidíveis, ou, melhor dizendo, aquilo que impossibilita a ideia de significado imanente (DERRIDA, 2004).

Na acepção do autor, abordagem desconstrucionista envolve repensar o próprio conceito de hierarquia, visto que qualquer que seja a política educacional, ela não pode ser pensada como uma mera oposição hierárquica e redução/apagamento do outro, nem tampouco como prática de fora sobre o de dentro, nem da redução dos conhecimentos do interior em prol do exterior, muito menos da lógica daqueles que produzem/pensam as ações e os executores. Até porque se trabalharmos na lógica da inversão, qualquer ação continuará sendo uma prática hierárquica.

Com base nas discussões derridianas, a Avaliação Nacional da Alfabetização pode ser analisada a partir do conceito de "jogos", num movimento que amplia interminavelmente o domínio da significação, em vez de limitá-lo ou reduzi-lo a uma determinação do Ministério da Educação. Em outras palavras, significa não mais considerar as políticas de avaliação como uma camisa-de-força, que restrinja seu potencial de execução, mas proporcionar uma ampliação de significados e saberes que são também articulados nesse processo ambivalente.

Para Derrida (2004) não há um único significado que possamos atribuir a partir de uma política de avaliação, mas "efeitos" do jogo de "diferenças", considerando preenchimento que ocorre em cada contexto a partir das relações com os sujeitos e a política instituída. Podemos dizer que a desconstrução não atende a uma "lógica formal", a um determinismo e a um controle absoluto, por ser no contexto a possibilidade de indeterminação do significado.

A proposta da ANA, definida pelo documento básico, requer:

> [...] atenção voltada ao Ciclo de Alfabetização deve-se à concepção de que esse período é considerado necessário para que seja assegurado a cada criança o direito às aprendizagens básicas da apropriação da leitura e da escrita, e também à consolidação de saberes essenciais dessa apropriação, ao desenvolvimento das diversas expressões e ao aprendizado de outros saberes fundamentais das áreas e componentes curriculares obrigatórios (BRASIL, 2013, p. 5).

No que tange ao proposto, a questão curricular ganha maior ênfase para alcançar os índices almejados, assim como as ações relativas às práticas pedagógicas. Fato este reforçado a partir dos resultados dos microdados da ANA, apresentados em dezembro de 2016, em que o governo federal apresentou as estratégias adotadas para institucionalização da Política Nacional de Alfabetização, a saber: "a Base Nacional Comum Curricular (BNCC), a formação de professores, o protagonismo das redes e o Programa Nacional do Livro Didático (PNLD)[33]". Conforme também destacamos a partir da entrevista com Maria Helena Guimarães:

> A ministra substituta [Maria Helena Guimarães] lembrou ainda que essa política e o Programa Mais Alfabetização vão dialogar com a Base Nacional Comum Curricular (BNCC) e a Política Nacional de Professores. "O apoio virá tanto no mestrado profissional para os professores que atuam no primeiro e segundo anos do Ensino Fundamental, como a residência pedagógica para os futuros professores, com 80 mil vagas a partir do próximo ano e ênfase na alfabetização", completou Maria Helena, reforçando

---

33 Disponível em: http://portal.mec.gov.br/ultimas-noticias/211-218175739/56321-mec-anuncia-politica-nacional-de-alfabetizacao-para-reverter-estagnacao-na-aprendizagem. Acesso em: 10 jan. 2018.

que, só na Política de Formação de Professores, o investimento é de cerca de R$ 2 bilhões.[34]

Consolidado a partir dos saberes ditos fundamentais das áreas e dos componentes curriculares obrigatórios, as ações docentes passaram a ser monitoradas a partir do Programa Nacional de Avaliação (PNA), que visa criar estratégias para monitoramento do que consideram direito à educação – para isso articulam os resultados da ANA a partir do desempenho dos estudantes (a partir de testes de língua portuguesa, avaliando leitura e escrita, e outro de matemática) –, à Trajetória dos Professores que trabalham nos anos iniciais (dados censitários de cada município) e aos Indicadores: de Nível Socioeconômico; Complexidade da Gestão Escolar; de Esforço Docente; de Adequação da Formação Docente da Escola; de IDEB e de Regularidade Docente.[35]

Percebemos toda uma estratégia deslocada aos sujeitos da escola e sua responsabilização pelo desempenho nas funções exercidas. Além de requerer um padrão de comportamento para os professores/gestores/escolas, as ações do PNA reforça toda uma proposta anteriormente defendida pelo PNAIC, em seu art. 15, sobre as "medidas destinadas ao reconhecimento dos esforços realizados pelas escolas e de estímulo ao alcance do objetivo central de alfabetizar todas as crianças até o final do ciclo de alfabetização" (BRASIL, 2012). Com base no que o documento retrata, podemos compreender que existe todo um sistema de responsabilização que reforça a adesão e compromisso do professor, uma vez que o atingimento das metas durante o ciclo de alfabetização expõe também o desempenho das crianças/professores/instituições, junto aos seus pares e à comunidade.

Tais medidas e esforços são/serão "verificados" pelos resultados, pelo comprometimento e pela responsabilidade que, principalmente, esse professor precisará realizar de modo a garantir o direito à aprendizagem dos seus alunos, tendo o currículo – conteúdos, habilidades e competências – como eixo condutor. Nesse bojo, cresce o movimento pela Base Nacional Comum Curricular, que, com todo monitoramento instituído, poderá ser o elemento que viabilizará, aos olhos do governo, a qualidade de ensino.

---

34 Disponível em: http://portal.mec.gov.br/ultimas-noticias/211-218175739/56321-mec-anuncia-politica--nacional-de-alfabetizacao-para-reverter-estagnacao-na-aprendizagem. Acesso em 10 jan. 2018.

35 Esses indicadores fazem parte da META 7 do Plano Nacional de Educação, que visa no item 7.3: "Constituir, em colaboração com a União, os Estados, o Distrito Federal e os Municípios, um conjunto nacional de indicadores de avaliação institucional com base no perfil do alunado e do corpo de profissionais da Educação, nas condições de infraestrutura das escolas, nos recursos pedagógicos disponíveis, nas características da gestão e em outras dimensões relevantes, considerando as especificidades das modalidades de ensino". Disponível em: http://www.observatoriodopne.org.br/metas-pne/7-aprendizado-adequado-fluxo-adequado/estrategias/7-3-indicadores-de-avaliacao. Acesso em: 14 mar. 2018.

Almagro, Barros, Mansani e Costa (2017), em reportagem divulgada pelo Todos pela Educação[36], no *Estadão* – Sobre a BNCC: uma carta aberta de professores para professores e governos – destacaram que a "Base Nacional deve apontar o caminho do diálogo e da tolerância e, ao apontar direitos, deve também nos chamar à responsabilidade"[37]. A nosso ver, ao se propor ampliar o diálogo, trabalha na perspectiva da desconstrução por requerer uma nova leitura sobre as proposições do MEC, buscando assim um apoio das redes de ensino – leia-se gestores e professores – para sua efetiva melhoria, como argumentam:

> É preciso que nós, professores, façamos a nossa parte para ajudar a Educação Pública a avançar em qualidade e equidade.
> [...]
> Por isso, a BNCC não deve ser congelada pela opinião de nenhum dos lados que disputam agora a sua narrativa – ou estaria a ideia do direito individual que é comum às pautas desses diferentes grupos, anulada em si.
> [...]
> Refletir e revisar nossas práticas a partir também da escuta ativa e da compreensão das histórias de vida, das necessidades, dos anseios e dos jeitos de aprender de cada um dos nossos alunos será etapa fundamental na construção dos currículos nos estados e municípios e, sobretudo, na revisão do nosso planejamento pedagógico e acompanhamento de seus resultados.

Os trechos acima nos ajudam a compreender os discursos e o movimento de tradução, que segundo Bhabha (1998) requer perceber que a rearticulação de sentidos que circulam em torno das questões instituídas pela Avaliação Nacional da Alfabetização e a BNCC. Nesse diálogo proposto e no chamado à responsabilidade, a tradução não é total e nem absoluta, ela sempre se confrontará com o seu duplo, com o intraduzível. Traduzir seria a partir dos dizeres de Derrida (2001a), a forma de negociar, compartilhar, transitar e ocupar espaços de ambivalência.

---

[36] Todos pela Educação é um movimento da sociedade brasileira que tem como propósito melhorar o País impulsionando a qualidade e a equidade da Educação Básica, fundado em 2006. Apartidário e plural, congrega representantes de diferentes setores da sociedade, como gestores públicos, educadores, pais, alunos, pesquisadores, profissionais de imprensa, empresários e as pessoas ou organizações sociais que são comprometidas com a garantia do direito a uma Educação de qualidade para todos. Um movimento responsável por conectar poder público, organizações da sociedade civil e iniciativa privada em ações que tenham impacto positivo na qualidade da Educação. Envolve a parceria com as diferentes instituições – como os bancos: Bradesco, Itaú [Unibanco] e Santander; grupos empresariais: Gerdau, Natura, Volkswagen e; grupos privados da área educacional: Fundação Victor Civita, Fundação Roberto Marinho, Fundação Lemann, CENPEC, Amigos da Escola. Disponível em: https://www.todospelaeducacao.org.br/quem-somos/como-atua/?tid_lang=1. Acesso em: 2 jan. 2018.

[37] Disponível em: http://educacao.estadao.com.br/blogs/de-olho-na-educacao/sobre-a-bncc-uma-carta-aberta-de-professores-para-professores-e-governos/. Acesso em: 2 fev. 2018.

Mesmo com todas as estratégias de monitoramento, os transbordamentos discursivos são percebidos também no documento básico da ANA que em seus argumentos visam criar um consenso no qual os significados deslizam, a saber:

> Sendo assim, a ANA não poderá ser reduzida a um instrumento para medir e classificar alunos, escolas e professores, mas deverá possibilitar a verificação das condições de aprendizagem da leitura, escrita e matemática no âmbito do Ciclo de Alfabetização do Ensino Fundamental. (BRASIL, 2013, p. 14)
> [...]
> Ao trazer a avaliação e seus resultados para a unidade escolar, pretende-se oferecer subsídios para a orientação das práticas pedagógicas, para o projeto político-pedagógico, para os processos de gestão e para o acompanhamento do trabalho de alfabetização. (BRASIL, 2013, p. 20)

Ao assumir a complexidade que abarca a incorporação das políticas pautadas nos resultados como forma de criar subsídios para melhoria da qualidade da educação, as ações atuais da ANA nos remete pensar no discurso de controle-monitoramento que se busca desde a institucionalização do SAEB, nos anos de 1990. As políticas de monitoramento sempre refletiram os espaços impossíveis de controle pleno pelos governos locais e até mesmo pelo Ministério da Educação, pelo caráter múltiplo de diálogos, diferenças, negociações e interstícios que envolvem as ações na escola. Pensar sobre tal impossibilidade nos remete ao conceito de tradução discutido por Bhabha (1998), que destaca que as afirmações que são construídas pelas políticas de monitoramento submergem um "espaço contraditório e ambivalente da enunciação" (p. 67).

Por ser ambivalente, existe uma necessidade de pensar os escapes e as ambivalências, assim como o que o discurso governamental chama de trazer para o professor a "tal da responsabilidade". Por isso, o traduzir nesse processo não significa dizer que existe uma liberdade discursiva ilimitada, até porque o próprio conceito de desconstrução nos faz pensar "a responsabilidade do traduzir como um dos fatores que entram em jogo ao responsabilizar o papel do tradutor/leitor como coadjuvante na disseminação dos seus textos" (OTTONI, 2003, p. 166). Nesse contexto, o professor passa a ser tão responsável na qualidade de ensino requerida pelas políticas estabelecidas.

O professor, assim como a escola, nesse jogo discursivo acaba sendo visto como elemento fundamental na disseminação das políticas instituídas, mesmo reconhecendo que o movimento de tradução da Avaliação Nacional da Alfabetização não terá a fidedignidade dos textos originais, não podemos esquecer que a sua presença/contaminação se faz visível. O Ministério da Educação reconhece que esse processo submerge um paradoxo, que Ottoni (2003, p. 169) ressalta como o "fato de que um texto traduzido chega a outra coisa, mas outra coisa que está em relação consigo mesma". Inclusive, pelo caráter plural e múltiplo que a ANA produz para as ações na/da escola, o discurso também é uma maneira de fortalecer e ampliar as cada vez mais a responsabilidade pela qualidade do ensino.

Segundo Silva (2015), por exemplo, é possível perceber uma tensão associada às ideias de retenção e promoção escolar associada à política, com docentes considerando negativo a ausência de retenção no ciclo de alfabetização. Este ponto evidencia uma das várias possibilidades de concepções pedagógicas que atravessam a escola e o fazer pedagógico. A intenção de homogeneização da política esbarra sempre em ideias não previstas, que nos constituem a todos das mais variadas formas, o que reforça a necessidade de análise considerando os rastros derridianos, a fim de perceber como outros discursos atravessam as práticas sociais. A necessidade de a política mobilizar grupos através da aderência aos seus discursos cria diferentes estratégias; podemos mencionar, por exemplo, ainda na portaria instituindo do PNAIC, o indicativo de que os dados das avaliações externas em larga escala produzidas deveriam ser tratados e seus resultados divulgados como uma tentativa de produção discursiva que intenta direcionar os processos de produção de sentidos sobre alfabetização, educação, fazer pedagógico etc.

Derrida (2001b) nos ajuda a pensar sobre o paradoxo entre o controle e os transbordamentos de uma política de avaliação, que pelo caráter de desconstrutivo rompe com a ideia de origem e plenitude, mas revela a ANA como um projeto incompleto e ameaçado, como também mencionam Laclau & Mouffe (2004): a "presença do outro impede-me de ser totalmente eu mesmo. A relação não surge de identidades plenas, mas da impossibilidade da constituição das mesmas" (p. 125).

Na lógica da impossibilidade da totalização, Derrida (1995, p. 244-245) nos permite reconhecer que "[...] a totalização não tem sentido, não é porque a infinidade de um campo não possa ser coberta por um olhar ou um discurso finitos, mas porque a natureza do campo – a saber, uma linguagem e uma linguagem infinita – exclui a totalização". Em outras palavras, considerando o professor como leitor e produtor de significados, o campo discursivo reforça que não existe a possibilidade de definirmos uma identidade fixa e nuclear sobre o Avaliação Nacional da Alfabetização, por compreendermos que o contexto interpretativo é parte do processo de desconstrução ao considerar as experiências e vivências dos sujeitos.

Consideramos o caráter inevitável da ruptura e da desconstrução dado estranhamento da tradução que as ações da ANA promovem aos professores/escolas, que são vistos como sujeitos na condição de "produtor de sentido, assim como a tradução, a condição de espaço no qual se deixam ler os traços ideológicos e pulsionais da constituição do texto" (SISCAR, 2013, p. 169).

As ações da ANA procuram/precisam lidar com essa incompletude e sobre os limites de uma escrita, por isso buscamos em Derrida (2004, p. 346) a discussão sobre o conceito de rastros que envolve compreender – "o movimento, o processo, na verdade a experiência que, de uma só vez, tende e fracassa em deixar de lado o outro no mesmo". Pensar o professor e seus rastros identitários é perceber as articulações e os diálogos com os saberes, espaços e tempos que permitem uma multiplicidade de leituras das ações requeridas pela ANA, sem esquecer que também circula uma determinada posição de governo que ganha força e legitimidade no campo pedagógico. Reconhecer o outro como constitutivo de uma política é ao mesmo tempo reconhecer a incompletude de si mesmo e reconhecer o fato de que o sujeito surge por meio da identificação.

Pensar esses rastros e desdobramentos faz com que surjam alguns questionamentos sobre a incompletude e os posicionamentos dos sujeitos [professores/gestores]: Como legitimar uma política que ameaça a autonomia docente? Como as escolas lidam com as políticas de monitoramento? Como os professores são cobrados pelos seus gestores por não atingirem os índices desejados para o aumento da qualidade do ensino nos anos iniciais do Ensino Fundamental? Que estratégias são criadas para que uma política de avaliação possa transitar e ganhar legitimidade? Como os docentes se reconhecem/identificam dentro das ações da Política Nacional de Alfabetização?

No documento básico percebemos uma busca por um alinhamento prévio para que as escolas considerem o que é "importante ensinar/aprender em nossa sociedade" (BRASIL, 2013, p. 15), que são destacados pelas Matrizes de Referência da ANA[38], organizada por eixos estruturantes e habilidades a serem desenvolvidas na leitura, escrita e matemática. O caráter definidor de currículo para avaliação aumenta a responsabilidade deslocada aos sujeitos das escolas, como reforçado no trecho: "[...] é necessário lembrar a importância de que professores, escolas e sistemas de ensino se apropriem dos processos de avaliação – em sentido amplo –, para que esses processos possam cumprir seu papel" (BRASIL, 2013, p. 16). Ao mesmo tempo em que argumentam o caráter ambíguo induzir/nortear, a saber:

> Não se considera essa matriz como indutora do currículo escolar, e sim como norteadora de uma avaliação em larga escala, isso porque o trabalho em sala de aula deve se estender muito além do que está sendo proposto nessa avaliação em função das limitações apresentadas pelo instrumento. (BRASIL, 2013, p. 18)

O fragmento acima diverge da posição apresentada no início do documento básico da ANA que torna indissociável a relação entre a avaliação e o

---

38 A organização da Matriz envolve, de acordo com o documento: "Elementos Conceituais e Metodológicos para Definição dos Direitos de Aprendizagem e Desenvolvimento do Ciclo de Alfabetização (1º, 2º e 3º anos) do Ensino Fundamental e a Matriz de Referência de Matemática da Provinha Brasil" (BRASIL, 2013, p. 17).

currículo escolar, quando destaca que a escola precisa trabalhar a partir dos saberes essenciais e "fundamentais das áreas e componentes curriculares obrigatórios" (BRASIL, 2013, p. 5). Cabe destacar que o discurso do documento enfatiza que professor precisa ir além do que é proposto na Matriz de Referência, mas precisa garantir o essencial, o que a nosso ver abarca toda uma releitura da prática pedagógica.

No que tange ao garantir o essencial, pensamos que as ações instituídas recaem sobre a concepção/posicionamento de sujeito requerida, até mesmo as mudanças desejadas nos contextos escolares. Fato este também percebido a partir dos resultados preliminares da ANA (BRASIL, 2016) e que culminaram na Política Nacional de Alfabetização (BRASIL, 2017), que ao analisar as ações do Programa Nacional de Alfabetização da Idade Certa, destacando que desde a sua criação em 2012, desenvolveu ações de formação que demonstram uma dissociação com a prática; um modelo de material para o professor e aluno centralizado; uma ausência de monitoramento e; uma gestão do programa realizado pelas Universidades, sem a efetiva participação das Secretarias.

O quadro analítico das ações do PNAIC e as medidas a serem adotadas pela Política Nacional de Alfabetização visam um perfil específico de docente/gestor e de rede de ensino. No entanto, mesmo com sendo a posição do sujeito "[...] modificada, afetada de consciência ou inconsciência, a categoria de sujeito remeterá por todo o fio de sua história ou à substancialidade de uma presença impassível sob os acidentes ou à identidade do próprio na presença da relação a si" (DERRIDA, 1997, p. 84).

Em desconstrução e por ações de transbordamentos

Consideramos todo movimento que abarca as ações da Avaliação Nacional da Avaliação, nela envolvendo as relações entre PNA, PNAIC e BNCC, como transbordamentos, dado o caráter plural de significados e pela incompletude dos discursos. Derrida (1995) nos ajuda a pensar nas intencionalidades das políticas instituídas, assim como ressalta outras formas de leituras que não se exaurem em si mesma. De acordo com o autor, as ações estabelecidas pelo Ministério da Educação passam a ser um jogo de remetimentos, que revelam os transbordamentos que fazem de qualquer política não mais um jogo com cartas marcadas e definições fixas, principalmente por romper com a ideia de matriz/origem ao introduzir os rastros das diferenças no seu interior.

A Avaliação Nacional da Alfabetização, desde a sua concepção e pela amplitude e força que passou a exercer a partir da Política Nacional da Alfabetização, nos permite afirmar os desdobramentos de uma política de avaliação de larga escala a partir da responsabilização do docente. Assim como reforça a necessidade de pensarmos a centralidade nas ações dos sujeitos (aluno, professores, escola), nas questões curriculares que atravessam a prática avaliativa.

Salientamos que uma política que tem por objetivo a responsabilização de professores e gestores precisa compreender todos os remetimentos e rastros que envolvem o movimento de tradução. Até porque, "Nada, nem nos elementos nem no sistema, está, jamais, em qualquer lugar simplesmente presente, nem simplesmente ausente. Não existe, em toda parte, a não ser diferenças e rastros de rastros" (DERRIDA, 2001b, p. 32). Em outras palavras, a ANA, como ação de monitoramento, estará sempre lidando com o jogo e efeito das diferenças – *différance*, um vir-a-ser dentro das estruturas desconstrutíveis de uma política de avaliação.

REFERÊNCIAS

ALFERES, M. A.; MAINARDES, J. **O Pacto Nacional pela Alfabetização na Idade Certa em ação**: revisão de literatura. Ensaio: Avaliação e Políticas Públicas em Educação [online]. Ensaio: aval. pol. públ. educ. 27 (102), jan./ mar. 2019.

ANDERSON, J. A. **Accountability in education**. Education policy series. n. 1. Paris: IIPE, 2005. Disponível em: <http://publications.iiep.unesco.org/Education-Policy-Series>. Acesso em: 6 jan. 2016.

BALL, S. J.; MAGUIRE, M.; BRAUN, A. **Como as escolas fazem as políticas**: atuação em escolas secundárias. Tradução Janete Bridon. Ponta Grossa: UEPG, 2016.

BALL, S. J. **Performatividade, privatização e o pós-estado do bem-estar**. Educação & Sociedade, Campinas, v. 25, n. 89, p. 1105-1126, set. 2004.

BRASIL. INSTITUTO NACIONAL DE ESTUDOS E PESQUISAS EDUCACIONAIS ANÍSIO TEIXEIRA. **Microdados da ANA 2016**. Brasília: Inep, 2017. Disponível em: <http://portal.inep.gov.br/basica-levantamentos--acessar>. Acesso em: 15 dez. 2017.

BRASIL. MINISTÉRIO DA EDUCAÇÃO. **Portaria Nº 867, DE 4 DE JULHO DE 2012**. Institui o Pacto Nacional pela Alfabetização na Idade Certa e as ações do Pacto e define suas diretrizes gerais. Brasília: Diário Oficial da União, 2012.

DERRIDA, Jacques. **Espectros de Marx**: o estado da dívida, o trabalho do luto e a nova Internacional. Rio de Janeiro: Relume-Dumará, 1994.

DERRIDA, Jacques. **Gramatologia**. 2. ed. São Paulo: Perspectiva, 1997.

DERRIDA, Jacques. **A escritura e a diferença**. Tradução de Maria Beatriz da Silva. 2. ed. São Paulo: Perspectiva, 1995.

DERRIDA, Jacques. **Margens da Filosofia**. Campinas: Papirus, 1991.

DERRIDA, Jacques. **¡Palabra! Instantáneas filosóficas**. Madrid: Trotta, 2001a.

DERRIDA, Jacques. **Posições**. Belo Horizonte: Autêntica, 2001b.

DERRIDA, Jacques. **Papel-máquina**. São Paulo: Estação Liberdade, 2004.

MACEDO, R. S. **Etnopesquisa implicada, currículo e formação**. Espaço do currículo, v. 5, n. 1, p. 176-183, jun./dez., 2012.

OTTONI, Paulo. **A responsabilidade de traduzir o in-traduzível**: Jacques Derrida e o desejo de [la] tradução. DELTA [online]. 2003, v. 19, n. spe, p. 163-174. ISSN 0102-4450. http://dx.doi.org/10.1590/S0102-44502003000300010.

SILVA, L. D. S. **A tensão entre as perspectivas da retenção escolar e a instituição da progressão continuada no contexto de prática do PNAIC** 2015. 191 f. Dissertação (Mestrado em Educação) — Universidade Federal da Paraíba, João Pessoa, 2015.

SISCAR, Marcos. **Jacques Derrida**. Literatura, política, tradução. Campinas: Autores Associados, 2013.

TECNOLOGIA NA BNCC:
a (im)possibilidade no jogo da salvação

Ana Paula Pereira Marques de Carvalho
Lhays Marinho da Conceição Ferreira
Mylena da Costa Vila Nova

Nos últimos anos, o movimento político-educacional no Brasil tem apresentado questões importantes para as pesquisas no campo do currículo. Percebemos conexões entre o público-privado numa dinâmica que envolve mudanças de papel para o terceiro setor no que diz respeito ao "controle social". Organizações não-governamentais, instituições filantrópicas e comunitárias e outras associações similares, não-lucrativas, que fazem parte da sociedade civil, têm participado de projetos curriculares em nosso país, contribuindo para novas paisagens políticas que deslocam o sentido de público, através de parcerias que buscam soluções no campo educacional e espraiam as exigências por reformas educacionais.

Os trabalhos mais recentes de Stephen Ball sobre redes de políticas têm nos ajudado a adensar a discussão sobre a participação do terceiro setor nas políticas públicas curriculares, uma vez que o autor chama atenção para os novos arranjos na relação com o Estado (BALL, 2014). Em suas pesquisas sobre filantropia, privatização e reforma política em educação, Ball (2014) opera com o que chama de "dispositivo conceitual de redes de políticas" (BALL, 2014, p. 30) para discutir um conjunto de mudanças nas formas de governança da educação que se caracteriza por um novo tipo de sociabilidade em que novas vozes – novos filantropos, fundações filantrópicas, corporações internacionais, organizações não-governamentais, agências multilaterais e também pessoas físicas – constituem comunidades políticas que trabalham sob novas formas de contato "em torno de um conjunto mutuamente reconhecível de conhecimentos, verdades e visões de mundo que é constantemente rearticulado", de maneira multifacetada (BALL, 2014, p. 29, 61).

Ball (2014) destaca que tem procedido ao estudo das redes de políticas através do método de etnografia de redes, atentando para as mudanças do Estado de governo para governança – em ação (BALL, 2014). Para Ball (AVELAR; BALL, 2017), isto significa uma análise para além de relações burocráticas hierarquizadas, ou seja, um mapeamento sobre as heterarquias entre Estado, mercado e novas filantropias cujas relações estão cada vez mais turvas, diversas e flexíveis. Avelar e Ball (2017) observam que a etnografia de redes viabiliza a análise de afiliações e co-afiliações entre pessoas e instituições e entre instituições e instituições, assumindo que duas instituições, com membros em comum, têm significativas oportunidades de troca de informações.

Inspiradas no trabalho de etnografia de redes que Ball (2014) desenvolve, mapeando o fluxo de filantropias corporativas, filantropos e programas que mobilizam negócios em educação, através de pesquisas nas páginas da internet, vídeos, páginas do Facebook, *blogs*, *tweets*, temos investigado o emaranhado dessas redes no Brasil que, em nossa percepção, têm contribuído para um processo de espetacularização de uma crise educacional e de "soluções", alinhando projetos que são indicados como respostas a essa crise e que demandam esforços coletivos e coesos. Citamos, como exemplo dessas redes, o Movimento Todos Pela Educação, descrito como um "movimento da sociedade civil, sem fins lucrativos, plural e suprapartidária [...]", que desde 2007 vem se mantendo com o apoio de Conselheiros e sócios-fundadores filantropos que têm importante atuação no terceiro setor e buscam "melhorar o Brasil, impulsionando a qualidade e a equidade da Educação Básica no País" (TODOS PELA EDUCAÇÃO, 2019; UNESCO, 2017).

Observamos, ainda, que tanto o Pacto Nacional pela Alfabetização na Idade Certa/PNAIC (BRASIL, 2012) quanto a Base Nacional Comum Curricular/BNCC (BRASIL, 2017) – e atualmente o Movimento pela Base – contam com o apoio do Movimento Todos Pela Educação (LABORATÓRIO DE EDUCAÇÃO, 2014) e, ainda que nesse jogo político as parcerias não se movimentem de forma única e coerente, observamos que há uma linguagem de transformação social, atendimento às diferenças, equidade e melhoria da qualidade na educação que tem se articulado em torno da centralização curricular e da proposição de currículos nacionais sob as premissas de pacto, união, nacional e "todos como um". Nesse sentido, as propostas político-curriculares estão sendo apresentadas como garantidoras dos mesmos direitos para todos, através da oferta do mesmo conhecimento e das mesmas possibilidades de desenvolvimento de habilidades e competências em todos os alunos.

Ademais, destacamos o fortalecimento de supradiscursos que operam com uma lógica do capital humano na busca pelo fortalecimento da competitividade, do espírito de equipe, e do necessário engajamento em programas sociais e de instrumentalização, transferindo a responsabilidade pelo sucesso para os indivíduos, via autossujeição e autocontrole. Essa é uma linguagem política em torno do eficientismo que enfatiza as responsabilidades individuais e contribui para novas paisagens políticas neoliberais, deslocando o sentido de público com novas configurações entre "público, privado, filantrópico, não-governamental" (MACEDO; RANNIERY, 2018, p. 740).

Como parte desses programas de instrumentalização mobilizados nessas redes, ressaltamos a articulação entre política, tecnologia e currículo que tem sido o mote das nossas investigações e que abordaremos neste capítulo no movimento das políticas curriculares em nosso país. Temos discutido essa relação destacando o aspecto salvacionista que vem sendo atribuído ao uso da tecnologia em sala de aula, vinculado a um projeto de homogeneização que se desdobra em indicativos, não apenas para as práticas pedagógicas, mas inferem sentidos sobre a prática docente. Esse projeto de homogeneização vem sendo mobilizado em propostas que tentam estabelecer regimes de verdade para o uso da tecnologia em sala de aula, através de tentativas de fixação de ideias sobre a importância de um trabalho com os aparatos tecnológicos como garantidor da qualidade na educação.

Assim, temos questionado a pasteurização dos conteúdos, mobilizada através de plataformas e da instrumentalidade que tem permeado projetos políticos, apresentando a tecnologia como a solução para a crise educacional (CARVALHO; FRANGELLA, 2016). Acrescentamos a observação de Frangella (2019) sobre os sentidos que vêm sendo produzidos em relação à tecnologia como um meio "atual, direto e objetivo" associado à proposição de um currículo unificado e prescritivo, preconizada no Brasil, alinhada ao conhecimento científico, unívoco (FRANGELLA, 2019).

Atualmente, estamos lidando com iniciativas que visam à "implementação" da Base Nacional Comum Curricular e um dos vieses das tentativas de implementação são Programas que estimulam a utilização da tecnologia em sala de aula mobilizada entre o horizonte de uma qualidade pautada em avaliações feitas *a priori* nas escolas – e do controle "guiado" do currículo para se atingir essa qualidade –, bem como uma ideia de que é possível desenvolver as mesmas habilidades e competências nos alunos, utilizando-se a tecnologia. Essa questão é destacada na competência geral número cinco da BNCC que prevê a necessidade de desenvolvimento das capacidades dos alunos em termos de tecnologias digitais ao final da Educação Básica:

> Compreender, utilizar e criar tecnologias digitais de informação e comunicação de forma crítica, significativa, reflexiva e ética nas diversas práticas sociais (incluindo as escolares) para se comunicar, acessar e disseminar informações, produzir conhecimentos, resolver problemas e exercer protagonismo e autoria na vida pessoal e coletiva. (BRASIL, 2017, p. 9).

Nesse movimento de implementação da Base, que também vem sendo articulado pelo terceiro setor, as editoras Ática, Scipione, Saraiva e Atual organizaram um Portal – chamado E-Docente – utilizado para a divulgação de conteúdos sobre educação, alinhados ao PNLD e à BNCC, e cursos de formação continuada de professores. Nesse portal, está sendo veiculado um e-book[39], cujo título é "Como a tecnologia é contemplada pela Base Nacional Comum

---

39   Este e-book foi apresentado a uma das autoras no período em que ministrou aulas em uma escola pública no Rio de Janeiro. Foi solicitado que ela estudasse o conteúdo do livro para melhorar seu trabalho, utilizando a tecnologia em sala de aula.

Curricular?", lançado em 2019, que respalda a necessidade de atendimento à competência geral número cinco da BNCC, ao enfatizar que o estudante necessita ter o domínio dos dispositivos digitais disponíveis, estando preparado para criá-los e utilizá-los (E-DOCENTE, *s. d.*). O E-book enfatiza, ainda, que em cada área do conhecimento da Base, há um enfoque na tecnologia, destacando que os currículos escolares devem prever o uso da tecnologia no atendimento a determinadas habilidades necessárias para o desenvolvimento dos alunos (E-DOCENTE, *s. d.*).

> "[...] o uso de tecnologias em sala de aula traz uma série de benefícios para os alunos, como o aumento da atenção ao que é ensinado, o estímulo à interação nas atividades escolares e o aumento da motivação para participar mais ativamente do processo de aprendizagem" (E-DOCENTE, *s. d.*).

Assim, o movimento discursivo que vem se performando nessas redes em torno da articulação entre currículo e tecnologia, e as implicações para a formação continuada de professores e o trabalho em sala de aula, tem nos instigado a desafiar esse imaginário neoliberal que cresce em torno da valorização do mercado e de discursos sobre a necessidade de um empreendimento social coletivo em prol da educação (RIZVI, 2017). As estratégias teórico-metodológicas que adotamos em nossas pesquisas têm nos ajudado a pensar o neoliberalismo na ordem dos acontecimentos, como *performance* discursiva em que os atores, ao atuarem nas políticas, produzem múltiplas significações, o que torna o processo não linear, não homogêneo, com possibilidades infinitas de leitura para as políticas curriculares. O tecido, já contaminado sobre o que vem a ser o papel de cada um, hibridiza-se, continuamente, sem apagamentos de sentidos, mas, ao mesmo tempo, produzindo sentidos outros, em relações fronteiriças, intersticiais.

Nessa perspectiva, discutimos esse movimento de articulação entre tecnologia e currículo como tecno-curricular em que a tecnologia promove fissuras nas concepções do currículo, irrompendo o "novo" que não se caracteriza por uma transparência de sentidos, ideias, concepções, mas sentidos híbridos, contaminados, num contexto político marcado pela articulação entre currículo e tecnologia como indicativo de qualidade (CARVALHO, 2015, 2014; CARVALHO; FRANGELLA, 2016). Assim, neste texto, aprofundaremos essa questão em diálogo com o pensamento desconstrucionista de Jacques Derrida, abordando a relação currículo e tecnologia, como uma relação suplementar, ou seja, uma relação cuja falta é constitutiva e se performa como intercurso social, não-pleno, acontecimento que é da ordem do imprevisível e incalculável.

As discussões do autor contribuem para o rompimento da ideia de verdade e salvação, subsidiando a discussão sobre a produção político-discursiva da tecnologia e do currículo como uma produção em meio ao jogo das diferenças que entendemos como a aporia entre a impossibilidade e necessidade: uma produção tecno-curricular que oscila entre práticas de rotina e o novo constante, por entre atividades que são da ordem do "im-possível" no que diz respeito à salvação. Ou seja, aquilo que a tecnologia traz como salvação só é possível porque o impossível lhe é inerente e o constitui. E é na vivência do dia a dia que essa relação currículo e tecnologia é produzida, no jogo do possível/impossível que demarca a incomensurabilidade inerente à prática docente.

A ideia de rastro de Derrida nos ajuda a entender o movimento suplementar entre tecnologia e currículo como um movimento permanente de deslocamento e sem fundamentos, que impede e adia a realização absoluta. Essa perspectiva nos afasta da ideia de verdade absoluta e de que é possível se estabelecer um horizonte para o currículo, ajudando-nos a pensar nesse movimento como uma cadeia infinita de significados mobilizados sob a lógica de rastro. Segundo Derrida (2004), o rastro não é "algo", "não é somente a desaparição da origem", pois a origem não desaparece e jamais é retroconstituída a não ser por uma não-origem. O rastro se torna, assim, a origem da origem (p. 57). Desse modo, rastro também nos ajuda a entender a aporia no conceito de tecnologia na medida em que anuncia um movimento permanente de deslocamento e sem fundamentos, que impede e adia a realização absoluta, afastando, então, a ideia de realidade. A partir disso, problematizamos o conteúdo *online* como rastro de conhecimento escolar-rastro (GABRIEL, 2017) – ciência-rastro –, cadeia infinita de significação.

Sob esse viés, a desconstrução derridiana nos possibilita desestabilizar as pretensões de verdade em torno de currículo e tecnologia, uma vez que a perspectiva discurso-desconstrutivista interroga a linguagem, o sujeito, os saberes, as verdades, os discursos e nosso próprio discurso, fazendo-se estrangeira a esse domínio. Esse lugar de onde falamos, no entanto, não lhe é alheio ou externo, mas estranho-interno, espaço de extimidade (ROSA *et al.*, 2015, p. 255).

O jogo político da salvação

Na seção anterior, trouxemos, como exemplo, a criação do portal E-docente e o E-book nele disponibilizado. O E-book contribui para destacarmos algumas questões que consideramos importantes em relação ao sentido de salvação que tenta se fixar no movimento das redes de políticas. Chama-nos atenção a ideia de uma projeção identitária, em função de um suposto consenso de que os alunos de uma determinada geração já nascem imersos na tecnologia, colocando a escola num lugar polarizado, uma vez que essa escola não atende a esse aluno no desenvolvimento de suas habilidades e competências tecnológicas. Portanto, a Base é apresentada como a solução para que a escola atenda a essa geração, através da adoção de suas orientações e metodologias:

> Por muito tempo o uso de tecnologias em sala de aula foi duramente criticado, já que não havia orientações e metodologias que indicassem a melhor forma de utilizá-la no processo de ensino-aprendizagem. Mas isso precisou mudar, principalmente com a nova geração de Nativos Digitais, que já nasceram imersos na tecnologia. Um passo importante dado no Brasil para acompanhar essas mudanças foi a elaboração da Base Nacional Comum Curricular (BNCC), que determina as competências e habilidades fundamentais que todos os alunos devem desenvolver ao longo da Educação Básica. Agora, o uso de tecnologias, em especial as da Informação e da Comunicação (TICs), está contemplado nas competências gerais e específicas de cada área do conhecimento e deve fazer parte da formação dos alunos brasileiros. A proposta é que os estudantes possam fazer uso das tecnologias de forma consciente, aplicando-as a conteúdos e experiências sociais em toda a Educação Básica. Neste e-book, vamos mostrar como a tecnologia está contemplada em cada área da Base e entender como as habilidades sugerem que seu uso seja desenvolvido nos currículos escolares (E-DOCENTE, *s. d.*, p. 3).

Essa parte inicial do documento aponta para uma concepção objetificada da relação currículo e tecnologia como se fosse possível prever a aplicabilidade da tecnologia com vistas à formação de um sujeito único. Mais ainda, há uma polarização de sentidos entre tradição e inovação que tenta impor um horizonte para o papel da escola nas formas de lidar com a tecnologia. Essa polarização traz um sentido para a escola como aquela que não acompanha as inovações e não atende às necessidades do aluno. A fim de atender a essas necessidades, a escola precisa adotar os preceitos da Base com vistas à inovação. E nesse ponto de vista, enfatiza-se um aspecto dual entre tradição e inovação, como se fosse possível desarticular essas questões, atribuindo-se, inclusive, uma ideia negativa à tradição.

> O estudo do Cetic reflete as grandes transformações pelas quais o cenário educacional passou ao longo da última década. Agora, é preciso criar laços mais estreitos entre os modelos tradicionais de ensino e as novas demandas dos alunos por mais interatividade e aproximação das suas realidades sociais. Ou seja, é importante que, em vez de **impedir** (grifo nosso), as escolas disseminem o uso da tecnologia de forma crítica e consciente dentro e fora das suas paredes e preparem alunos para lidar com as situações complexas da vida moderna, já tomada pela tecnologia. (E-DOCENTE, *s. d.*, p. 4)

Temos discutido as tecnologias digitais numa perspectiva cultural e nos afastamos da concepção de cultura "enquanto objeto empírico e conhecível numa acepção tradicionalista que remete a conteúdos dados, identidades coletivas totalizadas, representação histórica memorável de grupos predefinidos" (FRANGELLA, 2009, p. 1). Tal qual Frangella (2009), em diálogo com Homi Bhabha, discutimos cultura sob uma perspectiva híbrida:

> [...] nem um nem outro, mas no contraditório e fronteiriço do entre-lugar de negociação que desconstrói a concepção de produção original, herança, totalidade, a expõe como dupla inscrição entre a performance e a tradição, passado e presente, num tempo entrecruzado, do presente enunciativo e disjuntivo, mudando a concepção de reconhecimento da cultura não como diferentes em si, mas como efeito de práticas de significação e diferenciação cultural (FRANGELLA, 2009. p. 4).

> Para que as escolas aproveitem todos esses benefícios, a BNCC traz orientações claras sobre o uso da tecnologia nas escolas de forma a direcionar a elaboração dos currículos e o desenvolvimento de competências e habilidades nos alunos ao longo da Educação Básica (E-DOCENTE, *s. d.*, p. 4).

O sentido de inovação vem atrelado a orientações – "claras" – sobre o uso da tecnologia em sala de aula. Porém, nas palavras de Derrida, se todo o projeto fosse o objeto tranquilizador, a consequência lógica ou teórica de um saber assegurado – sem aporia, sem contradição, sem indecidibilidade para resolver – seria uma máquina e funcionaria sem nós, sem responsabilidade, sem decisão. No fundo, sem ética, nem direito, nem política. Não há decisão nem responsabilidade sem a prova da aporia ou da indecidibilidade (DERRIDA, 2004, p. 322). A indecidibilidade é uma dimensão-limite, limite impossível de alteridade radical ou de aporia que caracteriza o caráter precário das decisões, ainda que sejam necessárias. Esse mesmo limite exige que nos tornemos sujeitos num processo de decisão temporário e provisório.

Por conseguinte, defendemos uma concepção de sujeito "descentrado" que deve ser compreendido em sua complexidade histórica e cultural, dependente do sistema linguístico, discursivamente constituído e posicionado na interseção entre as forças libidianas e as práticas socioculturais (DERRIDA, 2004, p. 33). Assim, há um confronto com os pressupostos universalistas da racionalidade, da individualidade e da autopresença, inerentes à concepção de sujeito humanista. Derrida enfatiza a constituição discursiva do eu e a localização histórica e cultural do sujeito (DERRIDA, 2004, p. 35-36). Essa ideia se contrapõe à perspectiva de um sujeito único que deverá adquirir as mesmas competências e habilidades e de um horizonte para o currículo que deve garantir "o domínio dos dispositivos digitais disponíveis", além de preparar os sujeitos para utilizá-los de forma responsável, qualificada e ética, compreendendo seus impactos na sociedade".

Como desdobramento desses horizontes que tentam fixar sentidos para o currículo e para a constituição dos sujeitos, através do desenvolvimento gradual das mesmas competências tecnológicas, há um discurso que se entrelaça à ressalva sobre a importância da homogeneização que diz respeito à necessidade da garantia dos "direitos de aprendizagem e desenvolvimento". Stribel e Drummond (2018) discutem a noção de direito apresentada na Base Nacional Comum Curricular como promessa de que a Base tem um papel decisivo na mesma formação para os sujeitos e, consequentemente, na construção de uma sociedade democrática e inclusiva, que garanta a equidade e igualdade.

> Sob o argumento da garantia de acesso aos direitos, definido como conjunto de aprendizagens a que todos os alunos têm por direito (direitos de aprendizagem), a BNCC é justificada pela difusão de discursos que devem orientar os sistemas e as redes escolares, articulando a ideia da formação de uma identidade nacional, pautada em inclusão e democracia, a um currículo único em nível nacional, através de condições de exercício do direito a aprendizagem nas diferentes etapas e modalidades da Educação Básica de forma mais integrada (DRUMMOND; STRIBEL, 2018, p. 2).

No trecho relativo à Educação Infantil, por exemplo, o documento destaca que a tecnologia "se insere dentro de um dos direitos de aprendizagem e desenvolvimento do aluno e deve ser utilizada para estimular a curiosidade, o pensamento criativo, lógico e crítico, o desenvolvimento motor e a linguagem" (E-DOCENTE, s. d.). Por fim, ressalta-se a importância do "uso responsável e correto da tecnologia no processo de ensino de todos os campos de experiências trabalhados nessa etapa, já que a geração dos Nativos Digitais é exposta a tecnologias em outros ambientes de socialização" (E-DOCENTE, s. d.). Portanto, há um discurso que sobreleva a importância do aspecto homogeneizante como forma de garantir o que vem sendo apontado como direito de aprendizagem dos Nativos Digitais, que é ampliar as possibilidades de um trabalho com a tecnologia para o processo de ensino-aprendizagem.

Percebemos, assim, que o sentido de salvação atrelado à tecnologia se desloca por entre a perspectiva de qualidade, atrelada ao alcance de índices de avaliação; e sentidos sobre uma necessária homogeneização para que todos tenham a possibilidade de desenvolver habilidades tecnológicas, de modo a atender às questões do mundo contemporâneo, com vistas, inclusive, à inserção dos indivíduos no mercado de trabalho.

O movimento tecno-curricular como suplemento

A possibilidade de discussão da relação tecno-curricular como "uma experiência por vir" (MACEDO, 2018, p. 167), numa relação de suplementaridade, remete-nos a um processo que é devido ao outro, como algo necessário, mas anacrônico, sempre sujeito a desvios. Nesse sentido, há sempre uma abertura infinita e incalculável que escapa às ideias de currículos nacionais, plataformas prontas de ensino, predisposição de sujeitos – que não são novidades no cenário político-educacional –, visando ao alcance de algo externo ao processo.

A lógica do suplemento de Derrida se dá na impossibilidade de totalização. Entendemos, portanto, que não há possibilidade de garantirmos tecnologia como sinônimo de salvação, pois o sentido de suprir como suplemento significa simultaneamente um acréscimo dado a uma falta e um excedente supérfluo. O suplemento não está nem dentro nem fora, não é uma ausência nem uma presença (LOMAN, 2010, p. 11). De acordo com Nascimento (1999), suprir diz do excesso que recobre a falta, o que falta desde o início é a completude do Todo, organizada a partir de um único centro.

Entretanto, Derrida entende suplemento associado à escrita, que não é um mero elemento compensatório da fala, não é uma reprodução da linguagem falada, uma vez que nem escrita nem fala vem em primeiro lugar. Assim, o suplementar torna-se uma parte fundamental daquilo que suplementa, apontando neste uma falta essencial, uma falha no sistema (LOMAN, 2010, p. 11).

> A estranha essência do suplemento é precisamente não ter essencialidade: sempre lhe é possível não ocorrer. Ao pé da letra, aliás, ele nunca ocorre: nunca está presente, aqui, agora. Se o estivesse, não seria o que é, um suplemento, tendo o lugar e mantendo a posição do outro. [...] Menos do que nada e contudo, a julgar por seus efeitos, muito mais do que nada. O suplemento não é nem uma presença nem uma ausência. Nenhuma ontologia pode pensar a sua operação (DERRIDA, 2004, p. 383).

Goulart (2003), baseado em Derrida, afirma que a ausência de centro ou de origem é substituída por um signo que supre essa ausência, funcionando como algo a mais, ou seja, como um suplemento. Porém, não se constituirá jamais em um outro centro, de vez que sua função de suplente é vicariante; assim sua função é a de suprir, transitoriamente, uma falta do lado do significado.

Vale ressaltar que não entendemos suplemento como sinônimo de complemento, uma vez que, ainda segundo Goulart (2003, p. 17), esta categoria está ligada à lógica da metafísica ocidental, às noções de identidade e de presença. As dicotomias – bem/mal, mente/corpo –, por exemplo, podem ser consideradas como elementos exteriores um ao outro, possibilitando que um dos termos seja visto de uma perspectiva superior e, antecipadamente, como o elemento que traz um núcleo da oposição que possibilita, enquanto uma presença plena, o confronto com aquele que se lhe aproxima, de forma complementar, na gramática da significação. Enquanto suplementaridade, os sentidos se demarcam por um outro que, no fundo, é um mesmo diferido e, por isso, é incapaz de complementar, pois não se complementa algo com um mesmo desse algo.

De acordo com o trecho abaixo, entendemos que o E-book ratifica a ideia de que é possível garantir progressão, sucesso e qualidade a partir do uso das tecnologias digitais nas salas de aulas, por meio de metodologias que enfatizam as competências e habilidades veiculadas na BNCC. Como se a falta de qualidade fosse aplacada pelo uso da tecnologia.

> Como a Base apenas orienta **a construção de currículos**, as escolas podem escolher as metodologias que mais se adequam à sua identidade para desenvolver as competências e as habilidades previstas no documento, de modo a **garantir** o desenvolvimento progressivo dos alunos ao longo da Educação Básica no que diz respeito ao seu letramento digital (E-DOCENTE, *s. d.*, p. 27).

Mas acreditamos que, ao defender o uso por uma "falta", acaba-se por apresentar outros sentidos sobre o que vem a ser "falta de" como múltiplas camadas de sentido que se desdobram em outros sentidos (DERRIDA, 2005), movendo-se numa dinâmica que irá proporcionar outros processos de significação, articulados entre currículo e tecnologia.

> [...] mas o suplemento supre. Ele não acrescenta senão para substituir. Intervém ou se insinua em-lugar-de; se ele colma, é como se cumula um vazio. Se ele representa e faz imagem, é pela falta anterior de uma presença. Suplente e vicário, o suplemento é um adjunto, uma instância subalterna que substitui. Enquanto substituto, não se acrescenta simplesmente à positividade de uma presença, não produz nenhum relevo, seu lugar é assinalado na estrutura pela marca de um vazio. Em alguma parte, alguma coisa não pode-se preencher de si mesma, não pode efetivar-se a não ser deixando-se colmar por signo e procuração. O signo é sempre o suplemento da coisa própria (DERRIDA, 1999, p. 178).

A "falta anterior de uma presença" permite-nos inferir sobre a articulação tecno-curricular como uma construção/desconstrução que se movimenta na contínua busca por uma plenitude, mas que está em permanente erosão. E nessa produção incessante reside a riqueza do processo que se desdobra em múltiplas possibilidades nas relações entre os sujeitos, na produção curricular, nos processos de significação e de identificação, mediatizados pela tecnologia, expurgando binarismos em consequência de outras linguagens que também fazem parte desse processo. Então, a "falta de" se caracteriza pela adição a uma instância que logra de uma insuficiência. "O suplemento é um excesso, uma plenitude enriquecendo outra plenitude" (DERRIDA, 1999, p. 177). Há acúmulo, acréscimo, justaposição.

Desse modo, camadas de leitura provenientes dos vários acessos às tecnologias vão se sobrepondo, ativando outros movimentos e outras relações. Construir um blog, navegar por entre páginas ou fazer uma análise crítica das mensagens veiculadas nos meios de comunicação são movimentos pelos quais os sentidos, as ideias, as concepções não podem mais ser entendidos com base em uma ordem dicotomizada, pertencente ou ao sensível ou ao inteligível. Estamos diante de uma Era em que o pensamento interroga a linearidade, abalando o todo, fazendo tremer a totalidade (HEUSER, 2008). Neste processo de diferir, a arena tecno-curricular se torna um espaço de enunciação cultural, pois os sentidos são significados continuamente, sem se repetir.

Nesse sentido, defendemos que a tecnologia impulsiona o processo da *différance*, um constante diferimento que revela uma incompletude no currículo, interrogando o universo conceitual, pretensamente fixo, em que vivemos, e que faz parte do processo político-curricular em nossas escolas. O mundo tecnológico, numa cadeia de remissões, irrompe-se como um universo instável que abala a totalidade, contribuindo para a produção de sentidos constantemente alterados. Sendo assim, não existe uma causalidade nessa relação. Tampouco há uma essência pura e nem é possível garantir que o uso da tecnologia seja sinônimo de qualidade para a educação básica. Embora essa tentativa seja constantemente realizada, o discurso salvífico é sempre arremedo nas tentativas de produção de significação, "...seu lugar é assinalado na estrutura pela marca de um vazio" (DERRIDA, 2004, p. 178).

A salvação na ordem do (im)possível: a potência do espaço intersticial

> O inédito surge, quer se queira, quer não, da multiplicidade de repetições. Eis o que suspende a oposição ingênua entre tradição e renovação, memória e porvir, reforma e revolução (DERRIDA, 2004, p. 331-332).

O pensamento de Derrida nos possibilita questionar as oposições binárias, encontrando caminhos pelos quais se possa repensar a ideia do uso das tecnologias digitais, sem nem apenas exaltá-las ou apenas condená-las (RODRIGUES, 2012, p. 49). O ineditismo, então, não seria um novo lugar, mas um 'entre' entendido como um abalo a ser mantido na experiência de pensamento (CRAGNOLINI, 2007 *apud* RODRIGUES, 2012, p. 49). Nesse sentido, a busca maior nesse processo de significação tecno-curricular é pela interrogação, não pela afirmação, caminhando entre os campos não necessariamente opostos porque há inúmeras combinações entre o que não é nem bom nem ruim, nem falso nem verdadeiro (RODRIGUES, 2012).

Assim, entendemos que a relação tecnologia-salvação, atrelada a tentativas de homogeneização para o currículo, deve ser pensada não como um horizonte a ser alcançado, tampouco como uma ideia reguladora que, por meio do ato, atinge-se. Mas devemos pensar como algo irrealizável, seja agora, seja no futuro, que permanecerá sempre "por vir" (MACEDO, 2018, p. 168), na ordem do (im)possível. A salvação transita na ordem do impossível necessário, por entre universos carregados de interesses, de autoridades que, apesar de não serem plenas, algo também não lhes escapa. Há tentativas de instalação de um signo de representação sobre o uso da tecnologia que não se apaga. Ou seja, há sempre um modo de autoridade que tenta estruturar o poder, por exemplo, ao propagandear a positividade da tecnologia diante de tantos problemas educacionais que vivenciamos e que nos afligem. A autoridade torna-se, assim, uma presença muito forte, mas não é plena. Performa-se nos jogos dos suplementos, dos rastros, da *différance,* em que não há uma plenitude que esteja fora ou para além desses jogos.

Retomamos, então, o movimento dessas redes de políticas, enfatizando que a ambição intervencionista que tenta estabelecer um horizonte para o currículo e para o trabalho docente precisa ser colocada o tempo todo sob suspeita. É nossa contribuição, através desse texto, refletir sobre a necessidade de se complicar essas redes, destacando que há outras possibilidades para a relação currículo e tecnologia, e para a educação. Essas outras possibilidades precisam emergir na escola, rompendo com uma lógica de naturalização de que é preciso garantir as mesmas competências e habilidades – no caso, tecnológicas – partindo-se do pressuposto de que todos somos iguais, em prol, por exemplo, de uma garantia de justiça social.

Todos levantamos bandeiras importantes nas nossas lutas por justiça social, direitos para todos, igualdade, melhoria da qualidade da educação. Mas são bandeiras com promessas de salvação que nunca serão atingidas. O atingimento pleno dessas questões é uma ilusão. Isso não quer dizer que não faça parte dos nossos ideais, mas é preciso que esse discurso de salvação seja entendido também como uma estratégia dos organismos de poder para hierarquizar, normalizar sentidos, organizar saberes, impedindo que outras possibilidades circulem e que possamos operar numa perspectiva radical de educação, considerando o movimento das diferenças.

Recentemente, a professora Elizabeth Macedo, em uma live sobre currículo e diferença, aborda uma questão interessante, a partir de um dos seus textos (MACEDO, 2017), ao discutir o portão da escola como um "lugar" de "fluxo da pura diferença" (MACEDO, 2017, 2020). Ela nos convida a pensar sobre o primeiro dia de aula de uma criança de 5 anos de idade. Há uma profusão de sentidos experienciados naquele momento pela criança, pois ao mesmo tempo em que está com medo de ficar sem a sua mãe, deixando para trás o que conhece, há uma excitação ao pensar no desconhecido e na perspectiva de estar sozinho em um lugar em que nunca esteve, sem saber o que vai acontecer.

Então, o portão da escola seria o momento em que a criança não está nem dentro, nem fora, sem saber o que lhe espera ao cruzar o portão e, ao mesmo tempo, já não consegue ver o que ficou para trás. Entretanto, o portão é um lugar inabitado. A criança não pode ficar ali por muito tempo. Ela precisa entrar. Ficar no portão é impossível porque ali não há controle. É um espaço onde tudo seria possível, sem amarras. Ali teria apenas o movimento da "pura diferença" (MACEDO, 2017, 2020), pois num primeiro dia de aula, a criança ainda não tem um repertório de sentidos suficiente para entender o que vai acontecer na escola. E quando ela entra, ao vivenciar esse controle, já que não é possível ficar no portão, acaba abandonando um monte de possibilidades, a própria euforia, excitação e seus medos para se produzir subjetivamente, às custas de tudo que perdeu.

A ideia de Macedo (2017, 2020) nos ajuda a problematizar o movimento da tecnologia-salvação como um possível cerceamento das diferenças que têm se naturalizado no campo da educação. Torna-se urgente, então, operar com a produção do fluxo da pura diferença, dando margem a uma fronteira em que não temos repertório prévio que possa antever a relação currículo e tecnologia. Ainda que tenhamos que considerar a normatividade, é no entremeio dessa normatividade que emergem outras questões sobre a relação currículo e tecnologia, produzindo algo que não seja refém de promessas de salvação. Por isso, precisamos voltar sempre ao portão da escola, dando margem a um fazer curricular perturbador, sempre em busca de outras possibilidades para o uso da tecnologia que emerge nas fissuras constituintes das nossas relações.

REFERÊNCIAS

AVELAR, Marina; BALL, Stephen J. Mapping new philanthropy and the heterarchical state: The Mobilization for the National Learning Standards in Brazil. **International Journal of Educational Development**, n. In Press, nov. 2017. DOI 10.1016/j.ijedudev.2017.09.007. Disponível em: https://doi.org/10.1016/j.ijedudev.2017.09.007.

BALL, Stephen J. **Educação global S. A.**: novas redes políticas e o imaginário neoliberal. Ponta Grossa, PR: UEPG, 2014.

BHABHA, Homi K. **O local da cultura**. 2. ed. Belo Horizonte, MG: UFMG, 2013.

BRASIL. Ministério da Educação. **Base Nacional Comum Curricular**. Terceira versão. Brasília: MEC, 2017. Disponível em: http://basenacionalcomum.mec.gov.br/a-base. Acesso em: 2 mar. 2019.

BRASIL. Ministério da Educação. **Pacto Nacional pela Alfabetização na Idade Certa**: formação de professores no Pacto nacional pela alfabetização na idade certa. Brasília: MEC/SEB, 2012.

CARVALHO, Ana Paula Pereira Marques de. **A plataforma educopédia e seus embaixadores**: estrangeiros em cena nas escolas públicas do município do Rio de Janeiro. 2015. 115 f. Dissertação (Mestrado em Educação) – Faculdade de Educação, Universidade do Estado do Rio de Janeiro, Rio de Janeiro, RJ, 2015. Disponível em: http://www.bdtd.uerj.br/tde_busca/arquivo.php?codArquivo=9099.

CARVALHO, Ana Paula Pereira Marques de. A tecnologia como suplemento curricular: novas possibilidades para além da ferramenta em si. **e-Mosaicos**, v. 3, n. 5, p. 83-91, 1 jun. 2014. DOI 10.12957/e-mosaicos.2014.12831. Disponível em: http://www.e-publicacoes.uerj.br/index.php/e-mosaicos/article/view/12831. Acesso em: 2 fev. 2020.

CARVALHO, Ana Paula Pereira Marques de; FRANGELLA, Rita de Cássia Prazeres. Estrangeiros em rede: Embaixadores nas tessituras político-curriculares do Município do Rio de Janeiro. **Espaço do Currículo**, v. 9, n. 2, p. 237-248, 17 set. 2016. DOI 10.15687/rec.v9i2.29825. Disponível em: http://periodicos.ufpb.br/ojs/index.php/rec/article/view/rec.v9i2.29825. Acesso em: 2 fev. 2020.

DERRIDA, Jacques. **A farmácia de Platão**. São Paulo: Iluminuras, 2005.

DERRIDA, Jacques. **Gramatologia**. São Paulo: Perspectiva, 1999.

DERRIDA, Jacques. **Gramatologia**. trad. Miriam Chnaiderman; Renato Janine Ribeiro. São Paulo, SP: Perspectiva, 2004.

DRUMMOND, Rosalva C. R.; STRIBEL, Guilherme P. **Direito à Educação**: Entre o político e o pedagógico na Base Nacional Comum Curricular. *In*: Seminário Internacional Imagens da Justiça, Currículo e Educação Jurídica, 3., 2017. [S. l.: s. n.], 2017. v. 3, p. 16. Disponível em: https://wp.ufpel.edu.br/imagensdajustica/files/2018/05/DIREITO-%C3%80-EDUCA%C3%87%-C3%83O-ENTRE-O-POL%C3%8DTICO-E-O-PEDAG%C3%93GI-CO-NA-BASE-NACIONAL-COMUM-CURRICULAR.pdf.

E-DOCENTE. **Como a tecnologia é contemplada pela BNCC?** [S. l.]: e-docente, [s. d.]. Disponível em: http://conteudos.edocente.com.br/lp-e-book-como-a-tecnologia-e-contemplada-pela-bncc. Acesso em: 19 maio 2021.

FRANGELLA, Rita de Cássia Prazeres. **Currículo como local da cultura**: enunciando outras perspectivas em diálogo com Homi Bhabha. *In*: REUNIÃO ANUAL DA ANPED, 32., 2009. Caxambu, MG: ANPEd, 2009. v. 32, p. 14. Disponível em: http://32reuniao.anped.org.br/arquivos/trabalhos/GT12-5785--Int.pdf. Acesso em: 19 maio 2021.

FRANGELLA, Rita de Cássia Prazeres. Palestra proferida na mesa Ciclo Dialógico 2: Conhecimento, cultura e tecnologias. 4 nov. 2019. **VI Seminário Web Currículo Educação e Humanismo**. Disponível em: https://www.pucsp.br/webcurriculo/programacao. (informação oral).

HEUSER, Esther Maria Dreher. No rastro da filosofia da diferença. In: SCLIAR, Carlos (Org.). **Derrida e a educação**. Belo Horizonte: Autêntica, 2008.

GABRIEL, Carmen Teresa. Conteúdo-rastro: um lance no jogo da linguagem do campo curricular. **Currículo sem Fronteiras**, v. 17, n. 3, p. 515-538, 2011. Disponível em: http://www.curriculosemfronteiras.org/vol17iss3articles/gabriel.htm. Acesso em: 19 maio 2021.

GOULART, Audemaro Taranto. **Notas sobre o desconstrucionismo de Jacques Derrida**. Belo Horizonte, MG: PUC-Minas, 2003. Disponível em: http://portal.pucminas.br/imagedb/mestrado_doutorado/publicacoes/PUA_ARQ_ARQUI20121011175312.pdf. Acesso em: 19 maio 2021.

LABORATÓRIO DE EDUCAÇÃO. **Estudo de caso**: monitoramento da implementação do Pacto Nacional pela Alfabetização na Idade Certa. São Paulo, SP: Laboratório de Educação, 2014. Disponível em: http://labedu.org.br/wp-content/uploads/2017/07/Pesquisa-PNAIC.Compressed.pdf.

LOMAN, Lilia. **A desconstrução como (im)possibilidade utópica**. *In*: JORNADA JACQUES DERRIDA, 1., 2008. [*S. l.*]: UFMG, 2008. v. 1, p. 1802-. Disponível em: https://www.ufmg.br/derrida?page_id=57. Acesso em: 19 maio 2021.

LOPES, Alice Casimiro; MACEDO, Elizabeth. **Teorias de currículo**. São Paulo, SP: Cortez, 2011.

MACEDO, Elizabeth. A teoria do currículo e o futuro monstro. *In*: LOPES, Alice Casimiro; SISCAR, Marcos (orgs.). **Pensando a política com Derrida**: responsabilidade, tradução, porvir. São Paulo, SP: Cortez, 2018. p. 153-178.

MACEDO, Elizabeth. **Currículo, Cultura e Diferença**: uma conversa com Elizabeth Macedo. 9 set. 2020. YouTube: Currículo, Diferença e Formação de Professorxs. Disponível em: https://www.youtube.com/watch?v=UYQrB8C-H1U&t=19s. Acesso em: 20 abr. 2021.

MACEDO, Elizabeth; RANNIERY, Thiago (Orgs.). **Currículo, sexualidade e ação docente**. Petrópolis, RJ: DP Et Alli, 2017.

MACEDO, Elizabeth; RANNIERY, Thiago. Políticas públicas de currículo: diferença e a ideia de público. **Currículo sem Fronteiras**, v. 18, n. 3, p. 739-759, 2018. Disponível em: http://www.curriculosemfronteiras.org/vol18iss3articles/macedo-ranniery.pdf. Acesso em: 17 nov. 2019.

NASCIMENTO, Evandro. **Derrida e a literatura**. Rio de Janeiro, RJ: Eduff, 1999.

PETERS, Michael. **Pós-estruturalismo e filosofia da diferença**. trad. Tomaz Tadeu Da Silva. Belo Horizonte, MG: Autêntica, 2000.

RIZVI, Fazal. **Globalization and the neoliberal imaginary of educational reform**. Paris, França: UNESCO, 2017(Education Research and Foresight Series, No. 20.). Disponível em: https://unesdoc.unesco.org/ark:/48223/pf0000247328. Acesso em: 17 nov. 2019.

RODRIGUES, Carla. Adorno e Derrida: um debate na comunicação. **Em Questão**, v. 18, n. 2, p. 43-56, 23 dez. 2012. Disponível em: htttps://seer.ufrgs.br/EmQuestao/article/view/26544. Acesso em: 19 maio 2021.

ROSA, Marluza T. da; RONDELLI, Daniella Rubbo R.; PEIXOTO, Mariana B. S. Discurso, Desconstrução e Psicanálise no campo da Linguística Aplicada: (du)elos e (des)caminhos. **DELTA**: Documentação de Estudos em Linguística Teórica e Aplicada, v. 31, n. esp, p. 253-281, ago. 2015. DOI 10.1590/0102-4450419229318658871. Disponível em: http://www.scielo.br/scielo.php?script=sci_abstract&pid=S0102-44502015000300011&lng=en&nrm=iso&tlng=pt. Acesso em: 19 maio 2021.

TODOS PELA EDUCAÇÃO. Todos Pela Educação: Quem somos. 2019. **Todos pela Educação**. Disponível em: https://www.todospelaeducacao.org.br/pag/quem-somos/#bloco_392. Acesso em: 24 nov. 2019.

UNESCO. Movimento Todos pela Educação. 2017. **Unesco**. Disponível em: http://www.unesco.org/new/pt/brasilia/about-this-office/networks/specialized-communities/specialized-communities-ed/all-for-education/. Acesso em: 12 dez. 2019.

O NACIONAL COMO FETICHE NAS POLÍTICAS CURRICULARES

Jéssica Couto e Silva do Nascimento
Nataly da Costa Afonso
Phelipe Florez Rodrigues

Introdução

O recente cenário brasileiro de políticas educacionais, sobretudo, as de caráter reformista, tem se concentrado substancialmente no currículo, tal como apontam Lopes e Matheus (2014). As autoras afirmam que nos últimos vinte anos, as propostas de articulação entre as diferentes arenas de poder político que performam no cenário educacional, além de produzirem políticas, lutas, tensionamentos e deliberações, buscam – através do currículo – um espaço estratégico de hegemonização de determinadas agendas.

Trata-se, portanto, de movimentos políticos que lançam mão de diversas variáveis para buscar promover qualidade na educação, assumindo esta busca como algo da ordem da equidade e da homogeneização. Importa, neste texto, focalizar um dos discursos mais proeminentes que diferentes políticas curriculares vêm assumindo com dínamo discursivo em favor de um projeto curricular homogêneo e promotor de qualidade de forma equalizada, qual seja a nação e o nacional.

Com este movimento, reiteramos uma percepção desenvolvida ao longo de nossas pesquisas individuais e coletivas no grupo de pesquisa – Currículo, Formação e Educação em Direitos Humanos – GCEDH o qual desenvolve atualmente a pesquisa: Políticas de Currículo, Alfabetização e Infância: entre paradoxos e antíteses, renegociando o(s) pacto(s). Através destas produções, pudemos perceber o significante nacional como marca recorrente na nomeação das políticas curriculares federais como, por exemplo, Pacto Nacional pela Alfabetização na Idade Certa (PNAIC), Base Nacional Comum Curricular (BNCC), Exame Nacional do Ensino Médio (ENEM), dentre outras políticas.

Na especificidade deste texto buscaremos produzir uma análise hiperpolitizada (LACLAU, 2011) acerca de um discurso nacional entendendo este para além de uma mera nomeação. Portanto, temos por objetivo discutir o horizonte estratégico que a incorporação de uma suposta agenda nacional implica em uma política curricular, destacando a articulação desse discurso com a pretensão de estabelecer uma política centralizadora para as propostas pedagógicas.

Pontuamos que a busca por esta métrica centrada na lógica de um currículo nacional, padronizado e supostamente capaz de se estabelecer como engrenagem linear de promoção de uma única forma de qualidade de educação não alcança plenitude. Neste sentido, nos interessa produzir leituras analíticas sobre as estratégias políticas que o discurso de um currículo nacional dinamiza, oportunizar, a partir do diálogo com Laclau (2011), a leitura destas estratégias como algo que se desenvolve na angustiante dinâmica da busca por controle normativo total, assumindo que este objetivo é sempre tangente, fugaz e escapatório.

A proposta interpretativa que lançamos ao nacional para além da dimensão político estratégica também busca se concentrar em outras feições inerentes aos processos de subjetivação. Para isto, buscamos nos estudos culturais de Homi Bhabha (2010; 2013) discutir a nação como algo que se relaciona também com dimensões fantasiosas, se lançada à busca por preenchimento total de sentidos. Para pensar desta forma buscaremos assumir que um discurso de nação se constitui como narração e como fetiche.

Desta forma, buscamos estabelecer uma discussão pós-estrutural acerca de um ideário nacional presente nas políticas curriculares, interpretando-o como um dos discursos estratégicos em favor de padronizações. O foco investigativo deste texto será a Base Nacional Comum Curricular Brasil (2017), entendendo esta política como um marco regulatório (FRANGELLA, 2018) de muita proeminência e força política (MACEDO, 2017) no atual contexto brasileiro. Compreendemos que a BNCC busca instituir um currículo nacional, embora em sua textualização não se identifique nem com currículo, argumentamos que esta política carrega consigo um sentido de nação e nacional que nos interessa aqui discutir.

Organizamos esta discussão em mais três seções que se pautam nas seguintes questões: a primeira busca apresentar a nação como uma narração, trazendo os estudos culturais de Bhabha (2010; 2013) para o centro do debate. Neste momento buscamos apresentar uma arquitetura teórica que articule a ideia de nação com uma força e necessidade narrativa.

De forma subsequente, buscaremos, através da incorporação da discussão já produzida, acrescida de análise documental do objeto, apresentar a BNCC como um marco regulatório (FRANGELLA, 2018) que busca se sustentar político/estrategicamente no discurso de uma política comum e nacional.

Ao final da análise, apresentamos uma discussão em que tensionamos a força do discurso nacional presente na BNCC com questões referentes à diferença. Intencionamos com isso concentrar a discussão na busca por estancamento identitário que se produz na/com a política da BNCC, dimensionando esta dinâmica como um desejo forte que não se finda, que não se materializa em tempo ou lugar algum, e desta forma intentamos chamar esta narrativa como algo que se constitui como fetiche.

Narrando a nação

A constituição de políticas curriculares nacionais carrega consigo o que Bhabha (2010) chama de "uma compulsão cultural por uma unidade impossível da nação como força simbólica" (p. 11). Concordamos com Bennington (2010) quando afirma que é tentador abordar a questão da nação indo em busca de sua origem.

No entanto, se iniciarmos uma busca por uma verdadeira história do Brasil, apenas encontraremos narrativas sobre as origens nacionais, seus mitos e raças fundadores. Todavia, é essa busca incessante por uma origem que torna possível o mito da origem da nação (BENNINGTON, 2010).

Cabe aqui destacar que não temos como pretensão discutir o nacional sob a perspectiva de verdade ou origem, pois não operamos com a existência de uma verdade absoluta, mas acreditamos que diferentes discursos estão em disputa por hegemonia, sendo este um jogo político incessante. Portanto, não nos interessa aqui pensar o que é a nação e o nacional, em busca de uma resposta singular inexistente, mas nos mobiliza compreender a articulação discursiva em torno da nação e do nacional, para discutir como estes significantes são articulados na produção das políticas curriculares no Brasil.

Bhabha (2013) traz importantes contribuições para discutir tais significantes ao propor um deslocamento na leitura da historicidade para a temporalidade. O autor contribui para um afastamento da busca pela origem e pela verdade, apontando sua ambivalência. A ideia de nacional é discutida por Bhabha como

> [...] estratégias complexas de identificação cultural e de interpelação discursiva que funcionam em nome "do povo" ou "da nação" e os tornam sujeitos imanentes e objetos de uma série de narrativas sociais e literárias (2013, p. 229).

Para escrever a história da nação, Bhabha propõe que "articulemos aquela ambivalência arcaica que embasa o tempo da modernidade" (BHABHA, 2013, p. 202). Sua provocação se faz pela problematização dos limites dos discursos da "homogeneidade do povo" que, em tempos de crise extrema, pode assumir algo que se assemelha ao "corpo arcaico da massa despótica ou totalitária" (BHABHA, 2013, p. 203), "há sempre, contudo, a presença perturbadora de uma outra temporalidade que interrompe a contemporaneidade do presente nacional [...]" (ibdem).

Esta dupla temporalidade apontada pelo autor se dá pela dimensão pedagógica, constituinte de todo discurso político – ligado à ideia de uma origem fixa, histórica, uma sucessão de momentos que buscam representar uma eternidade produzida – e a dimensão discursiva da ordem performática – o discurso em movimento, socialmente construído, que perturba a estabilidade pretendida pela pretensão de fixação do discurso. Esse movimento se dá em um tempo duplo: ao mesmo tempo que o fortalecimento da ideia de nação se dá como instituído por um passado comum, que a todo instante precisa ser reiterado, tendo outros argumentos além de um passado comum, que confere a esse uma continuidade. A necessidade de reiteração, de construção de uma suposta verdade, denuncia a falta de estabilidade no discurso que se pretende indubitável.

Bhabha (2013) afirma que não há horizontalidade, mas temporalidades duplas, ambivalentes e metafóricas, que fazem uso da linguagem da cultura e da comunidade para equilibrar-se nas fissuras do presente e, assim, tornam-se figuras retóricas de um passado nacional (p. 231). A metáfora da nação carrega, consigo, o sentimento de pertencimento, um estar e sentir-se em casa.

Ao ressaltar a ambivalência na qual a nação é inscrita, o autor destaca que a tentativa de abordar a nação como um todo homogêneo, fazendo uso de algumas categorias aparentemente estáveis como o território, é uma estratégia discursiva. Neste ensejo, compreende-se a nação com narração:

> A nação não é mais o signo da modernidade sob o qual diferenças culturais são homogeneizadas na visão "horizontal" da sociedade. A nação revela, em sua representação ambivalente e vacilante, uma etnografia de sua própria afirmação de ser *a* norma da contemporaneidade social (BHABHA, 2013, p. 243, grifos do autor).

Bhabha (2013) tensiona a homogeneização e horizontalidade do discurso da nação defendendo um movimento narrativo fora da linearidade conhecida, mas que acontece em um tempo "duplo e cindido" (p. 234). Sendo assim, o próprio conceito de povo emerge em um movimento duplo, onde está além da referência histórica e política, mas também, uma referência social. A representação do povo é um território de disputas, ocupando lugar no passado em uma pedagogia nacional, mas também está no presente, em um processo de reprodução. Logo:

> O povo não é nem o princípio nem o fim da narrativa nacional, ele representa o tênue limite entre os poderes totalizadores do social como comunidade homogênea, consensual, e as forças que significam a interpelação mais específica a interesses e identidades contenciosas, desiguais, no interior de uma população (BHABHA, 2013, p. 238).

Portanto, esse lugar duplo de objeto pedagógico e performático em que o povo é assumido, levou a mudanças no sentido da nação que acompanham a tensão entre esses dois lugares. Nessa perspectiva, a nação ao mesmo tempo que é um símbolo da modernidade para a representação do contemporâneo, alicerçada em uma tradição histórica, está sendo confrontada pelo caráter performativo do presente. Assim, o performático desestabiliza o sentido de um povo homogêneo. A nação está cindida nela própria, produzindo e reverberando a heterogeneidade que a constitui, onde

> A nação barrada Ela/Própria (It/Self), alienada de sua eterna autogeração, torna-se um espaço liminar de significação, que é marcado internamente pelos discursos de minorias, pelas histórias heterogêneas de povos em disputas, por autoridades antagônicas e por locais tensos de diferença cultural (BHABHA, 2013, p. 240).

Então, as diferentes vozes de uma nação desestabilizam as tentativas de fixação de identidades. O anseio para que os múltiplos discursos se tornem um desloca a referência do espaço para a tradição. Ao reconhecer que o nacional está constituído de diferentes temporalidades, nos afastamos de princípios instituídos na nação a partir de questões históricas ou estereotipadas que pretendem fixar narrativas. Deste modo, a nação deixa de ser a representação da modernidade, com uma sociedade homogeneizada, e passa a ser ambivalente, trazendo à tona as diferenças.

Com base em Macedo (2006), entendemos o discurso do nacional como modelo de identidade projetado a partir de uma construção social capaz de determinar o pertencimento do sujeito a um grupo maior. Essa concepção torna-se mecanismo capaz de formar a ideia de homogeneidade, representando a afirmação de certa identidade justificada por fatores predeterminados. Deste modo, o nacional legitima determinada identidade, fortalecendo os interesses do coletivo em detrimento de questões individuais, de maneira que "[...] todas as demais identidades foram incorporadas numa identidade una, fixa e supostamente partilhada por todos, a identidade nacional" (MACEDO, 2006, p. 330).

Ao discutir o conceito de nação pela perspectiva discursiva, compreendemos que a tentativa de transformar "tudo em um só" perde-se pela existência do caráter ambivalente presente nesse movimento que vê a estrutura fechada e com limites, sem a perspectiva de escapes. A produtividade da nação está na tentativa de apagar as diferenças, sendo que isso é impossível. Essa contranarrativa da nação, defendida por Bhabha, perturba a lógica da fixidez que pretende uma unicidade, e, por sua vez, a estabilização das diferenças.

Neste sentido, é que percebemos a nação como cindida no interior dela própria, o que corrobora para compreensão de que a nação nunca será homogênea, visto que sempre haverá uma ação performática que a constitui. A relação entre as diferentes temporalidades impede o fechamento de um sentido único, como aponta Macedo (2006, p. 331): "a nação jamais conseguiu ou conseguirá banir a diferença, uma vez que as contranarrativas irrompem no nível performático".

Nacional como fetiche

Em diálogo com os estudos de Bhabha (2013) compreende-se que a fixação em torno do significante nacional se pauta em uma tentativa de estereótipo:

> O mito da origem histórica [...] produzido em relação com o estereótipo colonial tem a função de "normalizar" as crenças múltiplas e os sujeitos divididos que constituem o discurso colonial como consequência de seu processo de recusa (BHABHA, 2013, p. 128-129).

O estereótipo, nos estudos de Bhabha (2013), pode ser compreendido como um ponto seguro de identificação. No entanto, o autor aponta que tal compreensão ignora o processo ambivalente, psíquico e de identificação, que é de suma importância para a questão. Portanto, Bhabha (2013, p. 123) afirma que "[...] estereótipo é um modo de representação complexo, ambivalente e contraditório, ansioso na mesma proporção em que é afirmativo, exigindo não apenas que ampliemos nossos objetivos críticos e políticos, mas que mudemos o próprio objeto de análise".

No que corresponde a nação, nosso principal foco de discussão, podemos perceber que o jogo de poder é capaz de "delimitar uma nação sujeita" (p. 124) da qual consegue se apropriar em diferentes esferas. O âmbito educacional, assim, torna-se uma das importantes esferas de legitimação do discurso unificador, contribuindo para a criação de uma realidade social estereotipada, com a construção coletiva de um "nós", comum e identificado.

Appadurai (1996), ao problematizar a nação enquanto um produto de imaginação coletiva, argumenta que a ideia de pertencimento se dá através de fatos naturais e fatos culturais, o que implica na midiatização de gostos em comum. Neste contexto, argumentamos que a produção de um currículo comum corrobora com a construção coletiva da nação, que visa não apenas promover a educação para todos, mas tenta fixar a mesma educação para todos, sendo esse "todos" um sujeito inexistente, que atende a um estereótipo do que é o ser "aluno brasileiro" e quais competências e habilidades esse sujeito precisa desenvolver ao longo de sua trajetória escolar.

Inspirado nos estudos de Freud e Fanon, Bhabha (2013) nos propõe a leitura do estereótipo nos termos de fetichismo, tendo em vista a ambivalência e a complexidade que perpassam a produção de estereótipos.

> Isto porque o fetichismo é sempre um "jogo" ou vacilação entre a afirmação arcaica de totalidade/similaridade – em termos freudianos: "todos os homens têm pênis"; em nossos termos: "todos os homens têm a mesma pele/raça/cultura" – e a ansiedade associada com a falta e a diferença – ainda, para Freud: "alguns não têm pênis"; para nós: "alguns não têm a mesma pele/raça/cultura" (BHABHA, 2013, p. 129).

O estereótipo pode ser entendido como uma simplificação, uma vez que representa a identidade de uma forma fixa e homogênea, de maneira que nega o jogo da diferença que é constituinte de quaisquer identidades e/ou relações. A necessidade de reiterar sua originalidade, denuncia que não há homogeneidade neste discurso.

Neste sentido, o estereótipo como simplificação e fixação de determinada identidade tem como função a tentativa de mascarar as diferenças.

> O ato de estereotipar não é o estabelecimento de uma falsa imagem que se torna o bode expiatório de práticas discriminatórias. É um texto muito mais ambivalente de projeção e introjeção, estratégias metafóricas e metonímicas, deslocamento, sobredeterminação, culpa, agressividade, o mascaramento e cisão de saberes "oficiais" e fantasmáticos para construir as posicionalidades e oposicionalidades do discurso racista (BHABHA, 2013, p. 140).

Ao trazermos tal discussão para pensar a nação, nosso objetivo é abordar o discurso do nacional – sobretudo nas políticas curriculares – como um fetiche, em que visa uma homogeneidade do significante nacional em busca de uma unificação que ignora as diferenças.

Compreendemos que em determinadas políticas, sob a justificativa de alcançar um horizonte igualitário de oportunidades, são instituídos discursos normativos com a partilha de um mesmo conhecimento (tido como único e pronto) e das quais se estabelecem critérios avaliativos únicos, de modo a definir um "comum a todos".

Ao buscar definir um "comum a todos", há também a tentativa de fixar um sujeito nacional (AXER; DIAS; AFONSO, 2017) enquanto ideário, para o qual são estabelecidos objetivos, competências e habilidades a serem adquiridas, com a definição de que deve desenvolver a aprendizagem do **mesmo** conteúdo, por **todos** os alunos, ao **mesmo** tempo, em **todo** o país, reforçando a ideia do nacional na máxima do "*muitos como um*" (BHABHA, 2013, p. 232).

Argumentamos que a demanda por um discurso curricular nacional tem como fetiche a existência de um sujeito nacional, do qual a política visa dar conta. No entanto, este sujeito nacional genérico, que busca representar a todos, não aborda as singularidades dos diferentes sujeitos ou, nas palavras de Bhabha (2013, p. 235), "comum a todos, devido ao fato de manifestar as peculiaridades de nenhum". Portanto, sob o discurso de um currículo comum, há uma tentativa de apagamento da diferença, daquilo que não cabe no que é considerado "comum" e, assim, tensiona a estabilidade da nação. Afonso (2020) chama atenção que, ao definir um perfil idealizado de sujeito, há uma tentativa de excluir aqueles que não correspondem a tais fixações, "os quais suas diferenças e peculiaridades falam mais alto do que os apagamentos provocados pela fixidez" (p. 44). Na impossibilidade de cessar a diferença, provocam tensões e o jogo de poder pela fixação se mantém em aberto.

Entendemos ser importante destacar que estes tensionamentos se relacionam com a dimensão dupla ambivalente da escrita da nação, que busca ao mesmo tempo "abarcar fatos e narrativas à margem da escrita da história e do tempo cronos linear" (RODRIGUES, 2020, p. 87). Neste sentido, percebe-se o tempo na ambivalência, o que implica o deslocamento da escrita da nação para outro lugar, em que fragmentos de significação cultural são incorporados à narrativa da nação.

A escrita e a narração são tomadas como processos impossíveis de esgotar a totalidade de produção de sentidos, constituindo, portanto, outras temporalidades narrativas – sempre disjuntivas. Ocorre uma ruptura entre a temporalidade linear e acumulativa vinculada à dimensão pedagógica da dinâmica política e à estratégia repetitiva, recorrente e infinitamente criativa da dimensão performativa.

O que estamos assumindo, em diálogo com Bhabha (2013), como ambivalência, acaba dinamizando operações de significações duplas acerca da nação, permitindo que aspectos diferenciais, para além da lógica causa e efeito linear, se engendrem na dinâmica discursiva. A noção de ambivalência, no que se refere a nação, "busca metaforizar muitos diferentes como uma totalidade, universalizar experiências e deslocar as dinâmicas individuais como necessariamente derivadas de um corpus coletivo (RODRIGUES, 2020, p. 89). Desta forma, para além da disruptura causa e efeito a angustiante ação de nomear, se relaciona com o que Homi Bhabha (2014) pontua como mimética, "uma forma de interpretar a impossibilidade do estabelecimento de identidades fixas" (RODRIGUES, 2020). Neste sentido, Bhabha (2013) sugere:

> Esta imagem da identidade humana e, certamente, a identidade humana como imagem – ambas molduras ou espelhos familiares do eu [selfhood] que fala das profundezas da cultura ocidental – estão inscritas no signo da semelhança. A relação analógica unifica a experiência de autoconsciência ao encontrar, dentro do espelho da natureza, a certeza simbólica do signo da cultura baseada "em urna analogia com a compulsão a crer quando fita um objeto". Isto, como escreve Rorty, é parte da obsessão do Ocidente com o fato de que nossa relação primária com os objetos e com nós mesmos é análoga à percepção visual. Entre essas representações sobressai a reflexão do eu que se desenvolve na consciência simbólica do signo. Ela demarca o espaço discursivo do qual emerge O Eu verdadeiro (inicialmente como asserção da autenticidade da pessoa) para, em seguida, por-se a reverberar – O Eu verdadeiro? – como questionamento da identidade (p. 106).

A partir desta perspectiva, interessa-nos colocar sob suspeita a possibilidade de que as representações vinculadas a um ideário nacional universalizante sejam capazes de forjar e delimitar identidades, povos homogêneos e pautas consensuais. O que resta, portanto, é "[...] um sentimento que se estabelece entre o desejo de nomeação e a impossibilidade de se alcançar uma totalidade, inevitavelmente dimensionará a vida também na/como angústia" (RODRIGUES, 2020, p. 89). Em diálogo com a ideia de constância angustiada em que os processos de significação se desenvolvem, Bhabha (2013) busca refletir sobre a mímica da seguinte maneira:

> A mímica é, assim, o signo de uma articulação dupla, uma estratégia complexa de reforma, regulação e disciplina que se "apropria" do Outro ao visualizar o poder A mímica é também o signo do inapropriado, porém uma diferença e recalcitrância que ordena a função estratégica dominante do poder colonial, intensifica a vigilância e coloca uma ameaça iminente tanto para os saberes "normalizados" quanto para os poderes disciplinares. O efeito da mímica sobre a autoridade do discurso colonial é profundo e perturbador. Isto porque na "normalização" do estado ou do sujeito colonial, o sonho da civilidade pós-iluminista aliena sua própria linguagem de liberdade e produz um outro conhecimento de suas normas. (p. 146-147).

Esta discussão proposta pelo autor reitera a sua própria percepção acerca da angústia como um encontro entre territorialidade e memória em movimento, forja uma interpretação da nação enquanto algo estrategicamente constituído também na dimensão mimética. Atentar a dimensão da angústia constitutiva do discurso mimético da nação, considerando o desejo de nomeação, frente uma impossibilidade de plenitude, nos pauta.

Neste sentido, uma identidade nunca pode ser assumida como algo existente a priori, nos termos de Bhabha (2013). No limite das possibilidades o que há é um desejo de acabamento. O autor pontua que "uma identidade nunca existe a priori, nunca é um produto acabado; sempre é apenas o processo problemático de acesso a uma imagem de totalidade" (p. 152). Entendemos como plausível assumir o tangível como mímica. Nesta perspectiva, o desejo é assumido como um dos propulsores da luta política. Esta espiral discursiva em que a luta política se desenvolve acaba por aproximar a expressão do mimetismo como uma tentativa representacional.

Entendemos, assumindo esta perspectiva, que uma identidade é sempre a busca por uma imagem, embora ela não seja estanque. Neste sentido, Bhabha (2013) utiliza a expressão "máscara" para remeter à angústia por busca a um mito fundacional. O autor pontua que esta busca se forja como fetiche, se configurando no processo de significação como uma espécie de fantasia, que busca afirmar uma ideia de totalidade (uma identidade) concomitantemente se empenha em camuflar a percepção da diferença.

Entendemos ser pertinente assumir que o fetiche, nos termos de Bhabha (2010; 2013), é o que articula tempo e fantasia na subjetividade de uma representação mimética. O que sobra deste movimento são visões estereotipadas, muitas vezes preconceituosas, que se lançam à busca por uma plenitude intangível. Os estereótipos, no formato de fetiche (operando de forma fantasiosa), é o mais próximo que se pode chegar – na forma de mímica – de uma fixação semântica.

> O que pode se configurar como rastro desta metonímica operação de busca por fixação são os fetiches que buscam constranger a diferença se lançando aos desejos da totalidade – bandeira, fronteiras, idioma, raça, costumes e currículo – uma representação imagética/mimética que não dá conta de fechar um consenso universal. Tomando desta forma, buscamos encaminhar o entendimento sobre nação e nacional como produtores de efeitos incontroláveis e não como estancamento semântico dotado de essência e fundamentos. Efeitos estes que não se materializam, que não possuem essência apriorística, mas que expressam no acontecimento anseios, desejos, angústias e luta política (RODRIGUES, 2020, p. 86).

Acrescentamos aos discursos de desejo de uma totalidade, também a normatização de um currículo comum ou, mais especificamente, de uma Base Nacional Comum Curricular. Portanto, assim como em toda produção política, o que sobra para o tangível e inteligível são representações – seja através de operações discursivas vinculadas a instabilidade da linguagem, que muitas vezes produzem efeitos discursivos expressos como fetiche (RODRIGUES, 2020).

Afinal, o que é comum?

A partir dos estudos de Bhabha (2013) e suas contribuições para o aprofundamento das discussões sobre os sentidos do nacional nos discursos políticos, cabe aqui analisar a BNCC como movimento que pretende a padronização curricular. Nessa seção focalizaremos a análise da Base Nacional Comum Curricular (BRASIL, 2017), como política que institui uma proposta curricular unificadora e comum, que defende uma aprendizagem dentro de um patamar também dito comum. Cabe destacar, ainda, que o discurso do nacional é mobilizado em diferentes políticas. No entanto, consideramos – através dos argumentos aqui expostos – que na BNCC este movimento ganha maior notoriedade, o que nos instiga a discutir tal política.

No Brasil, desde a década de 1990, está em curso na agenda nacional a construção de uma política curricular que pretende abarcar questões relevantes para a Educação. Nesse movimento, destacamos o Plano Nacional de Educação (PNE) instituído pela lei nº 13.005, de 25 de junho de 2014. Em meio às diferentes metas para se alcançar a melhoria da qualidade na Educação Básica, o PNE faz referência a uma base nacional comum. Sendo assim, anos depois, após diferentes versões, é homologada e instituída em dezembro de 2017 a Base Nacional Comum Curricular (BNCC).

Desta forma, a partir de um referencial discursivo, nossa leitura da BNCC permite identificar na política um discurso favorável à homogeneização das políticas curriculares. Em seu texto de introdução, a Base Nacional Comum Curricular exprime o desejo de uma normatização de um currículo comum, sendo apresentada como:

> [...] um documento de caráter normativo que define o conjunto orgânico e progressivo de aprendizagens essenciais que todos os alunos devem desenvolver ao longo das etapas e modalidades da Educação Básica, de modo a que tenham assegurados seus direitos de aprendizagem e desenvolvimento [...] (BRASIL, 2017, p. 7).

A aposta nos conhecimentos essenciais prevê a existência de um consenso curricular, com a pretensão de formar um "sujeito ideal". Nessa busca, toma como necessário que seja oferecida uma formação comum, definindo quais as aprendizagens essenciais, articuladas com base em uma lista de dez competências gerais para a Educação Básica, que se desdobram em mais competências e habilidades, referentes a cada etapa da escolarização. A proposta de uma formação comum por meio de aprendizagens de conhecimentos considerados essenciais reflete – ao nosso ver – a perspectiva de homogeneização curricular e consequente padronização das práticas escolares.

A descrição de saberes e conteúdos, habilidades e conhecimentos essenciais elencados na Base constituem a tentativa de homogeneização de um currículo comum e a consequente pretensão de formação padronizada para os estudantes. Compreendemos que a centralização curricular representada pela BNCC sustenta um projeto unificador dos sentidos da educação, embora esta seja uma tarefa (im)possível (DERRIDA, 2011).

O discurso do currículo comum pretende conceber a fixação de uma identidade homogênea, buscando estancar a diferença e assegurar a qualidade na Educação (CUNHA; LOPES, 2017). O comum está ligado a uma concepção restritiva de currículo e que assim poderia conter as diferenças, a formação é entendida dentro de uma previsibilidade, com sentidos fixos e imutáveis. Há, ainda, uma parte diversificada anunciada no documento e que cabe sua problematização.

O que é compreendido como comum e diversificado, na política, sofreu variações de acordo com as diferentes versões produzidas do documento. Observa-se que nas versões anteriores do documento – em especial a segunda versão – o que vinha a ser a parte diversificada era discutido, sendo consideradas (ainda que parcialmente) as especificidades locais:

A parte diversificada do currículo se dá pela atenção às especificidades da faixa etária, à contextualização das comunidades escolares, à regionalidade, às festividades locais e à proposição de brincadeiras que dialoguem com as manifestações e tradições culturais a que as crianças pertencem (BRASIL, 2016, p. 61).

Já na versão homologada, há uma breve menção à obrigatoriedade da existência de uma parte diversificada, através do artigo 26 da Lei de Diretrizes e Bases da Educação Brasileira (LDB).

> os currículos da Educação Infantil, do Ensino Fundamental e do Ensino Médio devem ter **base nacional comum**, a ser complementada, em cada sistema de ensino e em cada estabelecimento escolar, por uma parte diversificada, exigida pelas características regionais e locais da sociedade, da cultura, da economia e dos educandos (BRASIL, 1996; grifos do autor *apud* BRASIL, 2017).

No tocante da base, a parte diversificada é silenciada, uma vez que não é mais mencionada nas 396 páginas do documento homologado. Apesar da menção a esta parte diversificada, destacamos que isso não significa pensar as diferenças, pois o diverso está relacionado à existência de uma "cultura local" já estabilizada. Concordamos com Lopes e Macedo (2011) ao afirmarem que "não há culturas como coisas, a não ser como estratégia de dominação, como narrativas que buscam evitar que se pense diferente" (p. 215).

Se é assim, só nos resta discutir o que é comum/nacional em uma leitura hiperpolítica. O discurso político que parte da diversidade (e não da diferença) tem nos atos de nomeação uma estratégia política assumida. Portanto, nos interessa ler estes processos a partir de uma pauta hiperpolitizada tal como Laclau (2011) e Mouffe (1998). Os autores atentam para o olhar hiperpolítico como a possibilidade de inventar o hoje – o acontecimento. Essa possibilidade inventiva é o que empodera os agentes políticos e mobiliza a política. No âmbito da teoria curricular, as invenções que se produzem buscam forjar métricas identitárias para estudantes e para um suposto futuro da sociedade (LOPES, 2013).

Ao trazer esta percepção para o debate da Base Nacional Comum Curricular, uma das nuances que chama atenção é a delimitação do que é comum na política curricular. Parece-nos importante pensar o significante comum como um dínamo produtor de sentidos. Ao nomear algo como "comum" em uma política, é estabelecido um desejo, um anseio de fixação e promoção de uma agenda homogênea para os processos pedagógicos.

Desta forma, a produção de sentidos mobilizados a partir de uma suposta delimitação de algo "comum" acaba se performando na ambivalência de todo processo tradutório. Interpenetram-se o desejo da fixidez (buscado através do discurso normativo) e a impossibilidade de encerramento de algo comum pautado em uma métrica igual. Frangella (2020) discute que, ao tomar justiça e equidade como igualdade, na busca por um "comum", há um esvaziamento da luta política e das possibilidades de significação das diferentes perspectivas.

Há de se considerar, portanto, que o significante "comum" nos termos de Laclau (2011) torna-se vazio e é por isso, o que se produz nessa dinâmica são leituras e ações diferenciais e não reproduções estancadas. Para Laclau (2011) um significante vazio não é algo sem sentido e sim, ao contrário. Trata-se de um significante que mobiliza uma quantidade tão expressiva de sentidos que, ao invés de produzir estancamentos, produz traduções incontáveis. Como explica Frangella (2020):

> A hegemonização de uma determinada ideia é dada através de articulações que preenchem parcial e provisoriamente. Assim, esse movimento articulatório se marca pela precariedade e provisoriedade. O que há são fechamentos provisórios, em que uma particularidade assume a função de universal, uma diferença tornada equivalente, um significante vazio que tenta uma sutura final impossível (p. 4).

No contexto da BNCC, outros dois nomes podem sugerir uma mesma agenda normativa homogeneizante - Base e Nacional. A busca por estabelecer algo básico e nacional é lida neste texto como um desejo reiterado de marcação delimitada. Entendemos, dialogando com Derrida (2011), que o ato da nomeação é uma estratégia de menção ao que não se faz presente. Para Derrida (2011), um nome é algo que substitui um ente ou uma coisa na ausência dela. Trata-se, portanto, de um movimento de designação a alguma coisa frente a ausência desta coisa.

Responder, portanto, a provocação proposta como título desta seção "Afinal, o que é comum?" torna-se algo produtivamente (im)possível (DERRIDA, 2011). Estamos propondo ler o comum como um desejo. Uma busca estratégica por fixidez e estancamento, ou seja, uma impossibilidade. "O que é comum?" é uma questão retórica e por isso mesmo, o termo destacado "comum" torna-se um catalisador e não um finalizador semântico. Entendemos que as estratégias discursivas que buscam estabelecer um caráter uníssono a uma ideia de comum, no contexto da BNCC, não se esgotam tão somente neste nome.

Considerações finais

Ao longo deste trabalho, buscamos problematizar a política curricular, com destaque para BNCC, atentando aos processos políticos de nomeação.

Entendemos que percorrer este caminho implica em ler a política enquanto uma espiral e estratégias e lutas por significações que mobilizam os sentidos.

Na tentativa de definir algo comum, sob a justificativa de alcançar uma dada qualidade educacional, ocorre a fixação dos sentidos e, consequentemente, uma tentativa de estancamento das diferenças. Nosso principal objetivo neste texto foi problematizar a nomeação do nacional/nação, colocando-a sob suspeita e interrogando-a como tentativa de normatização.

O recorte nos significantes nacional e comum nos mobilizou a pensar o quanto as nomeações centradas nestes significantes não performatizaram angustiantes buscas de estancamentos. Ao discutirmos a nação como narração e argumentarmos que a resposta para o que "Afinal, o que é comum?", se configura como espaço tradutório aberto lançamos a problemática das nomeações, neste contexto político, como algo da ordem da angústia e dos desejos.

Compreendemos, portanto, que a significação do nacional como comum se articula como um fetiche, uma busca por alcançar certa plenitude, em que a diferença se constitui como (im)possibilidade (DERRIDA, 2011) de qualquer fixação. E, daí, a angústia, uma vez que a possibilidade de fechamento de sentidos e significações estará em constante produção.

Intentamos trazer para este debate uma crítica à BNCC, pontuando que as tensões produzidas no deslizamento entre busca por fixação e escapes diferenciais podem ser lidas como uma estratégia política que pretende sufocar as diferenças e, na radicalização da análise, se configura como pauta antidemocrática. Contudo, a própria ideia de diferença não coisificada, mas sim como algo radical, à revelia dos desejos de fixação, (im)possibilita esgotamento da luta. Afinal, o que é comum ficará sempre na ordem do desejo e no fetiche por um fechamento, que não se dará por completo.

REFERÊNCIAS

AFONSO, Nataly da Costa. **Gigante pela própria natureza? A formação discursiva de um Currículo-Nação para a alfabetização**. 2020. 83f. Dissertação (Mestrado em Educação) - Faculdade de Educação, Universidade do Estado do Rio de Janeiro, Rio de Janeiro, 2020.

AXER, Bonnie; DIAS, Jade Juliane; AFONSO, Nataly da Costa. **Base Nacional Comum Curricular**: fixações de identidade na tentativa de um sujeito nacional. In: Currículo, ideologia, teorias e políticas educacionais - Anais do XII Colóquio sobre questões curriculares/VIII Colóquio luso-brasileiro de currículo/II Colóquio luso-afro-brasileiro de questões curriculares. Série. Organização: José Carlos Morgado, Hildizina Norberto Dias e Joana Sousa [Livro Eletrônico]. – Recife: ANPAE, 2017, p. 62-68.

BENNINGTON, Geoffrey. **La política postal y la institución da la nación**. In. BHABHA, Homi K. (Org.). Nación y narración, entre la ilusión de una identidad y las diferencias culturales. Buenos Aires: Siglo Veintiuno Editores, 2010.

BHABHA, Homi K. (Org.). **Nación y narración, entre la ilusión de una identidad y las diferencias culturales**. Buenos Aires: Siglo Veintiuno Editores, 2010.

BHABHA, Homi K. (Org.). **O local de cultura**. Belo Horizonte: UFMG, 2013.

BRASIL. Ministério da Educação. **Base Nacional Comum Curricular**. Terceira versão. Brasília: MEC, 2017. Disponível em: http://basenacionalcomum.mec.gov.br/a-base.

BRASIL. Ministério da Educação. **Base Nacional Comum Curricular**. Segunda versão. Brasília: MEC, 2016. Disponível em: https://undime-sc.org.br/download/2a-versao-base-nacional-comum-curricular/.

CUNHA, Érika V. R. da; LOPES, Alice. C. **Base Nacional Comum Curricular no Brasil**: Regularidade na Dispersão. Investigación Cualitativa, v. 2, p. 23-35, 2017.

DERRIDA, Jacques. **A escritura e a diferença**. São Paulo: Perspectiva, 2011.

FRANGELLA, Rita de Cássia Prazeres. **Políticas de currículo e infância**: entre paradoxos e antíteses, renegociando o(s) pacto(s). Projeto de Pesquisa, 2018.

FRANGELLA, Rita de Cássia Prazeres. **"Muitos como Um"**: políticas curriculares, justiça social, democracia e as (im)possibilidades de diferir. Educar em Revista, Curitiba, v. 36, n. e75647, 2020.

LACLAU, Ernesto. **Emancipação e Diferença**. Rio de Janeiro: EdUERJ, 2011.

LOPES, Alice Casimiro; MACEDO, Elizabeth. **Teorias de Currículo**. São Paulo: Cortez, 2011.

LOPES, Alice Casimiro; MATHEUS, Danielle dos Santos. **Sentidos de qualidade na política de currículo (2002-2012)**. Educação & Realidade, 2014.

LOPES, Alice Casimiro. **Democracia nas políticas de currículo**. Cadernos de Pesquisa v. 42, n. 147, p. 700-715, set./dez. 2012, 703, 2013.

MACEDO, Elizabeth. **Por uma política da diferença**. Rio de Janeiro: Cadernos de Pesquisa, v. 36, n. 128, p. 327-356, maio/ago., 2006.

MOUFFE, Chantal. **Desconstrucción, pragmatismo y la política de la democracia**. In: MOUFFE, C. (Org.). Desconstrucción y pragmatismo. Buenos Aires: Paidós, 1998. p. 13-33.

RODRIGUES, Phelipe Florez. **Que país é esse? Geografias em disputas na Base Nacional Comum Curricular**, 2020. Tese (Doutorado em Educação) – Faculdade de Educação, Universidade do Estado do Rio de Janeiro, Rio de Janeiro, 2020.

O CONTEXTO DE PRODUÇÃO DE POLÍTICAS CURRICULARES E A FIXAÇÃO DE IDENTIDADE NA FORMAÇÃO DOCENTE:
Tensões, Enunciações e Escapes

Maria Edeluza Ferreira Pinto de Moura
Nivia Cursino Faria

Introdução

Este texto objetiva problematizar o contexto de produção de políticas curriculares e a questão da fixação de identidade na formação docente presente nas políticas curriculares de formação que objetivam a padronização de um modelo de professor para um ideário neotecnicista de educação. Nesta problematização argumentamos que, pela produção cultural presente no desenvolvimento de tais políticas, o intento de fixação não se cumpre, uma vez que por intermédio das tensões presentes nos atos enunciativos, nas experiências e nos escapes das produções curriculares dos sujeitos envolvidos em suas práticas em múltiplos espaços cotidianos, há os atos performativos que significam e desviam o objetivo pretendido da política.

Buscamos construir a argumentação pela via da cultura e diferença, presente nas discussões de Homi Bhabha (2013) que lança mão de ideias como enunciação, contingência e significação que abrem, articulam e possibilitam atos insurgentes que se rebelam contra algo fechado e fixo, defendendo assim a impossibilidade da fixidez identitária pretendida nas políticas curriculares e que através de tensões em constantes relações de disputas, tais políticas se abrem e produzem novos sentidos sem o fechamento pretendido.

Nesse sentido, assumimos o Currículo e as Políticas Curriculares como campo de negociação, produção de sentidos e confronto de demandas por meio das enunciações e agências presentes nas relações sociais envolvidas pela singularidade e pluralidade de sentidos, bem como um espaço de criação cultural e de identificações que tem o sujeito como agente negociador, pautado na diferença que reflete uma série de produções simbólicas e discursivas em disputa, de lutas configuradas e evidenciadas pelas características comuns e/ou divididas que transformam a prática docente.

Tomamos por exemplo da produção curricular a questão da experiência de planejamento docente que tem sido utilizado como instrumento de manutenção de um padrão apenas instrumental e mecânico pretendido nas relações pedagógicas em busca do atingimento de objetivos, mas que pela produção cultural essa mesma atividade de planejamento se apresenta com escapes e borramentos com características de experiências performáticas que se rebelam e rompe com a manutenção instrumental pretendida.

Assim, considerar as tensões que ocorrem nas intenções identitárias de políticas curriculares, pela via da cultura e diferença, implica para nós considerar os rastros, os sentidos que se tem produzido nas produções culturais e no excesso de sentidos que constitui o campo da discursividade necessário à constituição de toda prática social, sendo portanto esta problematização em torno do inacabado e incompleto da ação docente, tendo em vista a crítica aqui contida às intenções presentes na promessa de um projeto homogeneizador e instrumental com objetivos de um sentido identitário fixo pretendido para a docência como algo que não se cumpre.

Disputas e tensões nas políticas curriculares: a formação docente como alvo

Em linhas gerais, entendemos que não há como discutir a questão da identidade no campo do currículo e, em especial, nas políticas curriculares, sem que se faça a relação com as disputas discursivas que se dão nessas políticas que, regidas pelas mudanças no mundo do trabalho e as relações de produção em torno do significante central da qualidade nele inserido, tem sido destacada como ponto essencial de alinhamento com o pensamento neoliberal que objetiva a inserção da lógica economicista nas políticas de países periféricos, através de ações com condicionalidades preestabelecidas.

Várias análises, sob diferentes enfoques epistêmicos, que fazem crítica à lógica economicista presente nas políticas educacionais, são tecidas na problematização e crítica a tal alinhamento da sociedade que envolve a educação como estratégia e como meio de alcance de um projeto universalista de modernização.

Tal projeto tem influenciado vários aspectos que sustentam uma lógica de educação e formação docente com retorno a um tecnicismo reformulado em torno de formação por competências, com base em teorias curriculares instrumentais para o alcance de uma eficiência e produtividade na escola que se dão através do controle do processo e na aprendizagem focada apenas nas questões do ensinar, reduzindo a formação apenas ao aspecto prático, atribuindo ao professor a incompetência para com os problemas educacionais e sua formação como inadequada.

No Brasil, o discurso da falta de qualidade, articulado a outros discursos, está envolvido com discussões e medidas normativas motivadas pela necessidade de reformulação do sistema educacional brasileiro. E nesta reformulação, a formação docente se apresenta como estratégia de preenchimento da falta de qualidade na educação, presente no discurso normativo diante dos resultados de avaliações externas, pensadas à luz das exigências de mercado.

As reformas educacionais têm nas políticas curriculares um caminho para alcançar as mudanças desejadas para a Educação básica. Em estudo sobre o estado da arte das pesquisas em política curricular no Brasil, Paiva, Frangella e Dias (2006, p. 241) destacam que:

> As políticas curriculares disseminadas nos últimos trinta anos no Brasil e no mundo fazem parte do contexto de globalização amplamente discutido pela literatura do currículo. Nos variados textos curriculares produzidos sobre reforma, está presente a análise contextual do mundo globalizado e em permanente mutação.

Amparadas em Ball, as autoras enfatizam que os processos de globalização trazem sérias consequências no processo ensino e aprendizagem tido como foco das mudanças necessárias para o contexto do mundo globalizado que almeja por um padrão oriundo da produção em série. Porém, destacam que a padronização pretendida nas políticas curriculares não ocorre, uma vez que:

> Contudo, as políticas curriculares não são afetadas pelas mesmas condições da globalização, pois guardam em si marcas de sua singularidade produzidas por práticas, concepções, valores e intenções de vários sujeitos nos múltiplos espaços a que pertencem no contexto educacional e social (2006, p. 242).

Neste sentido, parece haver um entendimento de que, embora as mudanças globais e os modelos homogeneizadores nelas presentes sejam uma forte tendência, ainda assim não há um esgotamento ou saturação que impeça as produções e enunciações culturais dentro dessas mesmas mudanças, pois como bem explica Hall (Apud LOPES e MACEDO, 2011, p. 196):

> [...] Ainda que as culturas locais passem a ser referenciadas a uma cultura global, também se ampliam as possibilidades de comunicação entre elas, possibilitando o fortalecimento de laços locais. Para o autor, se é verdade que os efeitos da globalização são sentidos em todos os cantos do planeta, é verdade também que se trata de um sistema que não afeta da mesma forma todo o mundo e nem substitui completamente as tradições forjadas pelos povos. A própria imposição de princípios de mercado a todos os povos, com as desigualdades que cria, acaba por fazer ressurgir os traços culturais dos grupos que pretende apagar.

Dentro do campo dos estudos culturais, numa perspectiva pós-estrutural, há uma forte trama crítica, em princípio, na problematização da lógica binária que marcou o processo imperialista de colonização mundial e, a partir daí a abertura à outras formas de pensamento que destacam a cultura, elegendo-a *"[...] como problemática distinta e relevante para o entendimento do social"* (LOPES e MACEDO, 2011, p. 195), como um lugar de movimento sempre em mudança.

Com Homi Bhabha (2013), entendemos a ideia de cultura, com a qual estamos operando, como enunciação da diferença, que contraria a ideia da tradição acumulada que não permite que os sujeitos sejam visibilizados na diferença, que interajam, que se desloquem e intervenham em seus atos insurgentes resistindo à lógica de uma identidade definida.

> A diferença cultural, como uma forma de intervenção, participa de uma lógica de subversão suplementar semelhante as estratégias do discurso minoritário. [...] o objetivo da diferença cultural é rearticular a soma do conhecimento a partir da perspectiva de posição de significação da minoria, que resiste a totalização – a repetição que não retornará como o mesmo. [...] O sujeito do discurso da diferença é dialógico. Ele é constituído através do lócus do Outro, o que sugere que o objeto de identificação é ambivalente e ainda, de maneira mais significativa, que a agência de identificação nunca é pura ou holística, mas sempre constituída em um processo de substituição, deslocamento ou projeção (BHABHA, 2013, p. 261).

As discussões de Bhabha defendem que existe um movimento enunciativo que excede a regra e dela foge, que desloca os sentidos de uma estrutura fechada, numa dinâmica sem fim, como um sistema de significações que desestabiliza a lógica estrutural.

Bhabha enfatiza outras significações culturais, defendendo-as como produções híbridas enunciativas. Seu posicionamento demonstra claramente a necessidade de aproximação com o outro oprimido e marginalizado pelas práticas colonizadoras da modernidade, em suas múltiplas facetas de um processo de criação de um credo da razão que rotula e tenta "enquadrar" quem está fora. O processo enunciativo, segundo ele, é um lugar de fronteira, de margem, de "[...] reconhecimento e de recusa de imagens por meio das quais se processam as (des) identificações e as estratégias de subjetivação individual e coletiva" (Idem, p. 24), que desarticula o binarismo e "são lugares de cultura e também lugares de transformação social".

Os lugares de enunciação para Bhabha podem ser considerados lugares de resistência, uma vez que "[...] não se quer encontrar um objeto que já está lá, aguardando ser identificado, mas sim produzir uma ideia de conhecimento e compreensão sobre os trânsitos ambíguos que informam as práticas discursivas e políticas nos lugares da cultura." (Idem, p. 24). São lugares em que as negociações são tecidas e enunciadas por processos de construção híbrida que se dão em uma tensão ambivalente que rompe com a ideia de precisão.

Nessa linha de pensamento, tem-se então a discussão das identidades descentradas, que, longe de serem fixas, são construídas em um fluxo constante que Bhabha (2013) chama processos de identificação ou processos identificatórios. Na ilustração de Hall (1997, p. 26):

> O que denominamos "nossas identidades" poderia provavelmente ser melhor conceituado como as sedimentações através do tempo daquelas diferentes identificações ou posições que adotamos e procuramos viver, como se viessem de dentro, mas que, sem dúvida, são ocasionadas por um conjunto especial de circunstâncias [...] Nossas identidades são, em resumo, formadas culturalmente.

O autor acrescenta ainda que as mesmas

> [...] são construídas no interior da representação, através da cultura, não fora dela. Elas são o resultado de um processo de identificação que permite que nos posicionemos no interior das definições que os discursos culturais (exteriores) fornecem ou que nos subjetivemos (dentro dele). Nossas chamadas subjetividades são, então, produzidas parcialmente de modo discursivo e dialógico. Portanto, [...] é cada vez mais difícil manter a tradicional distinção entre "interior e exterior", entre o social e o psíquico, quando a cultura intervém. (Ibidem, p. 27).

Bhabha (2013) discute esse tensionamento produzido pela cultura questionando o conhecimento que tenta transcender as contradições e ambivalências presentes nela como um movimento conflituoso, inacabado e híbrido que se produz na diferença.

No caso da ideia de identidade fixada presente em políticas curriculares de formação docente é possível problematizar, por exemplo, as estratégias de projetos formativos com objetivos pautados a partir de uma métrica obtida por avaliações externas, que primam pela "fabricação de um tipo" (POPKEWITZ, 2016) que atuam operando para impedir que a diferença apareça ou seja visibilizada, no jogo sutil de operação de poder.

Borges e Peixoto (2017) destacam que na formação docente, nas articulações e disputas de sentidos em torno do discurso da qualidade, um modelo sedimentado de identidade docente tem sido protagonista na agenda das políticas educacionais no país na busca pelo eficientismo, na aquisição de competências e habilidades para o "julgamento apenas técnico e limitando a capacidade de agência do profissional docente (p. 299)".

No que se refere ao protagonismo na agenda brasileira sobre a formação docente, atualmente, vemos a Resolução Nº 02/2019/CNE que institui as Diretrizes Curriculares Nacionais para a formação de professores para a educação básica - DCNs e junto com ela a Base Nacional Comum da formação inicial (BNC da formação) como um atendimento e alinhamento a um projeto com objetivos homogeneizadores para o currículo nacional (Base Nacional Comum Curricular – BNCC) que veio sendo implementado desde 2018 no país.

O discurso normativo presente no texto da BNC da formação tenta adequar a educação, escola e currículo às facetas da lógica neoliberal para recuperar o potencial economicista com a estratégia da formação do trabalhador, que no caso da educação se relaciona diretamente com a formação docente através da imposição e exigência de currículos que simplificam o processo formativo a uma vertente instrumental e técnica apenas do ensinar, através de matriz de competência e habilidades que devem compor as propostas curriculares.

É o que vemos, por exemplo, no capítulo III da referida resolução, quando trata da organização curricular dos cursos superiores para a formação docente. Em seu artigo 7º, inciso II, fica clara a intenção prática quando enfatiza que os currículos devem ter *"Reconhecimento de que a formação de professores exige um conjunto de conhecimentos, habilidades, valores e atitudes que estão inerentemente alicerçados na prática"*, o que para nós conduzem os currículos à condição de instrumentalizadores constantes da formação e consequentemente da própria prática docente, pois as orientações levam a sempre busca por alinhar a prática mediante as competências e habilidades específicas da BNCC, tendo as habilidades e competências como garantia de padronização de qualidade dos cursos, como preconiza o artigo 6º do capítulo II que trata dos fundamentos da política de formação docente, complementado no inciso IX quando enfatiza compreender os docentes *"como agentes formadores de conhecimento e cultura"*. Pois quando há a tentativa de apagamento da diferença, que a resolução em tela tenta efetivar através da mecanização do ensino, é que se tem o comum e a fixação identitária pretendida no discurso normativo. Entendendo aqui o termo formadores como apenas repetidores, pois no documento introdutório da BNCC, encontramos vários exemplos de imposição de uma verdade que leva à normalização do que é proposto como: afirmação de "valores", atitudes que busquem a "transformação da sociedade" através de competências previamente definidas para a formação do sujeito entendidas no documento como *"[...] a mobilização de conhecimentos (conceitos e procedimentos), habilidades (práticas, cognitivas e socioemocionais), atitudes e valores para resolver demandas complexas da vida cotidiana, do pleno exercício da cidadania e do mundo do trabalho"* (BRASIL, 2018, p. 8), que tenta fixar sentidos de uma verdade sobre algo na vida, como se essa verdade fosse assim sempre e que precisa apenas ser repetida.

Nesse processo de imposição, tal repetição da "verdade" vai sendo utilizada como um meio de justificar a autoridade do discurso normativo, sustentando a ideia de que há algo que pode ser acessado por um alinhamento ou ordenação, objetivando gerar, por fim, a aceitação do argumento tornando-o comum. E embora, por vezes, o discurso apresente uma leve abertura, esta é sempre vigiada, presente, por exemplo, no destaque em um de seus encaminhamentos quando enfantiza que ela, a BNCC, "necessita da aceitação e ajustamentos e que assim [...] *vai contribuir para o alinhamento de outras políticas e ações*" (BRASIL, 2018, p. 8).

Porém, acreditamos que, com o fluxo dos movimentos que os processos híbridos enunciativos possibilitam, é possível também que, nos mesmos projetos formativos/normativos, como é o caso da BNC da formação, com as negociações ambivalentes construídas, a ação homogeneizadora se torne impossível pela presença de processos de enunciação cultural dos sujeitos, que rompe com o que apenas se pretende normativo e busca por identificações contínuas, desconstruindo a ideia original de identidade e, segundo Burity (2008), se configura como "um momento instável de identificação".

Podemos afirmar, embasadas em Bhabha (2011), que as identidades são construídas discursivamente por significações fluidas e incompletas, em atos políticos de decisões e não como mera projeção e repetição de ações.

Os estudos culturais fazem menção à transformação das ações enunciativas para dialogar e apontar os movimentos de articulação cultural. Apontam o sujeito como produtor de sua identidade resultante da linguagem que cria e não apenas nomeia a realidade pelo ato enunciativo.

Movimentos de negociações e construção de sentidos nas políticas curriculares e a (des)construção de identidades

Com o entendimento de que o que direciona a enunciação são as relações sociais, quando esta exige do sujeito posicionamento pelas diferentes demandas conflitantes e que ao mesmo tempo dialogam entre si, a enunciação não se reduz ao individualismo, mas se exprime pela emergência de atos políticos que se constroem em diferentes coletivos, em suas vozes, ações e nas diferentes possibilidades que esse coletivo faz surgir em suas diferenças.

Os estudos sobre políticas curriculares têm mostrado os professores, em muito, como aqueles que executam as normas estabelecidas tanto pelo contexto do macro, quanto pelo contexto do micro, mesmo o primeiro estando estreitamente imerso neste último. Ainda que favoreça ou não a implementação das políticas curriculares, os movimentos e as (des)construções estão sujeitos a tais políticas, portanto, existe uma tentativa de rompimento com uma verticalização ao se imbricarem os diferentes contextos.

A articulação e agência são pontos fundamentais na análise dos movimentos de produção de significados das relações institucionais como é caso da escola. Sendo assim, as negociações geram relações contingenciais ao passo que as entendemos como fechamentos provisórios e produção de sentidos que nunca são superados. Trabalhar com o movimento de negociação é considerá--lo como movimento significatório nas articulações, que produzem identidades instáveis ou identificações e colocam em destaque a produção da diferença.

Assim, os documentos normativos colocados em ação para assegurar a formação em seus objetivos (em especial os mencionados neste texto: BNCC, DCNs, BNC da formação) nos convidam, na perspectiva em que estamos trabalhando, a ponderar sobre as disputas de poder, processos históricos, discursos e negociações presentes no seu desenvolvimento.

E nesse movimento, mesmo com todo o esforço de controlar os movimentos de significações na produção em prol de uma identidade fixa, os sujeitos envolvidos em tal movimento geram ações ininterruptas para a sua própria política curricular.

Sendo assim, o currículo se torna espaço liminar de passagem, de construção e não de fixação de identidades, em que estão presentes inúmeras relações e operações de poder. Nesse sentido, ao pensarmos em diferentes sentidos que podem ser construídos pelos sujeitos, reconhecendo as diferentes realidades socioculturais e as identificações ali presentes, os reconhecemos como espaços de tensão, de desconstrução, de recriação, possibilitadores de transformação da política curricular e das relações sociais.

As reflexões geradas pelas práticas curriculares, mobilizadas pelos marcadores teóricos aqui destacados, nos fazem conceber o currículo, na concordância com Lopes e Macedo (2011) quando defendem que:

> [...] não é possível responder o que é currículo apontando para algo que lhe é intrinsecamente característico, mas apenas para acordos sobre os sentidos de tal termo, sempre parciais e localizados historicamente. Cada nova definição não é apenas uma nova forma de descrever o objeto currículo, mas parte de um argumento mais amplo no qual a definição se insere (p. 10).

E como produtor de acordos e sentidos, o currículo sendo uma prática cultural, se afasta da ideia da produção de uma identidade pretendida para todos e se abre à diferença.

> Abrir o currículo à diferença implica recursar a perspectiva da identidade, rechaçar as fixações que criam as identidades como golpes de força sobre a possibilidade de ampla significação. Um currículo marcado pela diferença é um currículo concebido como cultura. Trata-se de ver o currículo como um processo de produção de sentidos, sempre híbridos, que nunca cessa e que, portanto, é incapaz de construir identidades. O que ele produz é diferença pura, adiamento de sentidos, e, portanto, necessidade incessante de significação. (Ibidem p. 227).

Esses movimentos no currículo se realizam no cruzamento dos diferentes e múltiplos espaços e contextos se apresentando em processo de hibridização que se dá considerando os rastros e as agências dos sujeitos, ou seja, na produção da diferença.

Os processos de agência das estratégias e interesses a serem apropriados, a fim de responder às demandas exigidas nos processos de articulação entre o macro e o micro, são apontados como conflituosos e negociáveis. São as investigações pertinentes de seu cruzamento que os concebem como embates criadores de negociações de sentidos.

Ao propor o exame dos aspectos referentes a produção de identidades sob uma perspectiva discursiva, entendemos com Laclau (apud GIANCAGLIA In: RODRIGUES e MENDONÇA, 2006) que os conflitos delimitadores demarcam o político e o que ocorre é um movimento de construção de identidades temporárias e fluidas que tem o social como uma estrutura aberta e o sujeito como descentrado.

> Trata-se de um sujeito cujas possibilidades de identificação não se esgotam e nem chegam a se completar: ele não é isso ou aquilo (essencial), nem isso nem aquilo em momentos e situações diversas (histórico), mas nem isso nem aquilo simplesmente porque isso e aquilo não existe de forma estabilizada (Ibidem, p. 229).

Nessa lógica, essas articulações podem ser entendidas como ação enunciatória e desconstrucionista, pois afirma o sujeito como agente ao mesmo tempo em que o impulsiona para o lugar do não conhecido, o lugar do indecidível e que é na negociação, entre a presença e a falta como possibilidade de criação e construção sempre incompleta, que esse movimento ocorre. E nesse mesmo movimento contingencial, a incompletude assinala seu caráter performático na ressignificação de enunciados, que não representa ou nomeia o mundo, mas o constrói pela cultura e atua na produção dos múltiplos contextos desarticulando os sentidos de um contexto ao outro.

Fixação da identidade por meio de política curricular na escola. É possível?

Por compreendermos que a prática das políticas curriculares requer pensar a realidade da escola ou do coletivo escolar a fim de atender às demandas construídas pelos sujeitos envolvidos em seus cotidianos, ficamos inquietos sobre a ideia desse movimento se transformar apenas em um pseudomovimento que tenta transformar uma realidade na mesma. Porém, a leitura de políticas curriculares pelos aportes já mencionados leva-nos a compreender que os marcos reguladores envolvem tensões que vão deixando seus escapes pelos caminhos, e nestes, há a possibilidade de mudanças e, ainda que existam inúmeras formas de controle para apagar os borramentos e manter o ordenamento, o intento de conter o movimento de construção de sentidos se torna impossível pela presença do conflito e das estratégias de negociação presente.

Neste sentido, a estratégia de significação da cultura e produção de identidade curricular se apresenta como um

> [...] repertório de significados, um conjunto de sentidos socialmente criados que permite aos sujeitos se identificarem uns com os outros. [...] Seus sentidos são construídos pela linguagem, pelo sistema de significação que nada mais são do que a própria cultura (LOPES e MACEDO, 2011, p. 184, p. 203).

O pensamento das autoras se aproxima de Bhabha, quando este afirma o enunciativo e reafirma as demandas políticas como produção cultural e elucida os espaços fronteiriços como locais de produção de sentidos. São nesses diferentes espaços que se promove uma desarticulação das identidades colocando-as em movimentos de ressignificação.

Tomamos por exemplo e para uma aproximação maior com as práticas escolares a questão do planejamento como prática indispensável, comumente utilizada como manutenção das tradições que tentam fixar uma ideia de ação instrumental nas relações pedagógicas que são travadas na escola e/ou em outros espaços que trabalham com o processo educativo que vem atuando como coadjuvante na ideia de identidade fixada de docência.

Nessa aproximação, inicialmente observamos a relevância dada ao planejamento e seus indicativos em políticas curriculares nacionais, através de programas de formação que tem tentado, por diferentes estratégias, o fechamento de sentidos, mas que pela via do entendimento de currículo como produção cultural, tal intenção não tem como ser alcançada.

Em pesquisa realizada por Axer (2018), na análise do Programa Nacional de Alfabetização na Idade Certa – PNAIC, problematizando o discurso da "idade certa" para alfabetizar, presente no programa, a autora destaca que um dos pontos de enfoque do referido programa é o planejamento, apontando que: "A importância do planejamento para o currículo da alfabetização parece ser uma tentativa de reedição de um currículo engessado para pensar a organização do ciclo de alfabetização" (p. 127), posto que é traduzido e enfatizado, no material de orientação do referido programa, a necessidade de um levantamento de situações para com os eixos do componentes curriculares, no caso destacado por Axer, o componente de língua portuguesa em função de atender a necessidade de aprendizagem das crianças, tratando de forma mecânica a organização do trabalho pedagógico, demarcando a rotina e o tempo na alfabetização para as ações na espera de um produto final, engessando as ações pela via do planejamento.

Axer destaca ainda que nessa política: "Esse entendimento de currículo como planejamento se aproxima muito de uma visão tradicional do campo em que se busca determinar que sujeito pretende-se formar: um sujeito que está ligado ao aprendizado, à eficiência, à preparação para a vida adulta e para o controle social" (p. 129) que retoma a base do currículo mecânico que se fundamenta na visão tyleiriana que defende a organização em busca de eficácia para o atingimento de objetivos que embasa o discurso da idade certa para a alfabetização através da defesa de ciclos (como um tempo sequencial marcado) de produção de um currículo nacional, pautado no controle da ação docente através de estratégias como a do planejamento sem considerar a potência que tem o currículo no deslocamento das intenções fixadas e na produção incessante de sentidos, presentes na própria política. Axer, em sua análise, vê o programa com vários deslocamentos e potencial produção de sentidos e o considera como algo instável em uma política inacabada, que é traduzida em todo momento e que, portanto, não consegue a fixação e centralidade a que se pretende.

De maneira semelhante, na BNC da formação de professores, o planejamento é tido como uma das competências específicas da dimensão da prática profissional a serem desenvolvidas na formação como destaca o artigo 4º no inciso I: "*planejar as ações de ensino que resultem em efetivas aprendizagens*". O planejamento, nesta perspectiva de competência, aparece como característica de causa e consequência, sem levar em consideração a possibilidade de ato performativo.

Segundo Vasconcellos (2002), nestas relações são constituídas as ideologias, interesses, utilidades e até mesmo as alienações, pois se apresenta na perspectiva da produção cultural como uma possibilidade ambígua de criação e se mostra tanto como capacidade de construção, bem como de transformação da realidade, mesmo que alienante.

De acordo com o autor, a falta de compreensão das suas ações, dissociadas dos pensamentos que permeiam as relações sociais e a intencionalidade do planejar, torna o trabalho intelectual alienado. Transforma as condições subjetivas em análises objetivas, dissociando os sentidos produzidos e significados atribuídos das ações pedagógicas.

Na reflexão sobre o planejamento como ato performativo, retomamos por empréstimo a ideia de Bhabha na compreensão de que as ações dos sujeitos se dão em um espaço de disputas de sentidos e ressignificação das práticas para contrapor com a ideia do planejar por uma vertente a qual enfatiza o planejamento como uma ação instrumental e comportamental que traduz a cópia do já idealizado, pois,

Ele identifica a existência de duas dimensões da cultura: a pedagógica e a performática. Associa a primeira à tradição e aos sentidos partilhados e define a segunda como um projeto de sentido, o que a primeira vista reedita a dicotomia reprodução/produção. A diferença, no entanto, está no fato de que Bhabha não propõe que se entenda a cultura como um somatório – a cultura é isso e também aquilo. Ao contrário, propõe que a cultura são os símbolos e sentidos produzidos num processo ambivalente que envolve reiterar e negar ao mesmo tempo. Essa ambivalência é própria da cultura e é ela que possibilita algum controle dos sentidos ao mesmo tempo que inviabiliza que esse controle seja total (Ibidem, p. 211).

É no espaço liminar de tensão entre uma dimensão pedagógica e uma dimensão performática que para Bhabha (2013) ocorre o processo de identificação cultural ou perda da identidade estática, é onde emerge o discurso das minorias. E os atos performativos e as enunciações vão significando este espaço, caracterizado por Bhabha, como espaço suplementar que interrompe a serialidade, superficialidade ou o instrumental das ações, inviabilizando o controle da produção de sentidos e a fixação.

> [...] A minoria não confronta simplesmente o pedagógico ou o poderoso discurso mestre com um referente contraditório ou de negação. Ela interroga seu objeto ao refrear inicialmente seu objetivo. Insinuando-se nos termos de referência do discurso dominante, o suplementar antagoniza o poder implícito de generalizar, de produzir solidez sociológica (p. 251).

De acordo com Vasconcellos (2002, p. 25), vem acontecendo que "o trabalho intelectual é tomado como fim em si mesmo, adequado a restritas aspirações profissionalizantes, desvinculando das causas, sentidos e compromissos que poderiam orientá-los". É a superficialidade de ações impostas, sem por que, e sentido, de maneira generalizada e binária no que se refere a teoria e prática.

Neste sentido é possível perceber que o planejamento educacional tem sido controlado por especialistas que por diferentes motivos, como repetições, os mecanismos de realização de tarefas e cumprimento de roteiros são apresentados como solução para a baixa produtividade escolar e como resposta às demandas sociais, econômicas e políticas em uma visão positivista. E, no dizer de Lopes e Macedo (2011), como sinalizador das mediações sobre o conhecimento, o planejamento, nessa perspectiva, baseia-se numa estrutura comportamentalista.

O ato de planejar, por ter em alguns momentos a ideia de controle sobre a prática a fim de transcrever as particularidades entre um contexto e outro, pode tentar apagar as diferenças sociais existentes combinando os conteúdos ao desempenho no que diz respeito ao processo de produção curricular. Ele está ligado às produções curriculares, pois o seu valor instrumental está associado ao suprimento de uma necessidade da falta de produção escolar, oscilando entre a ideia de seu papel mediador e antecipador das ações.

Com a afirmação de Vasconcellos, não pretendemos reafirmar as ideias tylerianas, nem as diferentes perspectivas mencionadas anteriormente sobre uma uniformização de um conjunto de objetivos com o propósito de obter uma padronização comportamental. O que destacamos e defendemos, com as ideias de Bhabha trazidas para o campo do currículo, é a importância dada às **experiências performáticas** do ato de planejar o currículo, relacionando-o ao processo da produção cultural curricular.

Neste sentido, implica dizer que, na perspectiva pós-estrutural de Bhabha, segundo Lopes e Macedo (2011), talvez seja impossível pensar em planejamento [...] como atividade que prevê e produz resultado. No entanto, não se pode negar sua presença nas ações da escola.

> [...] Não se pode, portanto, dizer que não há um planejamento do currículo como atividade a ser desenvolvida no espaço educativo, mas certamente esse planejamento não remete a um resultado, é um planejamento de atividades capazes de detonar a ação dos sujeitos em direção ao conhecimento que lhe seja significativo (Ibidem, p. 68).

Isso permite criar outros vários sentidos por intermédio da desconstrução dos sentidos que o ato de planejar como experiência performática projeta, pois,

> [...] Explicitar o quanto qualquer planejamento curricular é arbitrário e produzido em meio as relações de poder que tornam algumas coisas (in)dizíveis é a tarefa diária que talvez nos possibilite abrir espaço para o desplanejamento. Desplanejar não significa agir sem planejar, mas agir segundo um planejamento que, no mesmo ato, é desmontado. (Ibidem, p. 69).

Sendo assim, pela ideia do planejamento como **experiência performática** há a posição de que o planejamento curricular é uma elaboração de estratégias capazes de envolver sujeitos no processo de produção cultural. Também podemos conceber o planejamento como forma de traçar intenções que evidenciem as experiências geradas pelas relações sociais em que são articuladas por processos de hibridização e negociação, a fim de possibilitar aos sujeitos conhecimentos que levem a produção de significados.

Num âmbito contingencial, tais significados assinalam uma incompletude em seu caráter performático na ressignificação de enunciados enrijecidos pela linguagem e na desarticulação de sentidos de um contexto ao outro. Bhabha refere-se à performatividade como a agência do sujeito. Nesta agência, ele articula a identidade, a posição do sujeito e a transformação social por meio de processos enunciatórios. Ele se converte na maneira pela qual os sentidos geram outro lugar, o de enunciação que demarca a posição do sujeito, mesmo que de forma indeterminada e ambivalente.

Exposto isto, o ato de planejar também se configura como performático diante das políticas curriculares, pois tem caráter de empoderamento dos sujeitos participantes de sua elaboração para realização de suas práticas autorais e produção de suas identidades. E ainda que constitua significações contextualmente consideráveis está repleto de propósitos que penetram os contextos constituídos discursivamente.

> [...] nenhum contexto pode asseverar o fechamento de suas possibilidades de sentido, pois qualquer tentativa de codificá-lo e transplantá-lo para um contexto outro de descrição e interpretação pode gerar um novo contexto que excede o alcance anterior. (SCHMIDT, In: BHABHA, 2011, p. 36).

Então, o planejar não se dá apenas como metodologia a fim de obter currículos padronizados dentro de um sistema de objetivos e competências, mas também, pela concepção de currículo como produção cultural aqui defendida, o planejamento se dá como produção de sentidos, e, como ato enunciativo e performático, construído em diálogo entre os diferentes discursos e demandas dos espaços macro e micro.

Consideramos esses sentidos como produção política e incessantemente inserida em um movimento tenso de construção e desconstrução. E assim, ponderamos as produções curriculares como ações políticas que são fechadas apenas provisoriamente, pois estão inseridas e sujeitas a outros contextos e outras demandas que se criam no decorrer das relações sociais e interações culturais que se fazem ininterruptas nas experiências vividas pelos sujeitos em seus múltiplos espaços. E é isso que nos leva a responder à questão de que a fixação de identidades por meio da política curricular na escola não é possível, não passando de uma intenção que está sempre sob tensão.

Considerações

Operar com a concepção do currículo e a política curricular como produção cultural e a cultura como enunciação nos conduz as percepções das relações de poder, imersa em constantes disputas. Sendo assim, o ato político curricular traz uma perspectiva de múltiplas produções de sentidos e diferentes formas de significar uma identidade pretendida (HALL, 2005).

A multiplicidade que envolve a tensão entre o local/micro e global/macro é atravessada por disputas de poder que por meio da diferença como dispositivo-discursivo contribui para organização desigual do poder e demanda outras maneiras de se entender a política de formação através de identidades híbridas

(HALL, 2005). As análises realizadas até aqui articulam com a concepção de política como algo incompleto que se hibridiza em um constante ciclo de deslocamentos não verticalizado de produção de cultura.

Nestes deslocamentos e articulações da política, percebemos as relações estabelecidas entre diferentes instâncias que conduzirão a construção de novos discursos, envolvendo sujeitos, contextos e demandas. E neste sentido, a ideia de produção de identidades pode acabar por expressar um caráter apenas contingencial.

Acreditamos que o currículo é uma construção que se reconfigura incessantemente, considerando o que está posto e o que é mobilizado em cada contexto envolvendo questões que suscitam e articulam as condições de legitimação dos discursos curriculares.

Temos presenciado que, nas "novas" políticas curriculares, o ato de planejar é chamado como ação precípua para a ordenação pretendida. Entretanto é preciso compreender a impossibilidade da plenitude dos objetivos propostos e para além disso, temos ainda a construção de diferentes identificações e tensões nas intenções normativas, por meio das experiências performáticas que são construídas na escola, como as experiências de planejamento que pela compreensão da cultura e diferença desconstrói as ideias que primam por um comum identitário docente que não existe.

REFERÊNCIAS

AXER, Bonnie. **Todos precisam saber ler e escrever**: uma reflexão sobre a Rede de Equivalências da Alfabetização na Idade Certa. Rio de Janeiro-RJ: 2018. 241f. UERJ

BHABHA, Homi. **O local da cultura**. Belo Horizonte-MG: Editora UFMG, 2013.

BHABHA, Homi. **O terceiro espaço**: uma entrevista com Homi Bhabha. Revista do Patrimônio Histórico e Artístico Nacional, v. 24, p. 34-41, 1996.

BORGES, Verônica; PEIXOTO, Viviane Gualter. **Disputas discursivas em torno de uma identidade fixa docente**: quais demandas formativas estão sendo representadas? In: LOPES, Alice Casimiro; OLIVEIRA, Maria Betânia de. (orgs.). **Políticas de currículo**: pesquisas e articulações discursivas. Curitiba: CRV, 2017.

BRASIL. Ministério da Educação. Resolução CNE/CP nº 2, de 22 de dezembro de 2017, Institui a **Base Nacional Comum Curricular** - BNCC Brasília, 2018.

BRASIL. Resolução Nº 02/2019/CNE - **Institui as Diretrizes Curriculares Nacionais para a formação de professores para a educação básica - DCNs**, Brasília, 2019.

BRASIL. Ministério da Educação. CNE/CP Nº 2, DE 20 DE DEZEMBRO DE 2019, **Base Nacional Comum para a Formação Inicial de Professores da Educação Básica – BNC**, Brasília, 2019.

BURITY, Joanildo Albuquerque. **Psicanálise, identificação e a formação de atores coletivos**. Colección INPISO. Instituto de Pesquisas Sociais, FUNDAJ, Fundação Joaquim Nabuco, Recife, Pernambuco, p. 1-25, 2008. Disponível em: http://www.fundaj.gov.br/geral.

GIACAGLIA, Mirta A. **Política e subjetividade no pensamento de Ernesto Laclau**. In: RODRIGUES, Léo Peixoto; MENDONÇA, Daniel de (Org.). Ernesto Laclau e Niklas Luhmann: pós-fundacionismo, abordagem sistêmica e as organizações sociais. Porto Alegre: EDICPUCRS, 2006.

HALL, Stuart. **A centralidade da cultura**. Notas sobre as revoluções culturais do nosso tempo. Educação e realidade, Julho a dezembro de 1997.

HALL, Stuart. **A Identidade Cultural na Pós-Modernidade**. Rio de Janeiro: DP&A, 2005.

LOPES, Alice Casimiro; MACEDO, Elizabeth. **Teorias de currículo**. São Paulo: Cortez, 2011.

PAIVA, Edil V. de; FRANGELLA, Rita de Cássia Prazeres; DIAS, Rosanne Evangelista. Políticas curriculares no foco das investigações. In: MACEDO Elizabeth; LOPES, Alice Casimiro (Organizadoras). **Políticas de currículo em múltiplos contextos**. São Paulo: Cortez, 2006 (Série cultura, memória e currículo: v. 7).

POPKEWITZ, Thomaz; LINDBLAND, Sverker. **A fundamentação estatística, o governo da educação e a inclusão e exclusão sociais**. Educação e Sociedade. Campinas, v. 37, n. 136, p. 727-754, jul./set., 2016.

SCHMIDT, Rita T. O pensamento-compromisso de Homi Bhabha: notas para uma introdução. In: BHABHA, Homi. **O Bazar Global e o clube dos cavalheiros ingleses**. Rio de Janeiro: Rocco, 2011.

VASCONCELLOS, Celso dos S. **Planejamento Projeto de Ensino-Aprendizagem e Projeto Político Pedagógico – elementos metodológicos para elaboração e realização**. 10. ed. São Paulo: Libertad, 2002.

PROCESSOS DE NEGOCIAÇÕES--ARTICULAÇÕES NO TERRENO DO INDECINDÍVEL: produção de políticas--práticas curriculares no agreste pernambucano

Maria Julia Carvalho de Melo
Tamires Barros Veloso
Lucinalva Andrade Ataide de Almeida

Primeiras palavras

No presente capítulo objetivamos analisar as articulações-negociações estabelecidas entre as políticas e as práticas curriculares de professoras dos anos iniciais do Ensino Fundamental do agreste pernambucano. Para isso nos vinculamos a sentidos de práticas curriculares que as compreendem como aquelas que, tecidas no cotidiano, podem ser encontradas nos saberes e fazeres daqueles que praticam o currículo, enquanto lugar de recriação, superando o sentido de aplicação de currículo prescrito. Mas enquanto lugar de recriação, as práticas curriculares são igualmente resultados das políticas e das relações que o professor, enquanto um dos autores do currículo, estabelece com os demais sujeitos da escola (MELO; ALMEIDA, 2019).

Assim, consideramos a impossibilidade de demarcar um currículo estático expresso em documentos formais que atende apenas a uma burocracia, por isso o percebemos enquanto elemento vivo que influencia a prática e é por ela influenciada. As políticas são, pois, ressignificadas nos diferentes contextos escolares, dessa forma "[...] o contexto da prática é onde a política está sujeita à interpretação e recriação e onde a política produz efeitos e consequências que podem representar mudanças e transformações significativas na política original. [...]" (MAINARDES, 2006, p. 53).

Frente a essa produção discursiva, nos vinculamos à Teoria do Discurso (LACLAU; MOUFFE, 2000), segundo a qual o discurso é fala, mas também prática (BURITY, 2007). Nesta dimensão, não negamos a existência material das práticas curriculares, mas afirmamos que elas só são o que são porque estão inseridas na escola e porque aqui estamos para significá-las. Questionando posturas essencialistas e agindo no espaço da indeterminação (BURITY, 1997), buscamos atender a nosso objetivo a partir da análise das práticas curriculares de professoras do agreste pernambucano, mais especificamente do município de Caruaru.

Como sujeitos de pesquisa, selecionamos seis professoras que atuavam nos anos iniciais do Ensino Fundamental de Caruaru, tendo como instrumentos de coleta de dados, entrevistas e observação das práticas em diálogo com as políticas e/ou programas[40], materializados enquanto textos, que foram sinalizados pelas professoras, dentre os anos de 2017 a 2021. Uma temporalidade responsável por demarcar ao menos três contextos contingentes capazes de produzir diferentes articulações-negociações entre as políticas e as práticas curriculares investigadas.

Assim, partindo da compreensão que "[...] todos os objetos e práticas têm um significado e os significados sociais são contextuais, relacionais e contingentes" (HOWARTH, 2005, p. 39), a produção das práticas curriculares evidenciaram que as professoras participantes criaram suas práticas curriculares utilizando de algum referencial externo estabelecendo processos de negociações-articulações com suas perspectivas individuais. Entretanto, as articulações político-hegemônicas sempre podem mudar, e identificamos que mudaram ao longo do recorte de nossa pesquisa, por isso se constituem como fonte de esperança (LACLAU, 2004) de que outros sentidos são possíveis, o que, ao tomarmos essas conceituações, implicou considerar a impossibilidade de constituição de toda essência *a priori* das práticas curriculares.

Negociação-articulação discursiva na constituição da prática curricular

Importa inicialmente evidenciar que construímos nosso sentido de prática curricular a partir da noção de precariedade, ao considerarmos "[...] que toda produção de sentido está sempre tendente a ser alterada em função da natureza relacional que envolve a constituição de um sistema discursivo" (MENDONÇA, 2014, p. 82). Desse modo, indicamos que nenhum discurso se faz de uma vez por todas, pois sua construção está sempre inscrita em um contexto específico, situado histórica e socialmente. Ao nos basearmos nessa perspectiva, nos vinculamos a sentidos de currículo fixados apenas parcialmente, ou seja, inscritos na contingência e na impossibilidade de totalidade discursiva.

Nessa linha, entendemos o currículo como prática discursiva, por essa razão enxergamos a possibilidade dos professores se inserirem no jogo de disputa não só pela sua tradução, mas também pela sua produção. Inscritas nesse sentido, tomamos como posição a não aceitação da total prescrição curricular,

---

40 Essas políticas e/ou programas mencionados diziam respeito ao SEFE (Sistema Educacional Família e Escola), ao PNAIC (Pacto Nacional pela Alfabetização na Idade Certa), ao PNLD (Programa Nacional de Livros Didáticos), ao ICE (Instituto de Corresponsabilidade pela Educação), ao IQE (Instituto Qualidade no Ensino), à BNCC (Base Nacional Comum Curricular), e ao Simplifica, tendo suas demandas negociadas--articuladas, em diferentes momentos e contextos, com as práticas curriculares das professoras.

nem a total autonomia das escolas e dos professores (MELO; ALMEIDA; VELOSO, 2020).

Partimos de uma noção de político que não subsiste apenas no Estado, mas está onde quer que se produza uma ordem das coisas, um regime de práticas sociais (LOPES; MENDONÇA; BURITY, 2015). Isso nos possibilita atuar destituindo dicotomias que atribuem à produção do processo da política curricular a centralidade do Estado, resguardando à prática curricular apenas o caráter de implementação, para pensarmos nas possibilidades de significação das práticas curriculares construídas nos cotidianos das escolas e salas de aula em sua condição de produtora também de políticas curriculares (FERRAÇO, 2017).

Em nossa produção discursiva, o currículo se apresenta como a corporificação das políticas curriculares, funcionando como elo com a sociedade. Diante disso, é também cenário para os conflitos entre os ideários globais e a perspectiva local, que tenta resistir às pressões da economia. É nele que encontramos o perfil formal da educação e onde podemos enxergar as perspectivas das políticas curriculares em confluência com as perspectivas das instituições educativas. O currículo, então, como construção derivada das políticas é, igualmente, resultado das interpretações dos atores que o praticam e o recriam no momento em que o colocam em ação.

Consideramos, desse modo, o currículo como um ciclo político, contínuo e dinâmico (FRANGELLA, 2013), em que processos de negociação entram em cena nas articulações entre a política e a prática curricular. A noção de negociação, indica assim, que os sentidos curriculares não estão e nem podem ser totalmente definidos, mas que a todo momento estão sendo significados com base em consensos conflituosos, evidenciando a operação do político no jogo de significação da prática curricular (VELOSO, 2021).

Desse modo, o processo de negociação e disputas por sentidos de práticas curriculares implica na negação do fechamento absoluto e abertura sempre para novas possibilidades de significações (FRANGELLA, 2020), enquanto que a prática de articulação se estabelece como o momento em que essas significações são produzidas provisoriamente, uma vez que, de acordo com essa perspectiva, "[...] articulação implica na construção de uma nova síntese, na qual a recomposição dos fragmentos é artificial, contingente. Ela não repõe uma unidade orgânica original" (BURITY, 1997, p. 11).

Diante disso, o sentido a de currículo que nos vinculamos ao articular-se com o sentido de currículo praticado se traduz na compreensão de prática curricular enquanto prática social e como uma produção discursiva "[...] que se produz histórica e contingencialmente a partir de disputas e negociações [...]" (MELO; ALMEIDA; LEITE, 2020, p. 20). Dessa forma, partimos "[...] de uma noção de currículo como movimento que relaciona planejamento, organização, seleção, conteúdos, estratégias, avaliação e tantas outras dimensões do pensar-viver a aula e a sala-de-aula" (SILVA; GONÇALVES; ALMEIDA, 2018, p. 127).

Apresentamos, então, um sentido de currículo que não o coloca mais na posição de documento estático, mas como elemento vivo sujeito às mudanças. Essas mudanças são decorrentes do confronto de interesses entre os múltiplos decisores curriculares que lutam pela hegemonia de um sentido sobre outros. Assim, "nessa perspectiva de análise, alguns dos diferentes discursos circulantes tornam-se hegemônicos quando passam a constituir uma dinâmica de conhecimento capaz de reestruturar o entendimento das relações sociais, tomando certas particularidades como universais" (LOPES, 2006, p. 40).

Evidenciamos, portanto, uma cadeia equivalencial que articula um sentido de currículo como espaço público, ou seja, como espaço que possibilita a existência de diversos autores que recriam cotidianamente o currículo no chão da escola e influenciam a produção de novas políticas curriculares, que igualmente influenciam a ressignificação do currículo praticado.

Análise dos processos de negociações-articulações discursivas na constituição das práticas curriculares dos professores do agreste pernambucano

Partindo da Teoria do Discurso e compreendendo a impossibilidade de fechamento último dos sentidos, nos dedicamos a analisar como se deram as articulações-negociações estabelecidas entre as políticas e as práticas curriculares de professoras dos anos iniciais do Ensino Fundamental do agreste pernambucano face à orientação prevalecente no país de um currículo prescrito para todo o território nacional, tal como a Base Nacional Comum Curricular (BNCC).

Assim, percebemos no Brasil um projeto de universalização e homogeneização dos conhecimentos, conteúdos e culturas, partindo de um discurso de efetivação de objetivos conteudinais a serem alcançados pelos professores e alunos. Entretanto, nos contextos investigados identificamos movimentos de fugas discursivas das políticas produzidas no currículo praticado pelas professoras. Dessa forma, baseamos nossa análise, compreendendo que a leitura das políticas pelas práticas curriculares se constituíram enquanto momento de ação criativa (FRANGELLA, 2013).

Falamos em contextos no plural, uma vez que, apesar de se referirem à mesma região, se materializaram em temporalidades diferentes o que possibilitou a produção de diferentes práticas articulatórias nas práticas curriculares das professoras. Nessa dimensão, ao discutirmos os dados coletados entre os anos 2017 a 2021, evidenciamos a emergência de negociações-articulações demarcadas por influências políticas, sociais, culturais, históricas contingenciais. Assim, as articulações estabelecidas nesses contextos representaram fechamentos provisórios e contingentes dos processos de significação inscritos no terreno do indecidível (FRANGELLA, 2013; LACLAU, 2011).

Contexto de negociação-articulação entre as demandas do SEFE e PNAIC, e as práticas curriculares das professoras

Diante das especificidades contextuais que demonstraram "[...] uma declaração de intenções e intencionalidades (que) estiveram baseadas no contingente histórico e social" (ALMEIDA; LEITE; SANTIAGO, 2013, p. 133), percebemos inicialmente que, enquanto fechamento provisório, as ações articulatórias produzidas nas práticas curriculares foram decorrentes das alterações políticas sofridas no município de Caruaru[41]: em nível local, houve a mudança de gestão municipal que resultou na assunção de outras políticas, mas também a expansão da política de escola de tempo integral no estado de Pernambuco, enquanto em nível nacional houve a aprovação da BNCC que passava a se fazer presente também nas políticas assumidas localmente.

No que se refere à mudança de gestão municipal, as professoras indicavam que ela provocou processos de descontinuidade de políticas e/ou programas que estavam em andamento nos anos anteriores. Assim, esse cenário de descontinuidade já identificado em outras pesquisas (BALL, 2001; ALMEIDA; LEITE; SANTIAGO, 2013), as quais demonstram que a ascensão de novas políticas é promovida graças às críticas e ridicularização das políticas antecessoras, vistas como ineficientes, materializou-se no contexto local produzindo uma organização curricular temporária.

Essa organização curricular apresentou, pois, uma orientação inicial da Secretaria de Educação com a proposição do tema anual a ser articulado por todas as disciplinas, mas, em contrapartida, não trouxe nenhuma política orientadora, o que permitiu às escolas e aos professores fabricarem suas próprias respostas às demandas evidenciadas pelo cotidiano. Respostas essas baseadas mais na ausência de orientações do que na assunção de uma postura autônoma.

Frente a isso, entendemos que as escolas são instituições curricularmente inteligentes e "[...] neste sentido, são elas que melhor colocadas estão para, face ao conhecimento que têm das realidades que convivem, encontrarem as melhores soluções" (LEITE, 2014, p. 16). Contudo, essa compreensão não supõe que as políticas curriculares sejam desnecessárias, uma vez que elas se corporificam como produção de intenções de um projeto educativo a ser assumido por um contexto.

---

41 Localizada no agreste pernambucano, a oeste da capital do estado, com distância de aproximadamente 130 km da cidade do Recife, Caruaru, conhecida como a "Princesa do Agreste", se constitui como a cidade mais populosa do interior de Pernambuco, tendo uma população de 289.086 habitantes (segundo informações do Instituto Brasileiro de Geografia e Estatística – IBGE – relativos ao ano de 2009), se configurando, pois, como uma das principais cidades do estado (CARUARU, 2017).

Nessa direção, consideramos que há uma diferença substancial entre não apresentar uma política que orienta o projeto educativo do município e entre apresentar como projeto o reconhecimento do poder de decisão das escolas e de seus professores. Ou seja, o município de Caruaru, a partir da mudança de gestão, rompeu com as políticas anteriores e ao fazer isso contribuiu para a produção de micropolíticas nos contextos escolares, mas uma produção realizada mais pelas necessidades imediatas identificadas do que pela assunção da importância de criação de projetos contextuais.

Desse modo, as professoras fabricaram suas práticas curriculares a partir das demandas que identificaram em suas salas de aula. Isso significou dizer que praticaram um currículo criado em meio à ausência de políticas orientadoras, muito embora sentissem falta de um projeto educativo assumido pelo município.

> Veja, atualmente, não tem nenhum programa que esteja sendo vivenciado na rede municipal, a não ser um tema anual que a secretaria sempre lança pra que seja trabalhado ao longo do ano. Claro, se é anual. Que é sobre Pernambuco esse ano. Mas de programa, de projeto, de política, atualmente não existe nenhuma. E esse projeto, esse tema anual que é lançado, é colocado na reunião do primeiro dia do início do ano letivo, e aí a gente vai desenvolvendo de acordo com o que a gente deseja, de acordo com a necessidade... (Professora Valéria, entrevista, 2017).

Diante dessa realidade, as professoras criaram suas práticas curriculares de acordo com as marcas pessoais e profissionais impressas em suas subjetividades, e com o que consideravam que era preciso ensinar aos seus alunos. Mas essas subjetividades que praticavam o currículo eram marcadas também por políticas do passado, aquelas que estiveram presentes nos anos anteriores de sua atuação na docência. Assim, as políticas foram substituídas por novas, mas sua presença nos cotidianos ainda podia ser sentida.

Identificamos, como domínio comum nas entrevistas, a presença do programa SEFE (Sistema Educacional Família e Escola), assumido pelo município de Caruaru em anos anteriores, o qual fornecia material didático pedagógico para os alunos e formação aos professores. Assim, as professoras entrevistadas mencionaram o SEFE como política que ainda influenciava no processo de produção de suas práticas curriculares.

> Eu pego os livros também que têm na escola, que a gente vivencia, que é os livros que vêm do PNLD e os livros também do que a gente ainda esse ano trabalha, com esse SEFE, que foram os livros adotados pela prefeitura, e eu vou organizando as aulas de acordo com a sequência, não assim, não essa sequência linear, tá entendendo? Mas eu vou vendo assim, a questão das necessidades das crianças, o que elas tão apontando de necessidade,

para que eu vá conduzindo as aulas. Então, eu vou planejando a partir disso, e pesquisando também na internet atividades que possam contribuir com esse plano, com esse planejamento também. (Professora Estephane, entrevista, 2017).

Percebemos a promoção de práticas articulatórias entre diferentes materiais didático-pedagógicos fornecidos pela Secretaria de Educação, incluindo políticas e/ou programas que não mais eram assumidos pela Secretaria, a exemplo do SEFE. Essas práticas articulatórias foram realizadas, no entanto, baseando-se nos interesses e necessidades identificados pela professora ao praticar um currículo com seus alunos.

Articulado ao SEFE, o PNAIC (Pacto Nacional pela Alfabetização na Idade Certa), política nacional que objetivava assegurar a alfabetização de todas as crianças até o fim do 3º do Ensino Fundamental, também foi mencionado pelas professoras. Contudo, assim como o SEFE, o PNAIC não se encontrava mais em atuação no município de Caruaru, o primeiro diante das mudanças de gestão municipal, conforme já discutimos, e o segundo diante das mudanças de gestão nacional. Desse modo, o PNAIC sofreu transformações devido à conjuntura sócio-política do país, sendo abertas as inscrições para a adesão dos municípios à política no meio do ano letivo de 2017.

Mesmo diante da ausência do PNAIC, assim como percebemos nas falas anteriores sobre o SEFE, as professoras mencionaram as formações desenvolvidas por essa política como elemento contributivo na criação de suas práticas curriculares, especificamente no que dizia respeito ao planejamento e à escolha das atividades para sua materialização.

> [...] eu aprendi muito no PNAIC, principalmente, a trabalhar com a ludicidade, a trabalhar com jogos. Eu gostei bastante! Eu fiz até meu TCC da pós em relação ao PNAIC, quais eram as contribuições que as formações davam às professoras alfabetizadoras. E eu gostei bastante do trabalho, foi positivo (Professora Luisa, entrevista, 2017).
> [...] No PNAIC se trazia planos, principalmente, de Português que é linguagem, se trazia ou apresentava o que se pretende trabalhar. Então, a partir daquilo eu pego e aí eu vou ver a realidade das crianças. A partir daquela realidade inicial das crianças, eu vou estabelecendo aquilo que vai ser trabalhado ao longo do ano (Professora Estephane, entrevista, 2017).

Percebemos, então, que o PNAIC como uma proposta de currículo orientada a partir de "[...] direitos de aprendizagem gerais, que permeiam toda a ação pedagógica" (BRASIL, 2012, p. 31), se articulou ao SEFE no processo de produção das práticas curriculares das professoras, que ainda considerou as subjetividades das mesmas e o que elas entendiam como necessário ensinar. Assim, a política ao propiciar o encontro de professores e a partilha de suas experiências, bem como de novas atividades que podiam ser utilizadas na alfabetização e letramento de crianças e jovens, também possibilitou às professoras recriarem o currículo que praticavam a partir de como vivenciam e interpretavam essa política.

Importante salientar, no entanto, que os processos de significação que envolveram a produção das práticas curriculares das professoras em questão ocorreram dentro de um contexto social e político que permitiu que articulações fossem realizadas entre as demandas do SEFE, PNAIC, PNLD (representado pelos livros didáticos que eram utilizados durante a elaboração do planejamento) e as subjetividades das professoras. Contudo, essa cadeia equivalencial construída a partir dessas demandas foi desestabilizada a partir do momento em que outras políticas passaram a ser assumidas tanto em nível nacional, como a BNCC, quanto em nível local, como a política de educação de tempo integral que vem sendo expandida em todo território pernambucano.

Assim, com a desestabilização, foram incorporadas novas demandas, e o que estava para além da fronteira que demarcava a cadeia equivalencial passou a questionar sua estabilidade (LACLAU, 2012). Dessa forma, outras negociações-articulações foram realizadas, sendo responsáveis pela produção de novas maneiras de praticar o currículo, mas também pela manutenção de outras. Considerando, portanto, que "[...] a história não é unificada através de uma série de etapas coerentes, dominadas por uma lógica teleológica, mas é uma série de rupturas que não têm uma linha de continuidade" (LACLAU, 2012, p. 36), apresentamos, a seguir, a análise inscrita na possibilidade de mudança histórica radical.

Contexto de negociação-articulação entre as demandas do ICE e IQE, e as práticas curriculares das professoras

Frente à desestabilização da cadeia equivalencial que formava até então as práticas curriculares das professoras, novos movimentos de negociações-articulações foram produzidos, nomeadamente a partir da influência da política de educação de tempo integral em Pernambuco. Esta que favorecida pela formação do chamado Procentro (Programa de Desenvolvimento dos Centros de Ensino Experimental), foi responsável pela implantação das escolas *charter* no Brasil, baseadas em um modelo de gestão compartilhada entre os setores público e privado e que, por isso, não sofrem as mesmas regulamentações que a maioria das escolas públicas (MARQUES, 2017).

Em Pernambuco, o Procentro se articulou ainda com o ICE[42] (Instituto de Corresponsabilidade pela Educação), que passou a exercer bastante

---

42 O ICE é uma entidade privada, sem fins lucrativos, que visa a melhoria da educação pública em nível médio em Pernambuco e no Brasil. Atua por meio da mobilização da sociedade e da classe empresarial e

influência na Secretaria de Educação do estado. Uma influência que começou a se estender nas secretarias municipais de Educação, chegando ao município de Caruaru em sua proposta de educação em tempo integral.

O ICE foi, dessa forma, a organização em que a Secretaria de Educação de Caruaru se baseou na implementação de escolas em tempo integral no município. O Instituto foi ainda, uma recorrência nos discursos das professoras, o que veio nos demonstrar seu papel na fabricação de práticas curriculares, conforme pode ser observado em uma conversa estabelecida entre as professoras Valéria e Monalisa na sala dos professores:

> Monalisa mostra um material didático antigo a uma pessoa da coordenação da escola que adentra a sala dos professores:
> - Eu vou fazer isso aqui com as palavrinhas. (Monalisa ao se referir a um material de alfabetização baseado na junção de sílabas para formação de palavras, tais como PA-TO, BO-LA)
> - Pois esconde isso do ICE, porque se eles virem uma coisa dessas... (Valéria fala ao ver o material didático que Monalisa está mostrando).
> (Diário de campo 05/09/2018).

Esse extrato de conversa entre as professoras nos indicou quais relações a prática curricular estava estabelecendo com as políticas e/ou programas em curso na escola, em específico com o ICE, demonstrando que as escolhas dos métodos de ensino realizadas diariamente pelos professores estavam sendo influenciadas pelo modelo pedagógico proposto pelo Instituto. Mas também indicou percursos de fugas discursivas evidenciados a partir do dizer de Valéria, quando esta não repreendeu a utilização do método de ensino da colega, nem a incentivou a modificá-lo por ele não corresponder à proposta do ICE. Valéria apenas sinalizou a possibilidade da subversão da proposta a partir da utilização do método sem o conhecimento do ICE.

Encontramos, aqui, o paradoxo que produz o conjunto da ação social, onde há liberdade para a fabricação de práticas curriculares que não se pretendem constituir enquanto ordem estrutural objetiva, mas que ao mesmo tempo, enquanto ação social, tende à eliminação das próprias condições de liberdade (LACLAU, 2000).

Podemos identificar, então, uma tentativa de controle das práticas curriculares pelo modelo de escola proposto pelo ICE, que buscou saturar os demais projetos contextuais de produção de currículo da escola em questão. Com isso, consideramos que "[...] há, no currículo, como em toda prática de significação, um desejo de controle, uma redução de uma infinidade de

---

fundamenta-se na ética da corresponsabilidade e busca soluções educacionais inovadoras e replicáveis, que sejam capazes de formar jovens autônomos, solidários e competentes, preparados para o mercado de trabalho e para a vida. O Instituto realiza ações diretas ou em parceria com outras organizações, interagindo com órgãos do setor público da área de educação e afins (MAGALHÃES apud MARQUES, 2017, p. 27).

sentidos àqueles tornados possíveis pelos jogos de poder" (MACEDO, 2015, p. 903), mas que fracassa, uma vez que nenhum controle satura tudo. Isso porque existe sempre algo que escapa e produz um exterior que é excesso, um exterior que foge do controle e se torna a possibilidade de dizer e fazer algo inscrito na imprevisibilidade do cotidiano escolar.

A aposta na contenção das traduções das políticas também é um movimento visto na Base Nacional Curricular Comum (BNCC), política esta a que o ICE, nos documentos disponibilizados aos professores, faz referência. Assim, a BNCC busca conter a proliferação de projetos curriculares contextuais, colocando no lugar uma proposta de currículo unificador baseada na relação centralizadora curricular-avaliação-responsabilização do professor (CUNHA; LOPES, 2017). A responsabilização do professor diz respeito ao fracasso escolar, mas não enquanto compreensão do professor como gestor do currículo.

Assim, os documentos do ICE baseiam suas demandas na articulação com as demandas da BNCC, conforme pode ser visto a seguir: "[...] o Modelo da Escola da Escolha lança mão de inovações pedagógicas (sua Parte Diversificada) que, integradas ao desenvolvimento da Base Nacional Comum do currículo, favorecem o pleno desenvolvimento do estudante" (ICE, 2016, p. 10).

Para além das que já mencionamos, as articulações se configuraram ainda com o IQE (Instituto Qualidade no Ensino), parceiro do ICE, este primeiro responsável pelas avaliações externas de português e matemática realizadas na escola, e pelo envio de material didático incorporado nas práticas curriculares dos professores.

Associado, então, às inovações pedagógicas propostas pelo ICE através da "Escola da Escolha", entrou em articulação na feitura das práticas curriculares um programa que, para além de promover avaliações do desenvolvimento dos alunos, distribuía material didático com a intenção de fazer os alunos alcançarem os índices de aprendizagem propostos pelas próprias avaliações. Essa articulação nos evidenciou também, a forma como na educação brasileira vem sendo incorporado um indicador de qualidade baseado na aferição da capacidade cognitiva dos estudantes através de testes padronizados (OLIVEIRA; ARAÚJO, 2005).

Dessa forma, consideramos que o ponto nodal que condensou as demandas do ICE (consequentemente, da BNCC a que o ICE faz referência) e do IQE na produção de políticas curriculares no contexto caruaruense, diz respeito à tentativa de conter a tradução de todo texto, de conter a heterogeneidade de respostas frente ao texto, incorporando na escola uma única forma de lê-lo. Contudo, "[...] se há tentativa de controle e violência, há o *texto em excesso*" (CUNHA; LOPES, 2017, p. 32) que nenhuma política ou programa pode subjugar, o que pôde ser visto nas fugas discursivas produzidas nas práticas curriculares dos professores.

Enquanto fugas discursivas, foi possível notar a produção de práticas curriculares coletivas responsáveis pela criação de projetos que, ao mesmo tempo em que buscavam atender as demandas das políticas e programas, buscavam satisfazer as necessidades pedagógicas das professoras. Assim, as professoras propuseram um projeto que tinha como objetivo a preparação das crianças para as provas de avaliação externa. Formulado colaborativamente pelas professoras, o projeto consistia na elaboração de simulados que deveriam conter questões de avaliações passadas do IQE.

> Em um momento na sala dos professores, Valéria e Rogéria começam a discutir sobre os simulados que intencionam aplicar em suas respectivas turmas:
> – Olha aqui tem porcentagem, eu ainda não dei porcentagem. (Diz Valéria sobre uma questão de avaliações passadas do IQE)
> – Pois é, eu também não. (Afirma Rogéria)
> – É isso que to falando, ta na hora da gente começar a falar aos poucos sobre isso. (Diz Valéria se dirigindo a Rogéria, mas depois continua se dirigindo às outras professoras do 5º ano)... Vocês sugerem alguma data para o simulado? Decidimos o dia e o professor fica livre para aplicar de manhã ou de tarde. (Valéria)
> Ao ver que as professoras não estavam se decidindo sobre a data, Valéria diz:
> – Então, quarta dia 5. Ta decidido! A maioria concordou. (Valéria)
> – Maioria não, que eu e nem ela concordamos. (Diz Rogéria apontando para a professora Patrícia)
> – Aplicamos Português e Matemática? Eu acho que não dá tempo, porque a intenção não é avaliar, é ensinar, corrigir coletivamente. Demora muito. (Analisa Valéria)
> – Então só aplica Português e depois Matemática. (Rogéria) (Diário de campo, 20/08/2018).

O projeto do simulado pretendeu, portanto, criar aproximações entre as avaliações externas e as práticas das professoras. Entretanto, associado a isso, interpeladas pelas práticas das colegas, as professoras interpretaram o texto político do IQE e buscaram hegemonizar uma leitura desse texto, segundo a qual as avaliações também eram lugares de ensino e aprendizagem. Assim, consideramos, junto com Lopes e Macedo (2011), que "[...] os praticantes do currículo trazem histórias, experiências, valores e propósitos a partir dos quais leem textos políticos e isso também implica lutas por hegemonizar determinadas leituras" (p. 260), o que significa dizer que a indeterminação do texto político possibilitou que, na leitura do IQE realizada, fossem produzidas práticas curriculares coletivas.

Contexto de negociação-articulação entre as demandas do Simplifica, BNCC, as políticas emergenciais no contexto da pandemia da COVID-19 e as práticas curriculares das professoras

Enquanto permanência nas ações articulatórias, nesse contexto também foi possível perceber a presença da gestão compartilhada entre os setores públicos e privados, embora agora ela se desse através do programa Simplifica, demonstrando que esse momento "[...] tem se configurado enquanto ocasião do Estado neoliberal adentrar em uma nova etapa de seu desenvolvimento, uma etapa ainda mais poderosa do que a anterior" (LOPES, 2020, p. 125).

Entretanto, essas ações foram desenvolvidas em um cenário de pandemia que, exigindo o distanciamento social, como forma de impedir o contágio da *Coronavírus Disease 2019* (COVID-19), promoveu processos educativos remotos e/ou a distância. Dessa forma, as práticas curriculares estavam sendo produzidas em meio a intensificação do trabalho do(a) professor(a) (GEMELLI: CERDEIRA, 2020), demonstrando o desenvolvimento de uma cultura performativa que pede por práticas inovadoras e responsabiliza o(a) professor(a) pelo sucesso ou fracasso dos novos modos de viver a educação.

Frente a isso, identificamos nesse contexto a recorrência do programa Simplifica nos discursos das professoras como proposta política que influenciou, em um primeiro momento, a produção de suas práticas curriculares construídas no cenário pandêmico da COVID-19. No site do "Simplifica", explica-se que:

> Simplifica é o programa criado pelo Amplifica em parceria com a Fundação Lemann e a Imaginable Futures para criar experiências pedagógicas mediadas pela tecnologia e disponibilizadas gratuitamente para os estudantes do Ensino Fundamental: anos iniciais e finais. "Utilizamos plataformas e ferramentas Google For Education para que diversos professores do Brasil que agora trabalham remotamente possam aplicá-las em seus contextos educacionais". (SIMPLIFICA, 2020, s. p).

Do mesmo grupo dito "não governamental e apartidário" do "movimento pela Base", o Simplifica, de acordo com as informações apresentadas no próprio site do programa, foi criado por redes políticas com alcance internacional (como o Amplifica, Imaginable Futures) em parceria com a Fundação Lemann, sob a justificativa de apresentar supostas "soluções" aos estudantes e professores/as frente às demandas de ensino-aprendizagem emergidas a partir do cenário de pandemia.

Nessa direção, ressaltamos que a BNCC funciona enquanto um grande "guarda-chuva", que se apresenta não apenas como política curricular que tem um único sentido e uniforme em suas prescrições, mas como discurso político presente em diversos programas e projetos adotados pelas secretarias e incorporados nas práticas curriculares como "auxiliares". Esses projetos e programas passam despercebidos, como se fossem meros coadjuvantes e como se a grande política mesmo fosse a BNCC, o que cria um "manto" discursivo por vezes "turvo", desviando as atenções da complexidade da trama político-discursiva.

O cenário pandêmico, nesse sentido, serviu como uma oportunidade para a expansão do mercado de pacotes de ensino que se apresentaram como propostas "solucionadoras" à educação pública. No momento em que os sistemas municipais de ensino e as escolas estavam buscando alternativas para desenvolvimento de práticas de ensino remotas, se fortaleceram as relações público-privadas nas definições de propostas curriculares na educação escolar pública.

O Simplifica, em sua proposta, tenta introduzir o uso de plataformas e ferramentas ligadas ao *Google For Education*, pacote do Google Suíte, apresentando tutoriais de como os/as professores/as podem utilizá-las em suas práticas curriculares – estrategicamente alguns materiais necessitam do uso dessas plataformas para serem acessados (YouTube, Google Drive etc.). Nisso, também disponibiliza sob a justificativa de "facilitar o acesso", principalmente dos alunos, materiais com as atividades em Portable Document Format (PDF) para serem baixadas diretamente por eles/as ou serem encaminhadas pelos/as professores/as aos estudantes.

Entretanto, evidenciamos que sob o discurso de "simplificar" e "aprender simples" mobilizados pelo programa, pressupõe-se percursos e resultados homogêneos como experiências de aprendizagem. Marcas discursivas de tentativas de padronização dos currículos praticados pelas escolas no ensino remoto, numa clara tentativa de anular a experiência de criação curricular dos alunos e das professoras como profissionais capazes de decidir o que, como ensinar, e de que modo praticar sua avaliação (SILVA, 2020).

> O canal do YouTube, a gente tem, assim, eu não criei, tem professores que criaram, eu não criei canal no YouTube, eu fazia videozinhos de explicação mesmo. Eu trabalho com o computador, aí eu no início que a gente trabalhou com o Simplifica, eu peguei, fiz videozinhos mostrando a apostila no computador, eu posso até te mandar esses videozinhos e explicando. Por quê? Pra eles era melhor. Eu não sei se eu ainda tenho um vídeo do YouTube que eu fiz uma tentativa, um teste, mas ninguém visualizou ninguém assistiu. Todo mundo também ficava dizendo que não estava conseguindo. Aí eu, beleza! Assim vocês conseguem assistir? Eu fiz através do celular mesmo, colocava o celular na tela do computador: ó gente, hoje a atividade simplifique! E ficava explicando. Isso nas atividades do simplifica. (Professora Baião, entrevista, 2020).

Todavia, como destacado nesse discurso, frente às imposições do Simplifica, negociações curriculares foram construídas a partir das necessidades dos alunos, que romperam, em parte, com a sequência das trilhas predeterminadas pelo programa, articulando outras significações. Como eles não estavam conseguindo acessar os vídeos e todos os materiais/atividades que o programa disponibilizava em sua plataforma (em formato de slides, PDF, hiperlink), a professora passou a produzir vídeos-explicativos e a disponibilizá-los no aplicativo de mensagens WhatsApp, incorporando dessa forma sua leitura e interpretação antes desconsiderada pelos/as criadores/as do programa.

Nesse cenário, os dados evidenciam "[...] a insubstituível presença de professores e de professoras [sic] que não podem ser substituídos(as) por quem não está preparado para isso e menos ainda por sistemas tecnológicos autoprogramáveis e executáveis". (KOHAN, 2020, p. 5). Assim, demonstramos como apesar das inúmeras tentativas de controle por parte dos programas de ensino, é impossível exercer, em sua totalidade, controle sobre as experiências curriculares construídas cotidianamente nas práticas curriculares.

Diante dessa situação, percebemos a mobilização do poder de agência (PRIESTLEY; BIESTA; ROBINSON, 2015), onde a professora assumiu o papel de decisora curricular, considerando as condições estruturais e contextuais disponíveis para sua atuação curricular, agindo "[...] reflexivamente dentro das limitações impostas pelos seus ambientes sociais e materiais" (SAMPAIO; LEITE, 2015, p. 718).

Evidenciamos também, em um segundo momento, como influência política direta na produção das práticas curriculares das professoras no cenário pandêmico da COVID-19, "planos de ensino emergenciais" e o uso de um conjunto de "cadernos de atividades" que foram disponibilizados pela Secretaria Municipal de Educação, especificamente, para desenvolvimento das aulas remotas em substituição aos planos construídos no início do ano (2020) anteriormente à situação de estado de pandemia.

A criação desses planos de ensino e a disponibilização dessas apostilas em formato digital, que aconteceu em um momento que as aulas já estavam ocorrendo de forma remota (meses depois do retorno de forma não presencial), também significaram a descontinuidade do trabalho com os materiais de ensino do Simplifica e o planejamento/replanejamento das aulas remotas por parte da Secretaria de Educação, das escolas e dos/as professores/as.

Esse cenário de descontinuidade demonstrado nos contextos anteriores se apresenta como negação da política anterior, mas também evidencia a hegemonia sempre precária e contingente que envolve qualquer processo de produção de política. Assim, as escolas e as professoras passaram, nesse momento, a desenvolver suas práticas com base nas orientações dos planos de ensino emergenciais, articuladas com as atividades dos cadernos digitais de atividades e não mais com o material do Simplifica, essa mudança permitiu maior flexibilidade e autonomia para produzirem suas práticas curriculares em articulação as demandas contextuais locais.

Nessa direção, percepcionamos que, apesar das mudanças nos processos de negociações-articulações materializados nos diferentes contextos, as professoras, a partir de fugas discursivas, se constituíram como produtoras de políticas-práticas curriculares a partir das ações/decisões que foram tecendo cotidianamente no desenvolvimento do currículo em sala de aula (seja essa física ou virtual), assumindo, desse modo, a posição de decisores curriculares políticos, ultrapassando a ideia de que seriam apenas reprodutoras de um currículo produzido por outros.

Algumas considerações

Ao operarmos com a perspectiva teórico-metodológica da Teoria do Discurso de Laclau e Mouffe (1987), pudemos identificar que a produção das negociações-articulações realizadas pelas professoras foi dependente das relações contextuais que se diferenciavam em suas temporalidades, mas também em seus aspectos sociais, culturais, históricos e econômicos. Assim, as seis professoras articularam a unidade contingente das políticas, sempre instaurada no fracasso de ser unidade definitiva, seu poder de agência e, em uma estrutura descentrada, produziram suas práticas curriculares.

As professoras inicialmente, construíram articulações com políticas que não mais estavam sendo assumidas pelo município (PNAIC, SEFE), processo que passou por uma significação diferente quando o município assumiu a política de educação de tempo integral (ICE), em algumas escolas, e a de avaliação externa (IQE). Articulações essas desestabilizadas com a chegada da pandemia, mas que mantinham a premissa de vínculos entre a gestão público-privada (Simplifica).

Foram articulações diferentes, primeiro, porque no jogo simbólico as políticas se modificaram, desestabilizando a cadeia equivalencial antes formada, baseada em políticas que diferiam em seu conteúdo político e pedagógico (IQE e PNAIC), passando a articular políticas complementares (ICE, IQE e BNCC, Simplifica e BNCC). Segundo, porque essa desestabilização transformou os contextos.

Desse modo, as práticas curriculares das professoras, inscritas nesses diferentes contextos, não detinham uma essência anterior que permaneceu inalterável, elas se constituíram a partir de um centro de significação instável e fugidio (LOPES, 2015) que se desestabilizou a partir da mudança das políticas.

Assim, nossas análises demonstraram que, apesar de ter como uma de suas referências as políticas, as práticas não foram por elas determinadas, justamente porque admitimos os deslizamentos em outras direções (LOPES, 2015). As políticas não sedimentaram as práticas de uma vez por todas, elas não puderam se constituir enquanto presença plena, o que observamos foi o caráter indecidível e contingente de alternativas que possibilitaram a constituição das práticas.

REFERÊNCIAS

ALMEIDA, L. A. A. de; LEITE, C.; SANTIAGO, E. Um olhar sobre as políticas curriculares para a formação de professores no Brasil e em Portugal na transição do século XX para o XXI. **Revista Lusófona de Educação**, Porto, Portugal, v. 23, p. 119-135, mar. 2013.

BALL, S. A sociedade global, consumo e política educacional. *In*: SILVA, L. H. (org.). **A escola cidadã no contexto da globalização**. Porto Alegre/RS: Vozes, 2001. p. 121-137.

BRASIL, Ministério da Educação. **Lei de Diretrizes e Bases da Educação Nacional nº 9394/1996**. Brasília, DF, 1996.

BRASIL. Secretaria de Educação Básica. Diretoria de Apoio à Gestão Educacional. **Pacto Nacional pela Alfabetização na Idade Certa**: currículo na alfabetização: concepções e princípios: ano 1. Brasília: MEC/SEB, 2012.

BRASIL, Ministério da Educação. **Base Nacional Comum Curricular (BNCC)**. Educação é a Base. Brasília, 2017. Disponível em: http://basenacionalcomum.mec.gov.br/download-da-bncc. Acesso em: 23 jul. 2018.

BURITY, J. **Desconstrução, hegemonia e democracia**: o pós-marxismo de Ernesto Laclau. Recife: Fundaj, 1997. p. 1-21.

BURITY, J. Teoria do Discurso e Análise do Discurso: sobre política e método. *In*: WEBER, S.; LEITHÄUSER, T. (org.). **Métodos qualitativos nas ciências sociais e na prática social**. Recife: Ed. UFPE, 2007.

CUNHA, E. V. R.; LOPES, A. C. Base nacional comum curricular no Brasil: regularidade na dispersão. **Investigación Cualitativa**, v. 2, n. 2, p. 23-35, 2017.

FERRAÇO, C. E. Práticas-políticas curriculares cotidianas como possibilidades de resistência aos clichês e à Base Nacional Comum Curricular (BNCC). **Linhas Críticas**, v. 23, n. 52, 2017, p. 524-537.

FRANGELLA, R. C. "Essa é sua pasta e sua turma" – inserção de professoras na rede pública de ensino e suas implicações curriculares. **Revista e-Curriculum**, v. 2, n. 11, p. 573-593, 2013.

FRANGELLA, R. C. Formação de professores em tempos de BNCC: um olhar a partir do campo do currículo. **Revista da ANFOPE Formação em Movimento**. v. 2, n. 4, p. 380-394, 2020.

GEMELLI, C. E.; CERDEIRA, L. COVID-19: impactos e desafios para a educação superior brasileira e portuguesa. In: GUIMARÃES, L. V. M.; CARRETEIRO, T. C.; ROCHAEL, J. (orgs.). **Janelas da Pandemia**. Belo Horizonte: Editora Instituto DH, 2020.

HOWARTH, D. **Aplicando la Teoría del Discurso**: el Método de La Articulación. Studia Politicae, nº 05 - otoño 2005. Publicada por la Facultad de ciencia política y Relaciones Internacionales, de la Universidad Católica de Córdoba, Córdoba, república Argentina, 2005.

ICE – INSTITUTO DE CORRESPONSABILIDADE PELA EDUCAÇÃO. **Práticas educativas**. 2015a. Disponível em: http://www.mt.gov.br/documents/21013/135265/5-MP+PRATICAS+EDUCATIVAS/9b761754-438b--41b2-8745-08a86a866965. Acesso em: 31 jul. 2017.

ICE – INSTITUTO DE CORRESPONSABILIDADE PELA EDUCAÇÃO. **Instrumentos e Rotinas**. 2015b. Disponível em: http://www.mt.gov.br/documents/21013/0/7-MP+INSTRUMENTOS+E+ROTINAS/4b97fcc6-1cdb--4cd0-a281-92c953777180. Acesso em: 31 jul. 2017.

ICE – INSTITUTO DE CORRESPONSABILIDADE PELA EDUCAÇÃO. **Princípios educativos**. 2016. Disponível em: http://www.secti.ma.gov.br/files/2016/10/MP-PRINCIPIOS-EDUCATIVOS.pdf. Acesso em: 31 jul. 2017.

IQE – INSTITUTO QUALIDADE NO ENSINO. **Programas**. 2017. Disponível em: http://www.iqe.org.br/programas/programas.php. Acesso em: 31 jul. 2017.

KOHAN, W. O. Tempos da escola em tempo de pandemia e necropolítica. **Práxis Educativa**, Ponta Grossa, v. 15, e2016212, p. 1-9, 2020.

LACLAU, E.; MOUFFE, C. Posmarxismo sin pedido de desculpas. *In*: LACLAU, E.; MOUFFE, C. **Nuevas reflexiones sobre la revolución de nuestro tempo**. Buenos Aires: Nueva Visión, 2000. p. 111-145.

LACLAU, E. **Emancipação e Diferença**. Rio de Janeiro: EdUERJ, 2011.

LEITE, C. Políticas de formação de professores do ensino básico em Portugal – uma análise focada no exercício da profissão. **Revista Educação e Cultura Contemporânea**, v. 2, n. 26, 2014.

LOPES, A. C. Discursos nas políticas de currículo. **Currículo sem Fronteiras**, v. 6, n. 2, p. 33-52, 2006.

LOPES, A. C. Por um currículo sem fundamentos. **Linhas Críticas**, v. 21, n. 45, p. 445-466, 2015.

LOPES, A. C.; MACEDO, E. Contribuições de Stephen Ball para o estudo de políticas de currículo. *In*: BALL, S.; MAINARDES, J. (Orgs.). **Políticas educacionais**: questões e dilemas. São Paulo: Cortez, 2011.

LOPES, A. C.; MENDONÇA, D.; BURITY, Joanildo. A contribuição de hegemonia e estratégia socialista para as ciências humanas e sociais. *In*: LACLAU, Ernesto.; MOUFFE, Chantal. **Hegemonia e estratégia socialista**: por uma política democrática radical. São Paulo: Intermeios, 2015.

MACEDO, E. Base Nacional Comum para currículos: direitos de aprendizagem e desenvolvimento para quem? **Educ. Soc.**, Campinas, v. 36, n. 133, p. 891-908, out./dez., 2015.

MAINARDES, J. Abordagem do ciclo de políticas: uma contribuição para a análise de políticas educacionais. **Educ. Soc.**, Campinas, v. 27, n. 94, p. 47-69, 2006.

MARQUES, S. **Tempo escolar estendido**: Análise do Programa de Ensino Integral (PEI) da Secretaria de Estado da Educação de São Paulo (SEE-SP) Gestão Geraldo Alckmin (2011-2017). 2017. Tese (Doutorado em Educação) – Programa de Pós-Graduação da Pontifícia Universidade Católica de São Paulo, PUC, São Paulo, 2017.

MELO, M. J. C. de; ALMEIDA, L. A. A. de; LEITE, C. Práticas curriculares coletivas de professores do 1º ciclo da Educação Básica de Portugal. **Revista Ibero-Americana de Estudos em Educação**, Araraquara, v. 15, n. 4, p. 2006-2021, out./dez. 2020.

MELO, M. J. C. de; ALMEIDA, L. A. A.; VELOSO, T. B. Professores decisores curriculares: possibilidades da formação inicial. In: **Anais XXV EPEN - Reunião Científica Regional Nordeste da Associação Nacional de Pesquisa e Pós-Graduação em Educação**. Salvador, 2020.

MELO, M. J. C. de; ALMEIDA, L. Produção das práticas curriculares de professoras da educação básica: ações articulatórias com as políticas de avaliação. **Linguagens, Educação e Sociedade**, v. 1, p. 10-36, 2019.

MENDONÇA, D. A impossibilidade da emancipação: notas a partir da teoria do discurso. *In*: MENDONÇA, D.; RODRIGUES, L. P. **Pós-estruturalismo e Teoria do Discurso**: em torno de Ernesto Laclau. 2. ed. Porto Alegre: EDIPUCRS, 2014.

OLIVEIRA, R.; ARAÚJO, G. Qualidade do ensino: uma nova dimensão da luta pelo direito à educação. **Revista Brasileira de Educação**, n. 28, jan./fev./mar./abr., 2005.

PRIESTLEY, M.; BIESTA, G.; ROBINSON, S. Teacher agency: What is it and why does it matter? *In*: KNEYBER, R.; EVERS, J. (Eds.). **Flip the system**: Changing education fromthe bottom up London: Routledge, p. 134-148, 2015.

SAMPAIO, M.; LEITE, C. A territorialização das políticas educativas e a justiça curricular: o caso TEIP em Portugal. **Currículo sem Fronteiras**, v. 15, n. 3, p. 715-740, set./dez. 2015. p. 715-740.

SILVA, M. A. **Práticas de traduções curriculares docentes**: rastros do currículo da formação de professores. Orientadora: Lucinalva Andrade Ataide de Almeida. 2020. 258f. Tese (Doutorado) - Programa de Pós-Graduação em Educação, Universidade Federal de Pernambuco, Recife, 2020.

SILVA, M. A. da; GONÇALVES, C. de L.; ALMEIDA, L. A. A. de. Sentidos de Prática Curricular: uma construção cotidiana. In: LEITE, Carlinda et. al. Currículo, **Avaliação, Formação e Tecnologias educativas (CAFTe)**: Contributos teóricos e práticos. Porto – Portugal, Ed. CIIE; FPCE; UP, 2018.

SIMPLIFICA. 2021. Disponível em: https://www.amplifica.me/simplifica/. Acesso: 29 maio. 2021.

VELOSO, T. B. **Práticas articulatórias produzidas nas negociações das políticas-práticas curriculares no cenário pandêmico da COVID-19**. Orientadora: Lucinalva Andrade Ataide de Almeida. 2021. 140 f. Dissertação (Mestrado) – Universidade Federal de Pernambuco, CAA, Programa de Pós-Graduação em Educação Contemporânea, 2021.

PACTO NACIONAL PELA ALFABETIZAÇÃO NA IDADE CERTA E CURRÍCULOS QUE DOCENTES ALFABETIZADORAS CRIAM

Maria Carolina da Silva Caldeira
Marlucy Alves Paraíso

O que acontece quando se propõe um programa de formação de professores/as alfabetizadores/as para ser desenvolvido em todo o país? Quando esse Programa é apresentado na forma de um pacto que tem como objetivo garantir que todas as crianças se alfabetizem na idade certa, que relações de poder-saber são estabelecidas? Como uma formação pensada com esse caráter nacional pode dar espaço para currículos específicos nas diferentes redes de ensino, escolas e salas de aula do país? É possível construir um currículo que dê brechas para a criação e para experiências singulares no contexto de uma política nacional de formação de professores/as?

Um movimento de formação docente com essas características foi experimentado nas práticas desenvolvidas por meio do Pacto Nacional pela Alfabetização na Idade Certa (PNAIC), programa desenvolvido pelo Governo Federal no período de 2012 a 2015 em todo o Brasil (BRASIL, 2013). Como o próprio nome indica, o objetivo central do PNAIC era garantir que todas as crianças estivessem alfabetizadas aos oito anos de idade, o que era considerado, naquele momento, como "a idade certa" para a consolidação do processo de alfabetização. Para atingir esse objetivo, o PNAIC estruturava suas ações em quatro eixos: Formação continuada presencial para os/as professores/as alfabetizadores/as; Materiais didáticos distribuídos para as escolas; Avaliações sistemáticas das crianças em processo de alfabetização; Gestão, mobilização e controle social. Neste capítulo, nossa atenção está voltada para as práticas de formação continuada de professoras alfabetizadoras.

Diversas análises têm sido desenvolvidas nos últimos anos acerca da formação docente proporcionada pelo PNAIC e permitem entender algumas das questões colocadas no início deste texto. Frangella (2016, p. 69), por exemplo, afirma que o PNAIC pode ser entendido "como movimento inicial, parte do contexto de discussão e defesa de uma Base Nacional Comum Curricular". Nesse sentido, ao estabelecer direitos de aprendizagem para todos/as os/as estudantes dos três primeiros anos do Ensino Fundamental, o Pacto corrobora para a noção de um currículo único para todo o país. Isso não significa, porém, que haja homogeneidade. Alferes e Mainares (2018) mostram, com base em uma pesquisa realizada no Paraná, que o PNAIC "é recontextualizado nas instâncias meso e micro, configurando diferentes sentidos e possibilidades no processo de atuação" (p. 420). Na mesma direção, Caldeira (2020, p. 320) analisa como "os saberes divulgados como necessários para os/as alfabetizadores/as são ressignificados pelos/as professores/as em suas práticas".

Neste capítulo, consideramos que o PNAIC estabelece um currículo em que, apesar da centralização produzida pelos materiais disponibilizados, há espaço para criação e para que outros saberes emerjam e sejam conectados. Isso porque entendemos que professores/as ao traduzirem qualquer currículo em suas aulas criam currículos outros, pois articulam saberes, experiências, práticas, métodos. Currículo é entendido como "um espaço por excelência de experimentações, vivências e práticas" (CALDEIRA; PARAÍSO, 2017, p. 770). Em um currículo "operam dispositivos, saberes e conhecimentos que muitas vezes evidenciam conflitos culturais, políticos e discursivos" (CALDEIRA; PARAÍSO, 2017, p. 770). Currículo é, também, um "discurso que, ao corporificar narrativas particulares sobre o indivíduo e a sociedade, nos constitui como sujeitos" (SILVA, 1995, p. 195). Nesse sentido, o currículo, ao mesmo tempo, traduz as relações de poder-saber estabelecidas em determinado momento histórico e abre possibilidades para que outras narrativas sejam incorporadas, produzindo modos de ser, estar e agir no mundo. Isto ocorre pois, por mais que haja prescrições e tentativas de determinações, um "currículo é um espaço incontrolável" (PARAÍSO, 2018, p. 29), uma vez que "um/a professor/a antenado/a com sua função de professorar não desenvolve currículos prescritos como são pensados por quem os elaborou; eles/as criam currículos em sua prática pedagógica" (PARAÍSO, 2020, p. 36).

Nesse sentido, neste capítulo argumentamos que, apesar da tentativa de homogeneização dos saberes que se vê no PNAIC – expressa nos saberes elencados no Programa como importantes e na ênfase que dá a certos discursos do campo da alfabetização – o próprio Programa deixa uma abertura para a criação quando abre espaços para as trocas de experiência, para a articulação entre a teoria e a prática e para a reflexão sobre o fazer pedagógico, entendidos como técnicas que mobilizam as docentes a buscarem outras formas de conduzir-se e de conduzir as práticas em sala de aula. Assim, ainda que o central na proposta seja a alfabetização, outros saberes emergem, fazendo com que essa política pensada inicialmente para todo o país tenha contornos variados. Isso evidencia uma abertura na política que sempre permitirá que professores/as diferentes leiam esses currículos de formas diferentes, o que coaduna com o que Lopes (2018) chamou de "produção contextual do currículo" (LOPES, 2018, p. 26).

A pesquisa que subsidia este artigo[43] utilizou entrevistas, realizadas com formadoras, orientadoras de estudo e cursistas, vinculadas à Universidade Federal de Minas Gerais que participaram das formações em 2015 (ano em que foram realizadas as entrevistas). Para as práticas de formação desenvolvidas, o PNAIC funcionou com uma estrutura em que professoras foram selecionadas em cada um dos municípios que aderiram ao Pacto para frequentar a formação das Universidades. Essas professoras são nomeadas nessa política como "orientadoras de estudo". A formação nas Universidades foi ministrada por profissionais nomeadas de "formadoras". As orientadoras de estudo são responsáveis por repassar a formação recebida nas Universidades para as professoras alfabetizadoras cursistas em seus municípios. No âmbito desta pesquisa, foram entrevistadas 5 formadoras, 3 orientadoras de estudo e 10 professoras cursistas. As formadoras foram selecionadas porque participaram dos três anos em que a formação ocorreu na UFMG. Elas indicaram orientadoras de estudos de um município específico (Sabará/MG) que, por sua vez, indicaram algumas professoras cursistas para participarem da pesquisa.

Este capítulo insere-se na vertente pós-crítica dos estudos curriculares, particularmente aquela que se utiliza das contribuições de Michel Foucault para pensar a educação. Nessa perspectiva, o currículo é compreendido como uma linguagem, como um discurso. Isso implica compreendê-lo como uma construção arbitrária e ficcional (CORAZZA; TADEU, 2003), cujo sistema de significação "disputa sentido com outras práticas discursivas" (PARAÍSO, 2002, p. 97). Por ser um discurso, o currículo é composto por saberes diversos e, muitas vezes, conflituosos. Trata-se de um discurso que incorpora e entra em conflito com outros discursos, que disponibiliza posições de sujeito e que articula saberes, conhecimentos e práticas, tudo isso permeado por relações de poder.

O poder, nessa perspectiva, não é algo que se possui, mas algo que se dá em múltiplas, variadas e conflitantes relações. O poder não é "um fenômeno de dominação maciço e homogêneo de um indivíduo sobre os outros, de um grupo sobre os outros, de uma classe sobre as outras" (FOUCAULT, 2000a, p. 183). Pelo contrário, o poder é difuso, descentralizado, está presente nas diversas esferas sociais. Ele "nunca está localizado aqui ou ali, nunca está nas mãos de alguns, nunca é apropriado como uma riqueza ou um bem" (FOUCAULT, 2000a, p. 183), pois é o "efeito de conjunto de suas posições estratégicas – efeito manifestado e às vezes reconduzido pela posição dos que são dominados" (FOUCAULT, 1999, p. 27). O poder é uma estratégia, e seus efeitos de dominação se devem "a disposições, a manobras, a táticas,

---

43   Este capítulo utiliza informações produzidas no estudo "Currículo de formação de professores/as para a alfabetização: uma análise do Pacto Nacional pela Alfabetização na Idade Certa", realizada em 2015. A pesquisa foi contemplada com recursos do edital Programa de Auxílio a Doutores Recém-Contratados (ADRC) da Pró-Reitoria de Pesquisa da UFMG.

a técnicas, a funcionamentos" (FOUCAULT, 1999, p. 27). Nessa perspectiva, as técnicas de poder se referem aos "meios [que] têm sido inventados para governar o ser humano, para moldar ou orientar a conduta nas direções desejadas" (ROSE, 2001, p. 37). Elas operacionalizam o poder e fazem com que certos modos de ser sejam acionados. Analisar um currículo utilizando o conceito de técnicas pressupõe compreender de que maneira as relações de poder operam, articulando saberes e discursos e ensinando determinados modos de agir.

Em sua análise, Foucault (1993) analisou dois tipos de técnicas. As "técnicas de dominação" que envolvem processos discursivos e divisórios e colocam os indivíduos em relações de poder específicas. Já as "técnicas do eu" permitem aos indivíduos "operarem um certo número de operações sobre os seus corpos, sobre as suas almas, sobre o seu próprio pensamento, sobre a sua própria conduta, e isso de tal maneira a transformaram-se a eles próprios" (FOUCAULT, 1993, p. 207). Nesse sentido, compreender o currículo como envolvido em relações de poder-saber que funcionam por meio de técnicas significa tanto analisar as relações de dominação que se estabelecem como os exercícios e práticas que aqueles/as que vivenciam o currículo são levados a fazer sobre si mesmos.

Para analisar o currículo do PNAIC, procuramos descrever e analisar que técnicas foram acionadas e como elas demandaram determinados modos de ser docente. Isso foi feito por meio de entrevistas em que as docentes narravam suas percepções a respeito do PNAIC, os saberes que foram acionados e o modo como se relacionaram com a formação, bem como os efeitos que essa formação teve em sua prática. Dessa forma, ao analisar as falas das professoras a respeito do currículo do PNAIC, procuramos compreender que saberes são acionados, que relações de poder emergem e que técnicas as professoras devem exercer sobre si mesmas. Não se trata, portanto, de investigar as práticas que foram desenvolvidas junto aos/às estudantes em processo de alfabetização ou de analisar os modos como esses/as docentes atuavam. Trata-se de procurar entender como a vivência desse currículo demandou determinados modos de agir para essas professoras, produzindo-as como docentes *motivadas, reflexivas* e buscam modificar suas práticas. É isso que mostraremos a seguir.

Trocas de experiência, demanda pela articulação da teoria e da prática e reflexão sobre o fazer pedagógico: técnicas mobilizadas em um currículo de formação docente

Ao longo dos três anos de realização do PNAIC, diversos "Cadernos de Formação" foram produzidos pelo Ministério da Educação. No primeiro ano da formação (2013), esses cadernos abordavam temáticas relativas à

Língua Portuguesa e à aquisição da língua escrita, sendo que para cada um dos três primeiros anos do Ensino Fundamental havia cadernos específicos. No segundo ano, os cadernos tematizavam áreas de conhecimento associadas à Matemática. No terceiro, abordavam temáticas diversas, como currículo, literatura, interdisciplinaridade, além de apresentarem discussões sobre as disciplinas de Geografia, História e Ciências. Todos esses cadernos contavam com uma seção nomeada "Direitos de Aprendizagem", em que se colocava o que deveria ser ensinado/aprendido naquele ano escolar e/ou área de conhecimento. Esses direitos de aprendizagem, "expressos em forma de objetivos de aprendizagem, são orientadores do trabalho a ser desenvolvido no âmbito do PNAIC, e isso se consubstancia na própria organização da proposta de trabalho" (FRANGELLA, 2016, p. 78). Nesse sentido, o currículo formal do PNAIC, expresso por meio daquilo que se estabelece nos cadernos de formação, representa "o desejo de centralização que temos vivenciado em políticas educacionais recentes" (AXER, 2018, p. 146). Ele define certos saberes como mais adequados ao processo de alfabetização e autoriza que certos discursos circulem, enquanto outros são interditados.

Apesar da tentativa de cerceamento em torno dos significados que se opera por meio dos cadernos de formação (AXER, 2018), o currículo "é um território de multiplicidades de todos os tipos, de disseminação de saberes diversos, de encontros 'variados', de composições 'caóticas'" (PARAÍSO, 2010, p. 588). Nesse sentido, por mais que haja uma tentativa de limitar os saberes e de determinar certos modos de alfabetizar, por mais que se estabeleçam relações de poder, possibilidades emergem nesse currículo, fazendo com que outros saberes sejam acionados. Cabe registrar que as relações de poder "são, antes de tudo, produtivas" (FOUCAULT, 2000b, p. 236). Nesse sentido, há criações nesse currículo de formação docente, quando ele é vivenciado pelas professoras. Uma das técnicas de poder acionadas que possibilita essa criação é a *troca de experiências*, destacada pelas professoras que vivenciaram esse currículo como um dos pontos altos da formação, como pode ser visto nas duas falas a seguir:

> Essa troca de experiência, que é a vivência da gente... Você está com problema na sala, você chega aqui, você vê gente que está com problemas iguais ao seu ou até piores, ou tem sugestões que trabalhou. Então, a gente chega aqui, você vai embora revigorado, sabe? (Trecho da entrevista com a cursista Ana).
> É isso que a gente está falando ali, como que é legal, porque, às vezes, eu tenho um problema dentro da sala e parece que só eu que tenho esse problema. Quando eu escuto a minha colega, eu vejo que o dela é maior do que o meu e que eu posso (risos)! E isso vai motivando, é uma motivação (Trecho da entrevista com a cursista Raimunda).

A cursista Ana afirma que perceber que um problema vivenciado por ela não é exclusivo da sua prática é revigorante. Já a cursista Raimunda relata que conhecer problemas mais difíceis do que o seu pode ser uma motivação para continuar o trabalho. Ao ter a possibilidade de dialogar, de ver outros exemplos, de conhecer outras experiências, parece ser acionada nesse currículo a técnica da *troca de experiências* que leva as docentes a se questionarem e a refletirem sobre como devem agir. Larossa (1994, p. 49) afirma que, por meio da reflexão, o/a docente é "capaz de examinar e reexaminar, regular e modificar constantemente tanto a sua própria atividade prática quanto, sobretudo, a si mesmo, no contexto dessa prática profissional". Nesse sentido, a percepção com relação à sua capacidade de agir pode ser alterada a partir do contato com outras experiências vividas, o que é evidenciado pelas falas das cursistas.

É interessante notar como os cadernos de formação acionavam essa mesma técnica, ao trazerem uma seção nomeada "Compartilhando", em que relatos de práticas consideradas bem-sucedidas em diferentes localidades do país eram apresentados por docentes selecionados/as pela equipe que elaborou o material. Esse recurso é lembrado pela orientadora de estudos Alessandra, que, ao comentar sobre os cadernos, fala "da contribuição das experiências de outras localidades". Porém, apenas ela entre todas as entrevistadas se lembrou dele, enquanto as trocas entre colegas que estavam na mesma formação foi lembrada por todas as participantes.

Isso mostra como o contato com o outro, possibilitado por esse currículo, promove algo além daquilo que está previsto no currículo formal do PNAIC. Esse contato também pode fazer com que outros saberes emerjam, desestabilizando a centralidade da alfabetização e, sobretudo de "um caminho único para a alfabetização nacional" (AXER, 2018, p. 146). É assim que, apesar da centralidade reconhecida no que se refere aos saberes da aquisição da língua escrita, outros temas emergem no currículo, como mostra a cursista Alexandrina:

> É... no último encontro, foi a questão da diversidade que fala da questão racial. É um tema, dentro de um currículo que é tão necessário você falar! [...] enfim, o que que o Pacto me traz? Uma proposta de um trabalho interdisciplinar com a questão da diversidade racial [...] tem um ditado que eles falam que "Mineiro come pelas beiradas." E eu vou pelas beiradinhas, falando aos pouquinhos, falo um dia, falo outro, num conto eu chamo a atenção, nada você faz no todo, num dia só (Trecho da entrevista com a cursista Alexandrina).

Questões étnico-raciais nem sempre são tratadas nas políticas de alfabetização, ainda que haja uma evidente relação com essa questão nos índices de analfabetismo⁴⁴. De modo geral, saberes que não se relacionam à aquisição da língua escrita ou às práticas de letramento têm pouco espaço no currículo formal do PNAIC. Todavia, esse currículo possibilita, por meio da troca de experiências, que saberes relativos a essa temática emerjam nas discussões, apareçam nas salas de aula de alfabetização e ganhem espaço nas disputas curriculares estabelecidas. Assim, ainda que seja, "comendo pelas beiradas", procurando frestas por onde possa entrar, as trocas de experiências possibilitam que outros saberes sejam incluídos nessa discussão, o que evidencia que "não há a simples implementação de currículos por parte de professores/as; porque ao traduzir de modo curricular" o Programa, "o/a professor/a agencia saberes distintos" (PARAÍSO, 2020, p. 34) e tem, necessariamente, práticas criadoras, que escapam ao controle.

A possibilidade de incluir outros saberes não se dá apenas por meio de técnicas de si que as docentes são levadas a fazer sobre si mesmas, como as possibilitadas pela *técnica de troca de experiências* que as leva a refletir sobre o "tamanho" dos problemas por elas vivenciados e se tornarem *professoras motivadas*. A inclusão de outros temas pode se dar também por técnicas de dominação, em que as docentes precisam realizar certos procedimentos a fim de se adequarem aquilo que esse currículo espera delas. É o que se percebe por meio da técnica da *articulação teoria/prática*, que pode ser percebida no excerto a seguir:

> Eu acho que o Pacto, na verdade, ele... te obriga, mas te obriga, assim, entre aspas, a colocar em prática muitas coisas que, às vezes, você sabe, você acha que você faz, mas você não faz. Então, assim, as pessoas te perguntam: "Ah, se for pra você alfabetizar uma criança que está com mais dificuldade, o que você faz, né?! O que você pode fazer?" Aí, eu te cito um monte de coisas, mas, muitas vezes, você não *linka* esse monte de coisas na sala de aula. [...] Então, o Pacto, ele te cobra isso. Por quê? Porque eu tenho que levar pra sala de aula, né?! (Trecho da entrevista com a cursista Lourdes).

A docente afirma que o PNAIC cria uma obrigação para que os aspectos teóricos trabalhados no currículo de formação sejam praticados na sala de aula. Essa obrigação se dá por vários fatores, mas um dos principais se refere ao fato de que as cursistas precisam levar exemplos e produzir relatórios sobre o que foi realizado em sala de aula. Assim, elas são inseridas em uma relação em que são examinadas por terem ou não realizado as práticas que foram demandadas. Foucault (1999, p. 154) afirma que "o exame combina as técnicas da hierarquia

---

44 A Pesquisa Nacional por Amostra de Domicílios Contínua de 2019 (PNAD Contínua) evidencia que a taxa de analfabetismo para as pessoas pretas ou pardas (8,9%), foi mais que o dobro da observada entre as pessoas brancas (3,6%).

que vigia e as da sanção que normaliza. É um controle normalizante, uma vigilância que permite qualificar, classificar". Esse processo de classificação é visível quando uma das orientadoras de estudo explica como foi selecionada para ocupar esta posição no município. No ano anterior, ela estava fazendo o curso como professora alfabetizadora e produziu uma prática reconhecida como relevante naquele currículo, como ela narra a seguir:

> É... eu confeccionei jogos com os meninos, sabe?! É... confeccionei jogos matemáticos com os meninos, até as meninas, até me chamaram pra poder fazer um relato da prática, né?! Ano passado, eu mandei um relatório, um jogo pra produzir com eles, baseado numa experiência que eu tive, na rede estadual, de um jogo matemático e aí, eu fui (Trecho da entrevista com a orientadora de estudos Alhandra).

A produção do relatório pode ser compreendida como um procedimento da técnica de articulação da teoria/prática. Por meio dela, as docentes precisam não apenas relatar algo que foi feito, mas seguir determinadas regras sobre como proceder e articular isso aos aspectos teóricos trabalhados na formação. Ao proceder assim, elas podem ser reconhecidas como docentes que refletem sobre sua prática com base em determinados aspectos teóricos e que estão dentro daquilo que se considera como adequado nesse currículo. Além disso, por meio dos relatórios, elas são levadas a refletir sobre o que fazem e a se modificar, como afirma a cursista Nicole:

> Eu acho muito bom. Por quê? Faz você refletir, o primeiro relatório eu já tinha feito, nas normas, direitinho, porque eu gosto de fazer essas coisas direitinho. E aí, você fez a experiência na sala, você relatar, você automaticamente, você reflete o que que pode melhorar, o que que pode ser modificado, o que que você pode melhorar mais, então, eu acho que tem que ter sim, relatório (Trecho da entrevista com a cursista Nicole).

Em uma perspectiva foucaultiana, podemos afirmar que esse currículo opera estruturando o campo de ação do outro, o que pode ser nomeado como governo, entendido como a "ação sobre a ação, sobre ações eventuais, ou atuais, futuras ou presentes" (DREYFUS; RABINOW, 1995, p. 243). Na fala da cursista, é possível perceber como esse currículo, ao estabelecer o procedimento de produção do relatório, não apenas define a norma, mas também faz com que um certo modo de agir sobre si mesma seja efetuado. Segundo Larossa (1994, p. 53), a noção de governo de Foucault opera um deslocamento no modo de conceber as relações de poder nos trabalhos anteriores desse autor, uma vez que a questão "do governo está já desde o princípio fortemente relacionada com a questão do 'autogoverno'". Isso implica analisar não apenas o modo como os outros estruturam o campo de ação de alguém, mas as "diferentes modalidades da construção da relação da pessoa consigo mesma" (LAROSSA, 1994, p. 54). Nesse sentido, a cursista, ao afirmar que sempre é possível melhorar, realiza sobre si mesma um processo de autogoverno a fim de se formar uma *professora reflexiva*.

Ser uma professora reflexiva significa, também, compreender a importância que a *teoria* tem para efetivar o currículo proposto pelo PNAIC. Assim, as professoras precisam aprender, por meio desse currículo, a valorizarem aspectos teóricos, já que, muitas vezes, elas não têm essa percepção. Esse modo de ser que precisa ser negado para que esse currículo se efetive pode ser visto na fala de uma das formadoras:

> Então, nessa parte dos conceitos, a gente sentia certa resistência, às vezes, mesmo as minhas sendo super receptivas, a gente sentia aquele cansaço de ter que estar refletindo sobre algo que não era comum, apesar de estar dentro da sala de aula, não era tão comum. Elas mesmas me falavam assim: "Olha! A gente com tanta correria na sala de aula, a dinâmica é tão sufocante, que a gente nunca para pra pensar: Ah, eu estou usando essa ou aquela teoria pra desenvolver essa atividade." Depois, quando a gente vem pra cá e vê que tem teóricos que falam sobre isso, discutem sobre esse assunto que a gente fala: "Olha! Eu já estou fazendo isso aqui, só que eu não sabia que estava seguindo essa direção correta, né?!." (Trecho da entrevista com a formadora Elaine).

Para "seguir na direção correta", é necessário estudar os conceitos e articulá-los à prática. Para isso, é necessário que a formação recebida seja planejada da melhor forma possível. Formadoras e orientadoras de estudos são inseridas na mesma relação de poder que avalia as cursistas no que se refere ao seu domínio dos conceitos teóricos e sua capacidade de abordá-los de forma leve, de maneira que seja possível perceber que "as meninas [orientadoras de estudo] dão a parte teórica e dão uma oportunidade da gente inserir a prática de uma forma leve pros meninos, né?!" (Trecho da entrevista com a cursista Nicole).

Inserir a teoria na prática passa a ser uma demanda desse currículo. Porém, ao mesmo tempo em que essa demanda restringe o que pode ser ensinado, por meio desse estudo e da reflexão teórica, outros saberes podem emergir nesse currículo. Uma professora afirma que "sempre saio daqui com uma atividade pra ser aplicada, e, às vezes, com temas que você acaba deixando pra lá. Principalmente, a gente da alfabetização. A gente propõe muito, por exemplo, Português, né?!" (Trecho da entrevista com a cursista Lourdes).

A possibilidade de estudar e de conhecer outras áreas de conhecimento possibilita que outros saberes emerjam e possam ser agenciados pela docente. A articulação entre a teoria e a prática passa a ser um aspecto importante para possibilitar que esse trabalho seja realizado, como pode ser visto a seguir:

> Quando eu vou trabalhar essa questão dentro da sala de aula, quer seja a questão de gênero ou a questão racial, eu tenho que ter o cuidado de ter tudo muito bem amarradinho, no seguinte sentido: aquilo que eu não desconheço, eu vou pesquisar. A formação em si, ela é boa porque abre um leque (Trecho da entrevista com a cursista Alexandrina).

Seja para embasar as práticas de alfabetização, seja para incluir temas como gênero e raça, a pesquisa e o conhecimento teórico são apontados como aspectos importantes para as práticas desenvolvidas pelas professoras nesse currículo. Elas precisam transformar a si mesmas em *docentes estudiosas*, que valorizam a prática do estudo, utilizando-a, inclusive, em suas salas de aula e com as famílias, como mostram os excertos a seguir:

> Eu tirei foto minha aqui, levei [para a sala de aula] e falei: "Olha! Eu também estou estudando!" Aí já levei. "Eu também fico na sala de aula!" Ontem, eu falei com eles: "Olha! Amanhã a professora tem que estudar" (Trecho de entrevista com a cursista Ana).
> Os alunos sabem que eu continuo estudando, e eles sabem porque eu faço questão de colocar isso pros pais, entendeu? Quando eu chamo pra eles a responsabilidade da alfabetização, da educação dos filhos, eu sempre falo isso, eu faço a minha parte, né?! Eu estudo, os meninos sabem que uma vez por mês eu tenho curso, que eu aprendo, porque tudo que eu levo das coisas aqui, eu falo pra eles: "Oh! Aprendi uma coisa bacana lá e a gente vai fazer aqui, né?! (Trecho da entrevista com a cursista Lourdes).

Além de serem *professoras motivadas e estudiosas*, as participantes do PNAIC também precisam transformar a sua própria prática. Esse parece ser um dos objetivos buscados com mais afinco por esse currículo e, para isso, é necessário acionar a *técnica da reflexão*. Essa é uma das técnicas mais recorrentemente acionadas em propostas de formação docente. Larrosa (1994, p. 49) analisa como na formação inicial e permanente do professorado é necessário "formar e transformar um professor reflexivo, capaz de examinar e reexaminar, regular e modificar constantemente tanto sua própria atividade prática quanto, sobretudo, a si mesmo o contexto dessa prática profissional". Parece que isso também é experimentado por docentes que participaram do PNAIC:

> E a cada dia acrescenta mais, eu levo pra sala de aula, eu aplico com meus alunos, tem coisas que eu tenho mais dificuldade, tem coisas que eu acho

> que surge muito mais efeito, mas a minha prática mesmo, mudou muito (Trecho da entrevista com a cursista Lourdes).
>
> Eu estou vivendo esse momento no PNAIC, pra mim esse momento é único, é uma... mudança muito positiva que a gente tem enfrentando aí, uma mudança positiva. Está sendo fácil? Não! Porque parece que tem uma rigidez, que fica no sistema, que fica lutando contra a mudança. A gente sente que tem uma rigidez. Mas apesar dessa rigidez, a mudança tem acontecido, né?! A mudança tem acontecido, porque é... você que tem que expor o trabalho, você tem que mostrar que está fazendo. Então, isso tudo vai forçando o sistema a... mudar (Trecho da entrevista com a orientadora de estudos Alhandra).

A articulação teoria/prática e a troca de experiências fazem com que as docentes percebam mudanças importantes em sua prática e no sistema como um todo. Isso não se dá sem conflitos. Como afirma a cursista Lourdes, "tem coisas que tenho dificuldades", mas isso não é suficiente para que ela não continue a operar sobre si mesma no sentido de modificar sua prática. De maneira semelhante, Alhandra afirma que há uma espécie de rigidez no sistema que dificulta tais mudanças. Porém, nas narrativas que as professoras constroem sobre seu processo de vivência no PNAIC, elas falam dessa necessidade de refletir e modificar não apenas a prática, mas a si mesmas, como pode ser visto no excerto a seguir:

> Porque, às vezes, a pessoa tem enraizado dentro dela, o sistema do mundo que eu aprendi e vou morrer assim. Não é assim: eu vou aprender assim, vou modificar assim, vou transformar assim. Esse é meu lema (risos) (Trecho da entrevista com a cursista Raimunda).

Mais do que mudar a prática, esse currículo demanda que essas docentes mudem a si mesmas. Elas não podem ficar no mesmo lugar, enraizadas. É necessário que se modifiquem. Essa mudança faz tanto com que elas sigam aquilo que o currículo formal do PNAIC estabelece, como que busquem outras possibilidades. Assim, pela articulação das três técnicas aqui analisadas, algumas docentes conseguem perceber as possibilidades de abertura no currículo, de maneira a incluírem outros saberes, como pode ser visto na fala da cursista Alexandrina.

> É possível fazer quando aqui elas nos falaram o seguinte: "O currículo é flexível, ele tem que ser flexível, aberto às novas propostas." Então, você arreda aquilo que tá sendo muito cansativo e coloca aquela proposta. Isso que eu achei legal, interessante. Então, aquilo que eu estava fazendo de uma forma assim, totalmente cansativa, eu falei assim: "Não. Agora eu

vou fazer dessa forma." E eu fiz dessa forma e estou fazendo dessa forma e vou continuar fazendo dessa forma. Foi possível fazer sim! (Trecho da entrevista com a cursista Alexandrina).

Considerações finais

Um currículo de formação docente pensado para todo o país tem, de modo geral, um caráter unificador. No caso do PNAIC, ao propor uma formação com encontros mensais, que depois eram repassados para os diferentes municípios não foi diferente. Entretanto, ao colocar pessoas diversas, com vivências variadas em contato, esse currículo abriu possibilidades para que outros sentidos circulassem, para que outras propostas emergissem, para que práticas diferenciadas fossem criadas. Não se trata, claramente, de um espaço em que não havia relações de poder-saber e em que era possível criar livremente. Pelo contrário, muitas das possibilidades eram criadas justamente pelas relações de poder que se estabeleciam. Neste capítulo, procuramos mostrar como, ao colocar pessoas diversas em contato, esse currículo fez circular as técnicas da *troca de experiências*, da *articulação teoria/prática* e da *reflexão*, para produzir professoras que eram *motivadas, estudiosas e reflexivas*.

Nesse processo, houve a possibilidade de que saberes diversos daqueles que comumente se acionam no âmbito da alfabetização fossem ativados, produzindo, também, possibilidades outras nas salas de aula. Os relatos das docentes permitem entrever alguns dos saberes que passaram a ser articulados. Concordamos com Larossa (1994, p. 69) quando afirma que "ao narrar-se, a pessoa diz o que conserva do que viu de si mesma". Ao narrarem suas vivências por meio das entrevistas, as professoras contam do que as marcou e do que as produziu nesse currículo e aí fica evidente que as professoras fazem outras conexões, estabelecem relações inusitadas, fazem leituras contextualizadas e, ao fazê-lo, o/a professor/a "cria teoria, prática e método porque, ao educar, traduzindo, não tem como não criá-los" (CORAZZA, 2018, p. 1).

Em um momento de tantos retrocessos em diferentes âmbitos, compreender como um currículo de formação docente pode mobilizar aqueles/as que o vivenciaram parece bastante importante. Considerando que a atual Política Nacional de Alfabetização (BRASIL, 2019) opera utilizando estratégias formativas bastante distintas daquelas ofertadas pelo PNAIC[45], resgatar

---

45 A Política Nacional de Alfabetização (PNA) criou o Programa "Tempo de Aprender". Apresentado como "o programa sobre alfabetização mais completo da história do Brasil", em 30 horas de formação a distância pretende-se instrumentalizar os/as docentes para colocarem em prática os saberes da PNA. O curso está disponível em http://alfabetizacao.mec.gov.br/. São oito módulos de formação disponibilizados em vídeos: "Módulo 1 – Introdução; Módulo 2 – Aprendendo a ouvir; Módulo 3 – Conhecimento alfabético; Módulo

as possibilidades que emergiram a partir do Pacto parece-nos um exercício de resistência ao modelo formativo proposto atualmente, em que as trocas, o reconhecimento da existência de diferentes teorias e a reflexão são colocados de lado. Nesse sentido, entender mais sobre como se deu a vivência do currículo do PNAIC pelas docentes pode nos apontar caminhos para fazer com que cada vez mais o currículo seja nutrido de possibilidades de criação, de escape e de vazamento. Afinal, a teorização curricular vem nos mostrando já há bastante tempo que "apesar de todos os poderes que fazem o controle, demarcam as áreas e opinam sobre como evitar a desorganização em um currículo e que demandam sua formatação, tudo vaza e escapa" (PARAÍSO, 2010, p. 588).

---

4 – Fluência; Módulo 5 – Vocabulário; Módulo 6 – Compreensão; Módulo 7 – Produção de escrita; Módulo 8 – Avaliação. Os módulos correspondem quase que integralmente aos pilares da alfabetização descritos na PNA.

REFERÊNCIAS

ALFERES, Marcia Aparecida; MAINARDES, Jefferson. **A recontextualização do Pacto Nacional pela Alfabetização na Idade Certa – PNAIC**: uma análise dos contextos macro, meso e micro. Currículo sem Fronteiras, v. 18, n. 2, p. 420-444, maio/ago. 2018.

AXER, Bonnie. **Problematizando o currículo da alfabetização**: ciclo, tempo e planejamento em questão. *Linha Mestra,* n. 36, p. 1-5, 2018.

BRASIL. **PNA – Política Nacional de Alfabetização**. Brasília: MEC; SEALF, 2019. Disponível em: <http://alfabetizacao.mec.gov.br/>. Acesso em: 10 maio 2020.

BRASIL. **Apresentação Pacto Nacional pela Alfabetização na Idade Certa**. Brasília: MEC, 2013.

CALDEIRA, Maria Carolina da Silva. Saberes articulados no currículo do Pacto Nacional pela Alfabetização na Idade Certa: ressignificações produzidas por professoras alfabetizadoras. In: PARAÍSO, Marlucy Alves; SILVA, Maria Patrícia (Orgs.). **Pesquisas sobre currículos e culturas**: Tensões, movimentos e criações. 1. ed. Curitiba: Brazil Publishing, 2020, v. 1, p. 317-342.

CALDEIRA, Maria Carolina da Silva; PARAÍSO, Marlucy Alves. Currículo e relações de poder-saber: conflitos e articulações entre o dispositivo de antecipação da alfabetização e o dispositivo da infantilidade. **Currículo sem Fronteiras**, v. 17, p. 769-794, 2017.

CORAZZA, Sandra. TADEU, Tomaz. Dr. Nietzche, curriculista – com uma pequena ajuda do professor Deleuze. In: TADEU, T; CORAZZA, S. **Composições**. Belo Horizonte: Autêntica, 2003, p. 35-57.

CORAZZA, Sandra Mara. Inventário de Procedimentos Didáticos da Tradução: teoria, prática e procedimentos de pesquisa. **Revista Brasileira de Educação**. v. 23 e230032, 2018. http://dx.doi.org/10.1590/S1413-24782018230032

DREYFYS, Hubert; RABINOW, Paul. **Michel Foucault**: Uma trajetória filosófica para além do estruturalismo e da hermenêutica. Rio de Janeiro: Forense, 1995.

FOUCAULT, Michel. Verdade e subjetividade. **Revista de Comunicação e Linguagem**. Lisboa, n. 19, p. 203-223, 1993.

FOUCAULT, Michel. **Vigiar e Punir**. Petrópolis: Vozes, 1999.

FOUCAULT, Michel. **Sobre a história da sexualidade**. In: MACHADO, Roberto. Microfísica do poder. Rio de Janeiro: Graal, 2000a. p. 243-276

FOUCAULT, Michel. **Soberania e disciplina**. In: MACHADO, Roberto. Microfísica do poder. Rio de Janeiro: Graal, 2000b. p. 179-191.

FRANGELLA, Rita de Cássia Prazeres. Um pacto curricular: o Pacto Nacional pela Alfabetização na Idade Certa e o desenho de uma base comum nacional. **Educação em Revista**. v. 32, n. 2. apr./jun. 2016, p. 69-89.

LARROSA, Jorge. Tecnologias do eu e educação. In: SILVA, Tomaz Tadeu (Org.). **O sujeito da educação**: estudos foucaultianos. Petrópolis: Vozes, 1994, p. 35-86.

LOPES, Alice Casimiro. Apostando na produção contextual do currículo. In: AGUIAR, Márcia Ângela e DOURADO, Luiz Fernandes. (Orgs.). **A BNCC na contramão do PNE 2014-2024**: avaliação e perspectivas. [Livro Eletrônico]. Recife: ANPAE, 2018, p. 23-27.

PARAÍSO, Marlucy Alves. **Currículo e mídia educativa**: práticas de produção e tecnologias de subjetivação no discurso da mídia educativa sobre a educação escolar. 2002. 303f. Tese (Doutorado) - Universidade Federal do Rio de Janeiro. 2002.

PARAÍSO, Marlucy Alves. Diferença no currículo. **Cadernos de Pesquisa**. v. 40, p. 587-604, 2010.

PARAISO, Marlucy Alves. Fazer do caos uma estrela dançarina no currículo: invenção política com gênero e sexualidade em tempos do slogan ideologia de gênero. In: PARAÍSO, Marlucy e CALDEIRA, Maria Carolina. (Orgs.). **Pesquisas sobre currículos, gêneros e sexualidades**. Belo Horizonte: Mazza, 2018, p. 23-52.

PARAÍSO, Marlucy Alves. **Currículo e Gênero**: agenciamentos da diferença em relatos de si mesmos/as de docentes/as. Projeto de pesquisa com bolsa PQ do CNPq nível 1B para ser desenvolvido de 2021 a 2024. Belo Horizonte, 2020.

ROSE, Nikolas. Como se deve fazer a história do eu. **Educação e Realidade**. Porto Alegre, v. 26, n. 1, p. 33-57, 2001.

SILVA, Tomaz Tadeu. Currículo e identidade social: territórios contestados. In: SILVA, Tomaz Tadeu. **Alienígenas na sala de aula**: uma introdução aos Estudos Culturais em Educação. Petrópolis: Vozes, 1995. p. 190-207.

FORMAÇÃO CONTINUADA NO ÂMBITO DO PNAIC NO MUNICÍPIO DE CAXIAS-MA: relato da experiência de uma professora alfabetizadora

Laurilene Cardoso da Silva Lopes
Neide Cavalcante Guedes

Traços iniciais

Neste artigo que é parte de uma pesquisa mais ampla[46] objetivamos socializar a experiência vivida por uma professora alfabetizadora na formação continuada no âmbito do Pacto Nacional pela Alfabetização na Idade Certa no município de Caxias-MA, mostrando no contexto da prática (BALL, 2009) as adequações realizadas no município para que a política educacional fosse implantada. Iniciamos descrevendo o processo de implantação no município desde a pactuação até os momentos de estudos realizados pela equipe, ressaltando as formações realizadas em 2014 que tiveram destaque no ensino de Matemática, sua organização quanto ao estudo e distribuição da carga horária. Finalizamos apontando a articulação realizada pela professora entre os saberes aprendidos na formação continuada e a prática docente no ensino de Matemática na alfabetização evidenciando o uso da literatura como meio de integralizar as diferentes disciplinas, além de demonstrar a articulação dos conhecimentos adquiridos na formação continuada com a prática docente.

Embora os contextos estejam evidentes neste estudo, tendo em vista que o Pacto Nacional pela Alfabetização na idade certa se reveste do contexto de influências no qual os grupos discutem e elaboram textos políticos que pela sua natureza se constituem nas relações de poder, será dado maior destaque ao contexto da prática uma vez que as professoras alfabetizadoras tiveram a oportunidade de expressar significados diversos, tanto para o texto legal do PNAIC, quanto para a prática docente que se originou tendo como suporte a formação continuada.

---

[46] "Formação continuada no âmbito do Pacto Nacional pela Alfabetização na Idade Certa: contribuições para o ensino de Matemática e para a prática". Dissertação defendida no Programa de Pós-Graduação em Educação da Universidade Federal do Piauí.

O Pacto Nacional pela Alfabetização na Idade Certa no Município de Caxias-MA

A primeira versão do curso teve início em agosto de 2013, período em que o município havia firmado parceria com o Instituto Alfa e Beto e os professores estavam atrelados a uma proposta de ensino por repetição e memorização com resoluções de problemas que não possibilitavam aos alunos mobilizar diferentes saberes para responder as atividades, levando-os a pensar apenas no tipo de operação a ser realizada.

Com adesão do município ao PNAIC, e apesar da equipe incompleta de orientadores, foi necessário buscar outros professores efetivos da Rede Municipal para integrar o grupo. As professoras que aceitaram o desafio mostravam um bom desempenho em sala e tinham formação em Pedagogia ou Letras. O grupo então foi formado por 06 (seis) professoras com formação em Letras e 14 (catorze) com formação em Pedagogia. Essa diferença na formação acrescentou valor aos estudos, pois gerou discussões fortalecendo os conhecimentos adquiridos.

Com essas peculiaridades, o PNAIC foi adquirindo uma identidade própria dos profissionais de Caxias-MA e na segunda etapa do programa, que ocorreu em 2014, foram atendidos 471 professores sendo 230 da Zona Urbana e 241 da Educação do Campo. A equipe era composta por 20 orientadores de estudos sendo 10 da Zona Urbana, 11 da Educação do Campo e um Coordenador Local.

Nesta fase foram atendidas 506 turmas de alfabetização totalizando 8.653 alunos, sendo que as orientadoras de estudos durante o ano de 2014 realizaram 1.316 acompanhamentos aos professores da Zona Urbana e 182 na Zona Rural. O acompanhamento é o período de maior proximidade entre as professoras e os orientadores de estudos, além de ser o momento de conhecer os avanços dos professores na operacionalização do seu trabalho.

Em Caxias-MA, o acompanhamento acontecia da seguinte forma: as orientadoras de estudos coordenavam em média um grupo de quatro escolas, sendo que mensalmente o acompanhamento era distribuído pela quantidade de salas de cada escola. Então em um mês letivo que tem em média 21 dias era possível estar em todas as escolas e antes do planejamento mensal aconteciam reuniões de alinhamento para organização da formação e planejamento.

No âmbito do Pacto a organização do trabalho pedagógico é discutida no Caderno 1. A proposta desse estudo, de acordo com Nacarato (2014), é pensar a organização do trabalho para alfabetizar as crianças matematicamente. Essa organização passa, principalmente, pelo planejamento porque é nesse momento que o professor define suas intenções pedagógicas para atividades a serem realizadas, essa finalidade perpassa pela escolha do material, os objetivos, metodologias e o momento para sua utilização.

No Estado do Maranhão, a Universidade Federal do Maranhão - UFMA é responsável pela formação dos orientadores de estudos (OEs) e Coordenadores Locais (CL), sendo que, em 2013, a primeira versão da formação foi em Linguagem e em 2014, a segunda versão, em Matemática. Este programa aconteceu com formações presenciais para os Orientadores de Estudos que foram formados pelas Universidades e esses, por conseguinte, ficaram encarregados de formar os Professores Alfabetizadores em seus respectivos municípios.

No âmbito da Matemática, o referido Pacto evidencia uma concepção de formação que traz em sua estrutura discussões teórico-metodológicas associando teoria e prática, proporcionando, assim, reflexões sobre a forma de ensinar os conteúdos abordados. Dentre as temáticas estudadas na área da Matemática, destacou-se a organização do trabalho pedagógico, quantificação, registros e agrupamentos, construção do sistema de numeração decimal, operações na resolução de problemas, geometria, grandezas e medidas, educação estatística, saberes matemáticos, dentre outros.

As discussões promovidas sobre Alfabetização Matemática fundamentavam-se na perspectiva do letramento a partir do momento em que propunha diálogos com outras áreas do conhecimento, intencionando, assim, a contextualização e a interdisciplinaridade. Quanto à carga horária da formação no ano de 2014, o documento orientador das ações do programa nos diz:

> As estratégias formativas priorizadas contemplam atividades de estudo, planejamento e socialização da prática. Em **2014**, a duração do curso será de **160 horas**, objetivando aprofundamento e ampliação de temas tratados em 2013, contemplando também o foco na articulação entre diferentes componentes curriculares, mas com **ênfase em Matemática** (BRASIL, 2014, p. 2, grifos do autor).

A dinamização do programa sofreu modificações na cidade de Caxias--MA, que adotou a seguinte organização: os cadernos Organização do Trabalho Pedagógico e Quantificação, Registros e Agrupamentos; Educação Estatística e Saberes Matemáticos, Outros Campos do Saber e seminário de encerramento foram trabalhados em formação de 8 (oito) horas cada; e os demais cadernos Construção do Sistema de Numeração Decimal, Operações na Resolução de Problemas, Grandezas e Medidas, Geometria, 12 horas cada, sendo realizadas, ainda, as Atividades Complementares Orientadas com carga horária de 48 horas, de modo que a formação teve uma total de 200 horas.

Esses encontros proporcionaram momentos de discussões e trocas de experiências entre os pares que ao longo dos estudos puderam construir novos conhecimentos sobre diferentes conteúdos da área da Matemática, bem como aprenderam sobre Alfabetização e Letramento Matemático e a articulação da Matemática com diferentes áreas do conhecimento.

A proposta do PNAIC é de que no ensino de Matemática sejam trabalhados os conceitos matemáticos, uma vez que esse trabalho possui duas intenções, conforme estudos realizados por Moretti (2015). A primeira é a apropriação dos conceitos em situações cotidianas (espontâneo), que apenas mostra onde o conceito pode ser aplicado. Por exemplo, no caso das medidas podemos perceber as medidas padronizadas e nas brincadeiras ficam mais evidentes as medidas não padronizadas. Já o conceito científico explicita as grandezas discretas e contínuas, as unidades de medidas e esse trabalho vai corroborar com a tomada de consciência pelos alunos.

O PNAIC, através dos estudos realizados durante a formação, organizado, planejado e materializado nas aulas por meio do trabalho dos professores, propiciou às escolas a possibilidade de se tornarem um grande espaço de discussão e mobilização em favor da alfabetização dos alunos na idade certa, demonstrada pelas alfabetizadoras por meio do desenvolvimento das crianças.

Em 2013, apesar dos desafios e de estarmos nos acostumando com os estudos sobre aspectos específicos da alfabetização, conseguimos organizar uma formação garantindo o tempo para o estudo, planejamento e socialização das atividades realizadas. O processo de alfabetizar se tornou o ponto central das discussões, levando em consideração os saberes dos professores e os estudos propostos.

A formação em Matemática, conforme mencionado, ocorreu em 2014 a partir de uma proposta contextualizada e interdisciplinar, o que não deixou de ser desafiador porque percebemos que os professores já haviam internalizado a proposta. As atividades com o uso dos livros de literatura do acervo complementar e dos Jogos de alfabetização do CELL ampliaram as possibilidades de integração das disciplinas.

Os cadernos de estudos traziam uma matemática próxima e familiar aos professores com o uso de jogos, materiais concretos e a literatura infantil. Os professores participaram de oficinas de contação de histórias, desenvolvendo suas habilidades para trabalhar na sala de aula. Com os livros de literatura infantil os professores implantaram a leitura de deleite que ajudou no desenvolvimento da habilidade de ouvir histórias contadas por outras pessoas, ou seja, os alunos adquiriram o hábito de ouvir não só a história contada, mas a explanação das aulas realizadas pelas professoras.

Os eixos trabalhados na segunda etapa de formação se constituíram basicamente da forma diferenciada de trabalhar os conteúdos: resgataram recursos didáticos como o cartaz de prega, material dourado, coleções de tampinhas, sementes e contação de histórias. O Ministério da Educação, por meio de programas como Programa Nacional do Livro Didático (PNLD), Programa Nacional da Biblioteca Escolar (PNBE) e Programa Dinheiro Direto na Escola (PDDE) Interativo disponibilizou livros de literatura infantil e os jogos do CEEL e os professores confeccionaram a caixa matemática com coleções de diferentes materiais, além de fita métrica, cédulas de dinheiro e outros recursos que auxiliaram no seu trabalho.

A literatura infantil ajudou no desenvolvimento de atividades interdisciplinares, onde os saberes dos alunos eram o ponto de partida para potencializar novas aprendizagens. Neste sentido, foi se desenhando uma nova forma de ensinar e aprender Matemática, promovendo o desenvolvimento de habilidades e competências de acordo com os conteúdos trabalhados.

Para o desenvolvimento desse trabalho, os professores que ensinam Matemática[47] necessitam desenvolver conhecimentos mais contextualizados, que proporcionem estudos não somente no nível do cálculo pelo cálculo, mas pautados na resolução de problemas, na contextualização e nas práticas sociais.

Nesse sentido, a proposta do PNAIC retoma as orientações dos PCN e amplia a discussão sobre: a alfabetização e o letramento, a interdisciplinaridade, a criança no ciclo de alfabetização, dentre outras temáticas abordadas nos cadernos de formação. Esses estudos se tornam mais evidentes por conta da inserção das crianças de 6 (seis) anos no Ensino Fundamental, pois, a partir dessas mudanças, houve a necessidade de adequação do currículo e do Projeto Político-Pedagógico das escolas.

De acordo com as Diretrizes Curriculares Nacionais da Educação Básica (2013), a passagem dos alunos da Educação Infantil para o Ensino Fundamental deve considerar os conhecimentos adquiridos pelas crianças, além da continuidade do processo de alfabetização e letramento, que não deve ser interrompido. Nesse sentido, o ciclo de alfabetização (1º a 3º anos) consolidará as aprendizagens dos alunos, uma vez que

> Os três primeiros anos do Ensino Fundamental devem assegurar: a alfabetização e o letramento; o desenvolvimento das diversas formas de expressão, incluindo o aprendizado da Língua Portuguesa, a Literatura, a Música e demais artes, a Educação Física, assim como o aprendizado de Matemática, de Ciências, de História e de Geografia; A continuidade da aprendizagem, tendo em conta a complexidade do processo de alfabetização e os prejuízos que a repetência pode causar no Ensino Fundamental como um todo, e, particularmente na passagem do primeiro para o segundo ano de escolaridade e deste para o terceiro (DCNEB, 2013, p. 123).

A partir da sistematização do ciclo de alfabetização, é possível identificar suas especificidades quanto aos objetivos, conteúdos e metodologias para garantia de um trabalho voltado para a alfabetização e o letramento que promova a apropriação das habilidades e competências necessárias para estar alfabetizado. Com esse novo olhar sobre o processo de alfabetização,

---

[47] Aqui usamos esse termo para nos referir aos professores formados em Pedagogia e que trabalham nos anos iniciais do Ensino Fundamental.

observamos a necessidade de mudanças suscetíveis para o currículo, ou seja, a necessidade de um trabalho interdisciplinar para integração dos saberes, fazendo uso das práticas sociais da leitura, escrita e da matemática em diferentes situações do cotidiano.

Nesse sentido, convém destacar que as mudanças ocorridas na organização do Ciclo de Alfabetização perpassam o Plano de Desenvolvimento da Educação e o Plano Nacional de Educação instituído pelo Decreto nº 6.094, de 24/04/2007 que define no inciso II do art. 2º a responsabilidade dos entes governamentais de alfabetizar as crianças de até, no máximo, os oito anos de idade", aferindo assim os resultados por exames periódicos sendo que a meta 5 do Projeto de lei que trata do PNE também enfatiza a alfabetização até no máximo os oito anos de idade.

A partir desse momento ficou firmado um pacto entre os entes federados para que elaborassem os Planos Municipais de Educação, que a partir das metas estabelecidas no PNE faziam a elaboração das estratégias a serem desenvolvidas pelos municípios para alcançar as metas propostas.

Tendo em vistas o cumprimento dessas metas e devido ao índice de analfabetismo do país, que apresentava uma melhora IBGE (2010), entendemos que esses dados revelam que o número de crianças de 10 anos de idade que não sabiam ler e escrever era 6,5% inferior ao de 2000, que girava em torno de 11,4%. No entanto, apesar desse acréscimo na população que sabe ler e escrever, fica evidente que ainda é preciso potencializar o processo de alfabetização das crianças para que possamos alcançar a alfabetização de todas as crianças. Tornou-se necessário reorganizar os conteúdos e metodologias a serem trabalhados no ciclo de alfabetização.

A proposta é trabalhar o ensino de Matemática na perspectiva do letramento a partir da organização dos conteúdos em eixos estruturantes, que são apresentados separadamente por uma questão de organização. Porém, sua abordagem deve ser integrada com as ouras áreas do saber possibilitando o uso das experiências associado com as práticas sociais.

No documento "Elementos Conceituais e Metodológicos dos Direitos de Aprendizagem e Desenvolvimento do Ciclo de Alfabetização", disponibilizado para consulta pública, o ensino de Matemática apresenta a educação matemática tendo como aspecto principal a resolução de problemas e o desenvolvimento do pensamento lógico. Apresenta, ainda, os Direitos de Aprendizagem de Matemática para as crianças. Assim, os eixos estruturantes estão distribuídos no caderno de apresentação do PNAIC de Matemática da seguinte forma: "Números e Operações; Pensamento Algébrico; Espaço e Forma/Geometria; Grandezas e Medidas; Tratamento da Informação/Estatística e Probabilidade" (CADERNO DE APRESENTAÇÃO, 2014, p. 43).

Outro aspecto considerado relevante diz respeito ao entendimento da concepção de ser alfabetizado, conforme consta nos cadernos do PNAIC, quando afirma que "ser alfabetizado é muito mais do que dominar apenas os rudimentos da leitura e escrita, mesmo sendo capaz de ler e escrever todas as palavras" (BRASIL, 2014, p. 10). A partir dos estudos realizados na formação continuada, os professores estudaram e discutiram por meio das leituras realizadas nos cadernos de formação que essa concepção foi ampliada e que não basta ter o domínio do código escrito – é preciso interpretar e fazer uso dessas habilidades em diferentes situações do cotidiano.

Nessa perspectiva, o ensino de Matemática, que antes tinha uma orientação tradicional, em que prevalecia a interação unilateral do professor com o aluno, agora apresenta uma proposta voltada para a interação relacional, buscando a compreensão que possibilitará a reflexão sobre o processo de alfabetização, considerando as práticas sociais desenvolvidas, permitindo que os saberes prévios dos alunos trazidos para a sala de aula corroborem para o fortalecimento do processo de aprendizagem, haja vista que eles adquirem conhecimentos em sua vida diária.

> Entender a Alfabetização Matemática na perspectiva do letramento impõe o constante diálogo com outras áreas do conhecimento e, principalmente, com as práticas sociais, sejam elas do mundo da criança, como os jogos e brincadeiras, sejam elas do mundo adulto e de perspectivas diferenciadas, como aquelas das diversas comunidades que formam o campo brasileiro (BRASIL, 2014, p. 15).

Partindo dessa compreensão e de acordo com Mendes (2009, p. 23), apreendemos que "o conhecimento cotidiano, portanto, é implícito, intuitivo, surge costumeiramente das necessidades suscitadas no contexto sociocultural e desempenha um papel importante na organização do conhecimento escolar e científico". Com essas singularidades trazidas para a sala de aula, observa-se nas palavras do estudioso uma reorganização cognitiva universal que caracteriza o processo interativo do conhecimento.

Nesse sentido, ressaltamos que o PNAIC traz a discussão do ensino de Matemática na perspectiva da alfabetização e do letramento por considerar que as práticas sociais fazem parte da constituição desta disciplina. Nas palavras de Moretti (2015, p. 22):

> [...] o entendimento de que a apropriação de conceitos matemáticos pode se dar de forma mais efetiva, de forma significativa, em relação com as práticas sociais não significa que o uso de noções matemáticas diluídas nas práticas sociais seja suficiente para a aprendizagem dos conceitos.

Nesta perspectiva é possível apreender que a proposta do PNAIC é alfabetizar os alunos e, em relação aos conhecimentos de Matemática, essa alfabetização será na perspectiva do letramento e deve acontecer até o final do 3º ano do Ensino Fundamental. Entretanto, a realidade brasileira nos mostra uma diversidade cultural, social e econômica desafiadora, que na maioria das vezes interfere no trabalho realizado na escola.

Sob este olhar, o conhecimento prévio e as práticas sociais são o ponto de partida para a aprendizagem dos alunos e colaboram para o desenvolvimento de suas habilidades e competências, permitindo que o ensino se torne mais significativo por estar mais próximo da sua realidade, fazendo com que a Matemática, faça parte de sua vida por meio da manifestação em situações do cotidiano.

Nessa direção é possível observar o quão é difícil romper com o ensino tradicional, que ainda se constitui no lugar de segurança do professor. Daí a necessidade de considerar de suma importância a formação continuada por ser um espaço de estudo que possibilita as discussões sobre diferentes aspectos do ensino e da complexidade da prática, que posteriormente irá contribuir para ampliação do conhecimento e das diferentes metodologias de ensino.

As temáticas trabalhadas nas formações propiciaram a experiência com atividades envolvendo a literatura infantil, jogos e variedades de textos que circulam em diferentes situações, tornando possível o uso do acervo literário complementar disponibilizado pelo Ministério da Educação para as escolas utilizarem na construção de atividades diferenciadas.

De acordo com Dantas (2015, p. 3), "a literatura infantil exerce um papel fundamental na vida da criança possibilitando viagens fantásticas, permitindo as mais diversas interpretações e significações do mundo, bem como o desenvolvimento do pensamento crítico, imaginativo, reflexivo e da fruição", além de permitir o trabalho interdisciplinar de modo que haja a superação da fragmentação do ensino, possibilitando que as crianças tenham acesso ao conhecimento em sua forma ampla. Com isso, é possível manter um diálogo com diferentes saberes.

Os jogos didáticos também foram outra parte que ficou marcada na prática docente e, em diálogo com Melo (2009, p. 6) compreendemos que "o uso dos jogos no ensino de Matemática pode ser considerado didaticamente como estratégia de ensino e também como tendência matemática". Os jogos potencializam a aprendizagem dos alunos na medida em que podem desenvolver diferentes habilidades, que pode ser diferenciadas dependendo do estilo de jogo utilizado pelo professor para promover o conhecimento. Conforme ressalta Grando (2004, p. 33),

> [...] é importante que, para o professor, o objetivo e a ação em si a serem desencadeados pelo jogo estejam bastante claros e tenham sido amplamente discutidos e delineados com seus colegas docentes, garantindo um trabalho interdisciplinar.

No PNAIC os jogos se constituem em uma atividade lúdica que corrobora para promover a aprendizagem das crianças. Com o Ensino Fundamental de nove anos os alunos chegam mais cedo na escola e a brincadeira e o jogo fazem parte do seu universo infantil, tornando-se uma ferramenta para o trabalho com a Alfabetização Matemática. Portanto,

> Os jogos exercem um papel importante na construção de conceitos matemáticos por se constituírem em desafios aos alunos. Por colocar as crianças constantemente diante de situações-problema, os jogos favorecem as (re) elaborações pessoais a partir de seus conhecimentos prévios. Os alunos levantam hipóteses, testam sua validade, modificam seus esquemas de conhecimento e avançam cognitivamente (STAREPRAVO, 2009, p. 19).

A intenção pedagógica dos jogos no processo de alfabetização é colaborar para desenvolver o raciocínio lógico, as estratégias de resolução de problemas e a tomada decisão ajudando na formação dos conceitos matemáticos. O ensino de Matemática aliado com a literatura amplia a possibilidade de aprender a Matemática, pois, de acordo com Smole (2001, p. 70), "quanto maior a compreensão do texto, mais o leitor poderá aprender a partir do que lê", tornando necessário que as disciplinas em suas diferentes áreas desenvolvam nos alunos o hábito da leitura, haja vista que essa ação colabora para desenvolver essas especificidades.

Por exemplo, em Matemática "há especificidade, uma característica própria na escrita que faz dela uma combinação de sinais, letras e palavras que se organizam segundo regras que expressão ideias" (SMOLE, 2001, p. 70). Isso porque existe uma grande circulação de literatura que tem como foco o trabalho com diferentes conceitos da Matemática. Lembrando que os gêneros textuais também colaboram para desenvolver habilidades inerentes aos eixos de: grandezas e medidas, espaço e forma, números e operações e tratamento da informação.

Em todas as aulas observadas identificamos o uso dos gêneros textuais e a partir deles as professoras desenvolviam as outras disciplinas. Esse foi um dos estudos realizados durante a formação e se constituiu no planejamento por meio de sequência didática e rotinas semanais utilizando gêneros textuais.

> A finalidade básica de proporcionarmos momentos em que os alunos leiam o livro didático é que eles ampliem os conhecimentos de que dispõem sobre noções e conceitos matemáticos e que ganhem autonomia para buscar e selecionar informações matemáticas nos mais variados contextos, ou seja, desejamos que eles leiam para estudar e aprender (SMOLE, 2001, p. 78).

A leitura amplia o imaginário, auxilia na compreensão e resolução de problemas, além de familiarizar os alunos com os termos específicos da Matemática. Nesse sentido, Smole (2001, p. 15) nos diz que "a comunicação tem um papel fundamental para ajudar os alunos a construírem um vínculo entre suas noções informais e intuitivas e a linguagem abstrata e simbólica da matemática". Para que isso ocorra, o professor precisa encorajar seus alunos a se comunicarem matematicamente e, assim, desenvolverem as habilidades de organizar ideias, articular os conceitos, conectando o pensamento a novos conhecimentos, além de opinar sobre o que estão estudando, desenvolvendo dessa forma, o senso crítico.

Vale ressaltar que no currículo as práticas sociais se constituem como um espaço de aprendizagem, construção da cultura, porque envolvem experiências escolares e extraescolares que se desdobram em conhecimentos que colaboram na construção da identidade de alunos e professores. A interdisciplinaridade presente na proposta do programa vem como forma de romper com a fragmentação das disciplinas, mostrando que os conhecimentos se inter-relacionam.

Formação continuada e prática docente: articulação de saberes no ensino de Matemática na alfabetização

A formação oferecida pelo PNAIC se constitui em períodos de maior interação no sentido do intercâmbio estabelecido entre os professores de diferentes escolas da rede municipal, o que permite conhecer outras realidades e experiências didáticas. Deste modo, a construção de saberes profissionais por meio da formação, e da troca de experiências entre os pares, potencializa o trabalho dos professores em suas salas de aulas, fornecendo subsídios que possibilitam a formação dos alunos para o pleno exercício de sua cidadania.

Se considerarmos os resultados das avaliações externas, é possível perceber a contribuição dos estudos realizados durante as formações que culminaram no desenvolvimento de práticas educativas, propiciando novas estratégias de ensino e dinamização do processo de aprendizagem, o que contribuiu satisfatoriamente para melhoria da qualidade do ensino.

Neste sentido, é razoável pensar a formação a partir das vivências dos professores pela possibilidade de realizar discussões teóricas que proporcionem a ampliação dos conhecimentos e teorização da prática na construção de novos saberes para a transformação de sua ação docente. O diálogo entre a prática vivenciada e a teorização construída sobre ela colabora para um movimento de ação-reflexão-ação na perspectiva de transformação da realidade.

O processo formativo vinculado às estratégias metodológicas propicia aos docentes o exercício da reflexão sobre situações vivenciadas por eles, contribuindo para um repensar do fazer pedagógico, uma vez que a formação, numa dimensão ampliada, envolve a articulação entre saberes, práticas e o currículo.

Segundo Alarcão (2005, p. 46), "a reflexão para ser eficaz precisa de ser sistemática nas interações e estruturantes dos saberes dela resultantes". Deste modo, verifica-se a necessidade de assegurar aos professores uma formação adequada na busca constante de reflexão e aperfeiçoamento de suas práticas.

A estrutura do PNAIC apresenta uma forma de organização unificada. No entanto, no município de Caxias foi realizada uma reestruturação para adequação à nossa realidade, de forma a agregar valor aos estudos e à prática docente[48]. Com essa reorganização os orientadores de estudos foram disponibilizados somente para o trabalho com o programa, o que propiciou, dentre outras coisas, mais tempo de estudo e acompanhamento pedagógico. Os orientadores passaram a conhecer a realidade dos professores, melhorando a qualidade das discussões nas formações, o que possibilitou um diálogo entre a formação e prática docente.

Nos estudos realizados no ano de 2014, as alfabetizadoras puderam construir novos conceitos sobre diferentes conteúdos da Matemática, bem como aprenderam sobre Alfabetização e Letramento Matemático e como esses se apresentam nos conteúdos e articulam a Matemática com as diferentes áreas do conhecimento. Com o objetivo de propiciar essas vivências ao longo da formação em Matemática, a equipe do PNAIC Caxias propôs aos professores o trabalho com a Atividade Complementar Orientada (ACO). Essa atividade tratava de conteúdos trabalhados a partir de jogos e dos livros de literatura infantil do acervo complementar distribuídos pelo Ministério da Educação.

As atividades eram planejadas e depois utilizadas na aula prática realizada com os alunos, seguida de uma escrita narrativa e sempre realizada ao final de cada etapa de formação com o intuito de vivenciar na prática os aspectos teóricos estudados. Deste modo, compartilhamos do entendimento de que a formação continuada corrobora para o desencadeamento de ações que tenham o professor como um profissional em constante formação, uma vez que a organização do fazer pedagógico promove conhecimento e, ainda, a articulação entre a teoria e a prática.

Nessa perspectiva, convém mencionar que "teoria e prática não se submetem uma à outra, mas estabelecem uma relação de reciprocidade [...]", conforme destaca Resende (2014, p. 22). A correspondência é tal que podemos afirmar não haver evolução da prática sem a evolução da teoria e vice-versa, o que significa dinamismo ao conceito de unidade, evidenciando, inclusive seu caráter histórico.

Assim, é preciso lembrar que os professores trazem em sua prática teorias e concepções que fundamentam seu fazer. Portanto, a investigação da prática e da experiência vivida pode contribuir para a elaboração de novas propostas

---

48 Neste trabalho partilhamos da visão de Oliveira (2013, p. 35) para o termo prática docente que diz: "a prática docente está associada ao ensinar, ao transmitir e facilitar a produção de conhecimentos e saberes [...]".

de ensino a partir do desvelamento do saber-fazer e da compreensão do processo de "aprender a ensinar" que o professor vem construindo ao longo de seu exercício profissional.

Um dos saberes construído pelas alfabetizadoras foi o trabalho com a literatura infantil e gêneros textuais em uma perspectiva interdisciplinar. Textos literários como "O conto da Dona Baratinha" e dos gêneros como contos populares, adivinhas, propaganda, anúncio, dentre outros, foram utilizados para enriquecer a prática alfabetizadora e fortalecer a alfabetização na perspectiva do letramento proposta pelos documentos de orientação para o ciclo de alfabetização.

Nesse sentido, passamos para a descrição de uma aula ministrada por uma das alfabetizadoras durante o período em que a observação participante estava sendo realizada para demonstrar a forma como a professora articula os saberes aprendidos durante a formação com a prática docente. Essa articulação se tornou possível mediante os estudos realizados e a possibilidade de vivenciar a teoria na prática.

Apresentamos a atividade realizada pela professora Finlândia na turma do 1º ano do Ensino Fundamental na qual foi utilizada a literatura infantil com o objetivo de desenvolver um trabalho interdisciplinar na disciplina de Língua Portuguesa trabalhando os eixos de leitura, produção de texto e oralidade. Dentro do eixo "Leitura" foram trabalhadas as capacidades de: ler textos (poemas, canções, tirinhas, textos de tradição oral, dentre outros) com autonomia; realizar inferências em textos de diferentes gêneros e temáticas, lidos pelo professor ou outro leitor experiente; e localizar informações explícitas nos textos.

No eixo "Produção de textos" a professora procurou desenvolver as seguintes capacidades: utilizar vocabulários diversificados e adequados ao gênero e as finalidades propostas, e no eixo "Oralidade" sua meta foi promover interações orais em sala de aula, questionando, sugerindo, argumentando e respeitando os turnos de fala. No eixo" Análise linguística" - Sistema de Escrita Alfabética (SEA), o objetivo foi dominar as correspondências entre letras ou grupos de letras e seu valor sonoro, de modo a ler/escrever palavras e textos.

Na disciplina de Matemática o eixo trabalhado foi "Números e Operações" e as capacidades desenvolvidas foram: identificar números nos diferentes contextos em que se encontram, e suas diferentes funções: indicador da quantidade de elementos de uma coleção discreta (cardinalidade), medida de grandezas (2 quilos, 3 dias etc.); indicador de posição (número ordinal); e código (número de telefone, placa de carro etc.); utilizar diferentes estratégias para quantificar e comunicar quantidades de uma coleção; contagem oral, pareamento, estimativa e correspondências de agrupamento.

E em Artes o eixo trabalhado foi "Arte e Identidade Pessoal" e as capacidades foram: conhecer, vivenciar e interagir com materiais, tecnologias, técnicas, instrumentos e procedimentos variados em artes, experimentando de modo a utilizá-los nos trabalhos pessoais e coletivos de criação artística. E em Ciências a professora trabalhou o eixo da "Compreensão conceitual e procedimental da ciência": aprender a seriar, organizar e classificar informações; e estimular o exercício intelectual.

Considerando a observação realizada e nossa percepção sobre o cotidiano da sala de aula, é possível inferir que as disciplinas foram trabalhadas de forma interdisciplinar. Partimos agora para a descrição da aula da professora Finlândia que iniciou a partir da leitura do "Livro dos números, bichos e flores", de Cléo Busatto.

A partir da capa do livro a professora antes da leitura realizou várias inferências, como por exemplo: já conseguem ler o nome do livro? Sobre os elementos pré-textuais (título, autor, ilustrador etc.), perguntou: quem gostaria de falar sobre números? Para que servem? Onde encontramos os números? Fez a antecipação do sentido do texto com alguns questionamentos: onde podemos encontrar o girassol? Quem já viu um girassol? Qual sua cor? Por que se chama girassol?

Durante a leitura, a professora, por meio de perguntas sobre as cenas que surgiam, interagia com os alunos obtendo respostas surpreendentes como, por exemplo: "o girassol além de ter essa cor do sol e de parecer bastante com ele, o girassol se abre em direção de seus raios". Os alunos pintaram e recortaram os desenhos dos animais e das flores que apareceram na história para confecção de um mural ilustrando um jardim. Foram confeccionados, ainda, potes de garrafa pet com os numerais de 0 a 9 para trabalhar correspondência numérica e criada também uma lista com possíveis animais que encontrados neste ambiente.

A professora com as garrafas pet distribuiu os números e chamou os alunos para organizar a lista dos numerais 1 ao 9 para, em seguida, relacioná-los com a quantidade de animais e flores que aparecem na história. Assim, ela trabalhou a correspondência numérica.

Deste modo, observamos que a leitura literária potencializa a articulação entre diferentes áreas do conhecimento e dessa forma a professora pôde desenvolver uma atividade interdisciplinar mostrando o aprendizado de forma lúdica. Com essa atividade a professora Finlândia destaca no seu relato "que a atividade possibilitou trabalhar de forma interdisciplinar Português, Matemática e Ciências, sendo que a ludicidade estava presente no decorrer da atividade, o que a tornou prazerosa".

No decorrer desta pesquisa foi possível observar e compreender que a literatura infantil possibilitou um trabalho interdisciplinar, se constituindo em uma das práticas que ficaram permanentes nas turmas de alfabetização. "A interdisciplinaridade pressupõe a transferência de métodos de disciplinas para outra. Ultrapassa-as, mas sua finalidade inscreve no seu estudo interdisciplinar" (BRASIL, 2013, p. 28).

Essa articulação entre as diferentes áreas do conhecimento vai de encontro com a fragmentação do ensino, mostrando que estão integralizados entre si e que no cotidiano essa articulação acontece de forma mais perceptível. Por isso, ressalto, como uma estudiosa do ensino de Matemática, que a dinamicidade das professoras ao realizar esse trabalho foi fundamental, pois ensinar os alunos a contar e reconhecer os numerais não é um exercício fácil. Existem vários conceitos envolvidos como, por exemplo, a noção de quantidade, as relações existentes entre as operações e o princípio da contagem. Quando a professora utiliza a literatura para desenvolver o trabalho com os numerais todos esses conceitos estão inseridos de forma simultânea.

Se esses conceitos não forem trabalhados de forma adequada, certamente irão comprometer a aprendizagem da criança, que precisa compreender que os conteúdos se relacionam. Conforme explicita Toledo (2010), existem etapas que as crianças passam na construção do conceito de número, dentre as quais podemos citar a conservação de quantidade, que é um processo mental que ocorre antes da criança compreender a inclusão hierárquica, observado quando colocamos a criança para contar. A conservação de quantidades divide-se em discreta (números de exemplares de uma coleção) e contínua (medida de comprimento e superfície),

A conservação de quantidade é trabalhada quando ensinamos os conteúdos dos eixos "Grandezas e Medidas", que é a noção de maior, menor; grande, pequeno, comprido, curto; e "Números e Operações", quando utilizamos materiais concretos como tampinhas e sementes para ensinar a contar. Essas implicações estão subentendidas no conteúdo dos numerais.

A outra etapa é a inclusão hierárquica que, de acordo com Toledo (2010), é a capacidade de perceber que o "um" está incluso no "dois" (e assim sucessivamente), também envolvido no processo de aprender numerais. Como exemplo dessa inclusão hierárquica, podemos citar: quem é o 1? Ele é a soma do 1+0=1; e o 2? É a soma de 1+1=2. Dessa forma podemos perceber a inclusão.

O professor precisa ter conhecimento desses conceitos que envolvem o conteúdo a ser ensinado para desenvolver estratégias metodológicas que facilitem a compreensão dos alunos no seu processo de aprendizagem. Assim, para trabalhar os conteúdos de Matemática usando a literatura é preciso um planejamento sistemático da atividade para que os objetivos sejam alcançados.

A sala de aula deve ser um espaço de interação, comunicação de ideias, posicionamentos, investigação, para que os alunos ganhem confiança em suas capacidades de aprendizagem. Por essa razão, o trabalho em grupo propicia a discussão e a descoberta.

> A organização do tempo pedagógico para a Alfabetização Matemática envolve as diferentes formas de planejamento, desde a organização da sala até o fechamento da aula, entendidos de forma articulada e que orientem a ação do professor Alfabetizador (NACARATO, 2014, p. 6).

O planejamento sistemático da aula evita improvisos, aproveita melhor o tempo, melhora as estratégias de ensino, ajuda na organização dos materiais a serem utilizados e, assim, propicia um ambiente de aprendizagem criativo, dinâmico e de conhecimento. "Cabe ao professor criar um ambiente problematizador que propicie a aprendizagem da matemática, uma comunidade de aprendizagem compartilhada por professor e alunos" (NACARATO, 2014, p. 18). O trabalho com a literatura infantil permitiu o desenvolvimento da oralidade, pois, nas aulas, em que antes não havia a participação dos alunos, agora ela é evidente: os alunos compartilham dando suas opiniões e expressando suas ideias sobre o que está sendo estudado. De acordo com Nacarato (2014, p. 25), "a comunicação oral possibilita uma maior iteratividade entre alunos e professor em sala de aula". Muitas vezes no momento da exposição oral de um raciocínio é que o aluno toma consciência sobre o modo de pensar, correto ou não.

Notas conclusivas

O registro escrito pode ser uma estratégia para ensinar Matemática, pois, como vimos nas atividades realizadas pelas professoras, os alunos sempre oralizam suas respostas e depois registram o que foi ensinado por meio da escrita. O registro nos faz perceber o que aprendemos e as lacunas que ficaram durante o processo de aprendizagem, nos encaminhando para a reflexão. Essa reflexão nos leva a repensar as estratégias de resolução dos problemas, melhora a argumentação para, posteriormente, completar ou refutar uma resposta.

As atividades realizadas a partir da literatura infantil possibilitaram ao professor desenvolver um trabalho interdisciplinar, articulando as diferentes áreas do conhecimento. "A Matemática tem relação intertextual com toda a vida prática, com outros textos, com leitura e os entendimentos daí decorrentes" (PAROLIN, 2010, p. 90). Isso acontece porque ela faz parte da vida cotidiana, estando presente desde as situações simples, como a compra de um objeto na mercearia, até situações complexas, como realizar cálculos para desenho de uma planta baixa.

Portanto, quanto mais possibilidades de aprendizagem no campo da Matemática forem disponibilizadas aos alunos, mais eles aprenderão e desmistificarão os meandros existentes no conteúdo nele trabalhado. No entanto, ensinar Matemática não é expor os conteúdos para os alunos, considerando que para isso é preciso que o professor tenha habilidades, estudos e pesquisa sobre o que se pretende fazer. No caso desta pesquisa, a cada atividade alcançada as professoras realizavam estudos e pesquisa, selecionavam materiais, atividades, para a partir daí pensar sobre as estratégias de ensino a serem utilizadas.

Nestas notas conclusivas reafirmamos que tanto a sistemática de planejamento quanto a seleção e uso dos recursos didáticos utilizados nas situações de aprendizagem contribuíram para uma melhor captação dos conteúdos por parte dos alunos. Além disso, mobilizaram os saberes docentes utilizados no cotidiano, por considerarem que em ações simples os alunos lidam com situações-problema que envolve os saberes matemáticos como um conhecimento básico na formação do aluno.

REFERÊNCIAS

ALARCÃO, I. (Org.). **Professores reflexivos em uma escola reflexiva**. São Paulo, Cortez, 2005.

BALL, S. J. Palestra: **Ciclo de políticas/ Análise política**. Rio de Janeiro: Universidade do Estado do Rio de Janeiro (UERJ); 2009. Disponível em: http://www.ustream.tv/recorded/2522493. Acesso em: 6 jun. 2017.

BRASIL. **Decreto-lei nº 6.094, de 24 de abril de 2007**. Disponível em: <http://www.planalto.gov.br/ccivil_03/_ato2007-2010/2007/decreto/d6094.htm>. Acesso em: 15 maio 2017.

BRASIL. Ministério da Educação. Conselho Nacional de Educação. **Resolução CNE/CP nº 07/2013**. Fixa Diretrizes Curriculares Nacionais para o Ensino Fundamental de 9 (nove) anos. Disponível em: <http://www.mec.gov.br>. Acesso em: 15 ago. 2017.

BRASIL. Avaliação Nacional da Alfabetização (ANA): **documento básico**. Brasília: Instituto Nacional de Estudos e Pesquisas Educacionais Anísio Teixeira, 2013.

BRASIL. Pacto Nacional pela Alfabetização na Idade Certa: Formação do professor alfabetizador. **Caderno de Apresentação**. Brasília: MEC/SEB, 2014.

BRASIL. Pacto Nacional pela Alfabetização na Idade Certa: **documento orientador das ações de formação continuada**. Brasília: MEC/SEB, 2014a. Disponível em: <http://www.pacto.mec.gov.br>. Acesso em: maio 2017.

BUSATTO, C. **Livro dos números, bichos e flores**. São Paulo. Moitará, 2012.

DANTAS, O. M. A. N. A; MEDEIROS, J. L. **O uso interdisciplinar da literatura infantil no processo de ensino e aprendizagem nos anos iniciais**. Brasília, 2015. Disponível em: <http://educere.bruc.com.br>. Acesso em: 11 jul. 2017.

GRANDO, R. C. **O jogo e a matemática no contexto da sala de aula**. São Paulo: Paulus, 2004.

IBGE. Censo demográfico 2015. **Ensino - matrículas, docentes e rede escolar - 2015**. Maranhão: IBGE, 2015. Disponível em: <http://cidades.ibge.gov.br>. Acesso em: 19 mar. 2017.

MELO, S. A. de. **Jogos no ensino aprendizagem de matemática**: uma estratégia para aulas mais dinâmicas. Apucarana-PR, 2009. Disponível em: http://www.fap.com.br. Acesso: 14 jul. 2017.

MENDES, I. A. **Investigação Histórica no Ensino da Matemática**. Rio de Janeiro: Ciência Moderna, 2009.

MORETTI, V. D. **Educação matemática nos anos iniciais do ensino fundamental**: princípios e práticas pedagógicas. São Paulo: Cortez, 2015.

NACARATO, A. M.; PASSOS, Cármem Lúcia Brancaglion; GRANDO. Regina Célia. Organização do trabalho pedagógico para a alfabetização matemática. In: BRASIL. Pacto Nacional pela Alfabetização na Idade Certa: **Organização do trabalho pedagógico**: Caderno de Apresentação: MEC/SEB. Brasília, 2014.

OLIVEIRA, M. M. de. **Sequência Didática Interativa no processo de formação de professores**. Petrópolis, RJ: Vozes, 2013.

PAROLIN, I. **Professores formadores**: a relação entre a família, escola e a aprendizagem. 2. ed. São José dos Campos: Pulso editorial, 2010.

RESENDE, L. M. G. Paradigma e Trabalho Pedagógico: construindo a unidade teórico-prática. In: TACCA, M. C. V. R. (Org.). **Prática pedagógica e formação de professores**. Campinas, SP: Alínea, 2014. p. 40-50.

SMOLE, K. S. Ler e aprender matemática. In: SMOLE, Kátia Stocco; DINIZ, Ignez Diniz (Org.). **Ler, escrever e resolver problemas**: habilidades básicas para aprender matemática. Porto Alegre: Artmed editora, 2001. p. 69-86

STAREPRAVO, A. R. **Mundo das ideias**: jogando com a matemática, números e operações. Curitiba: Aymará, 2009.

TOLEDO, M. B. de A. **Teoria e prática de matemática**: como dois e dois. São Paulo: FTD, 2010.

O PACTO NACIONAL PELA ALFABETIZAÇÃO NA IDADE CERTA (PNAIC): processos de subjetivação do trabalho docente

Meyre-Ester Barbosa de Oliveira
Joralice Cristina Virgínio de Morais

Introdução

O presente artigo se inscreve no âmbito do Projeto de Pesquisa "A política curricular no município de Mossoró: articulações entre currículo e formação de professores" desenvolvido no período de 2018 a 2020, vinculado ao grupo de Estudos e Pesquisas em Currículo e Ensino (GEPCE/UERN). Para o momento focalizaremos as articulações entre as políticas de formação docente e curriculares, no âmbito do desenvolvimento do Pacto Nacional pela Alfabetização na Idade Certa (PNAIC).

Em nossos estudos temos observado certa ambivalência na produção de políticas curriculares e de formação docente em movimentos que se retroalimentam numa produção concomitante e contingente. Essa ambivalência tem sido a marca de políticas que vinculam propostas de formação como instituintes de propostas curriculares, como no caso do PNAIC, que se constitui como política de formação e como orientação curricular, tendo como horizonte não só a formação de alfabetizadores, mas também de referências curriculares para a alfabetização, conforme as diretrizes delineadas na Portaria nº 867/ 2012, que instituiu o Pacto (FRANGELLA, OLIVEIRA, 2016).

O PNAIC representa um compromisso assumido entre os entes Federal, Estaduais e Municipais, com o intuito de atender a meta 5 do Plano Nacional de Educação (PNE) 2014 a 2024. Com o propósito de garantir o direito de aprendizagem em Língua Portuguesa e Matemática, a política traz a obrigatoriedade de alfabetizar todas as crianças na faixa etária dos 06 (seis) aos 08 (oito) anos. Para tanto, a parceria firmada entre os governos federal, estaduais e municipais tinha o intuito de promover a formação continuada de professores alfabetizadores a fim de "se tornarem mais qualificados na tarefa de alfabetizar meninos e meninas, garantindo o direito de aprendizagem em Língua Portuguesa e Matemática" (BRASIL, 2012). As ações de formação continuada de professores alfabetizadores, suscitadas pelo Pacto, abrangeram diferentes estados e municípios permanecendo em vigência até o ano de 2018.

Ao longo das últimas décadas a formação de professores alfabetizadores tem sido objeto de ações sistematizadas por parte do governo federal por meio do desenvolvimento de ações como o Programa de Formação de Professores Alfabetizadores (PROFA), de 2001 a 2004, o Programa de Formação Continuada de Professores dos Anos/Séries Iniciais (Pró-Letramento), de 2005 a 2012, que antecederam e foram substituídas pelo PNAIC, de 2013 a 2018. Tais iniciativas alinhadas à articulação discursiva que conecta a melhoria da qualidade da educação à formação docente pautam-se na perspectiva da profissionalização, associada ao estabelecimento de normas, práticas, saberes e experiências consideradas como desejáveis ao docente profissional (SOUTHWELL, 2008).

Observa-se assim que currículo, formação e avaliação compõem a tríade das reformas de cunho neoliberal, em curso desde a década de 1990 (BALL, 2012), constituindo "um conjunto relativamente limitado de ideias que agora possuem circulação global" (AVELAR, 2016, p. 10) e que compõem o que Ball denomina de "uma rede global de política educacional" (BALL, 2014), conforme abordaremos na seção a seguir.

Nossa intenção no presente capítulo é de problematizar o PNAIC como política alinhada a um registro instrumental de caráter normativo, na medida em que busca regular a prática curricular de docentes alfabetizadores, delineando um conjunto de "regras sobre como agir na prática curricular" (LOPES, 2015, p. 118). Nosso intuito não é avaliar a efetividade da política, mas uma tentativa de compreender o "como" dessa política, que subjetivações produziu, quais as traduções e mediações no contexto da rede municipal de ensino de Mossoró/RN. Em relação à interface entre formação docente e currículo intentamos compreender, como essa política de formação continuada acaba por se configurar como arena de produção curricular, suas repercussões nos micro espaços e articulações com as políticas globais.

Em vista de uma análise menos verticalizada e polarizada, que não separe ou justaponha as dimensões proposta e prática, buscamos operar com a abordagem do ciclo de políticas[49] que permite uma análise mais complexa e não

---

49 De acordo com Mainardes (2006), o ciclo de Políticas proposto por Ball & Bowe (1992) caracteriza o processo político como um ciclo contínuo composto por três aspectos: a política proposta, a política de fato e a política em uso. O primeiro aspecto alude à política oficial, o segundo remete aos textos políticos e legislativos que representam a política e, por fim, o último aspecto diz respeito aos discursos e práticas institucionais produzidos no processo de pôr as políticas em ação. Considerando que a linguagem utilizada nessa tríade apresenta certa rigidez, os autores abandonam esse modelo e propõem um ciclo composto de contextos inter-relacionados, que não correspondem a etapas hierárquicas ou lineares, mas correspondem a uma análise complexa e multifacetada da política. Inicialmente apresentaram: o contexto de influência, no qual geralmente têm início as políticas e se constroem os discursos políticos; o contexto da produção de texto, que segundo o autor tem uma relação "simbiótica" com o contexto de influência, refere-se à produção de textos políticos que representam a política e o contexto da prática, no qual a política é posta em ação estando sujeita a recriações e interpretações. Posteriormente, *no livro Education reform: a critical and post-structural approach*, o ciclo é ampliado com a inserção de dois outros contextos: o de resultados

linear das políticas de currículo. Nesses termos, assumimos a compreensão de políticas como produção cultural, resultante de processos que envolvem negociações, traduções e disputas de sentidos por diferentes sujeitos, em múltiplos contextos, na tensão permanente entre o global e o local (OLIVEIRA, 2016). Em sintonia com esse registro compreendemos o currículo como enunciação cultural (MACEDO, 2006; FRANGELLA, 2009) e como um discurso que constrói sentidos (LOPES e MACEDO, 2011), cuja produção resulta de um processo contínuo e dinâmico haja vista, inacabado, resultante de inúmeras interações, embates, disputas de sentidos.

Organizamos o capítulo em mais quatro seções. Na primeira abordamos a tensão global-local na produção das políticas educacionais e de modo particular as de currículo e de formação de professores, assinalando os fluxos transnacionais de ideias e a presença cada vez maior de novos atores ligados ao setor privado, originando novas formas de governança e subjetividades (BALL, 2014). A segunda seção esboça uma leitura/tradução da política em apreço, compreendida não apenas como algo local, mas como tradução dos discursos e tecnologias das políticas globais (BALL, 2014). Problematizamos ainda proposta do PANAIC como instituinte de currículo (FRANGELLA, 2016a) calcada na tríade formação, avaliação e currículo como apostas para garantir a alfabetização na "idade certa" e a qualidade educacional. Com base na concepção de política assumida pelas autoras, buscamos na terceira seção examinar as produções discursivas sobre o PNAIC, assumidas igualmente como produção de política curricular, posto que são processos de significação, a partir de entrevistas realizadas com docentes que atuam em duas escolas da rede municipal de Mossoró-RN. A última seção, à guisa de conclusão, apresenta alguns pontos de inflexão sobre a política em pauta.

Globalismos, localismo e produção de políticas

A formação docente tem sido elemento-chave nos discursos que compõem as políticas nas últimas décadas, ao mesmo tempo em que se observa a centralização das decisões curriculares e perspectivas de controle do trabalho docente, produzidas em múltiplos cenários, também articuladas ao processo da globalização de políticas. A produção de evidências quanto à "importância e a gravidade da questão da formação de professores para a educação básica torna-se patente" e tem predominado em muitos estudos do campo, se constituído contexto de influência para a produção de políticas a partir de

---

e o da estratégia política. No quarto contexto, assinalando que as políticas produzem efeitos, esboça uma preocupação com questões de justiça, igualdade e liberdade individual; o último "envolve a identificação de um conjunto de atividades sociais e políticas que seriam necessárias para lidar com as desigualdades criadas ou reproduzidas pela política investigada" (MAINARDES, 2006, p. 55).

uma articulação hegemônica em torno da demanda acerca da "necessidade de políticas mais objetivas sobre formação de professores" (GATTI *et al.*, 2019, p. 303) como forma de garantir a qualidade da educação.

A fala da presidente do Conselho Nacional de Secretários de Educação (Consed), Cecília Mota por ocasião da cerimônia de lançamento da cartilha sobre a Política Nacional de Alfabetização (PNA), decreto n° 9.765 de 11 de abril de 2019, ocorrida em Brasília, evidencia o enfoque na formação: "Não interessa o método aplicado pelo professor. Interessa que a criança aprenda. *Então é uma questão de formação do professor.* Ele precisa ser bem preparado para ter eficiência no processo de alfabetização" (Nova Escola, 2019, grifo nosso)[50].

Observa-se que as políticas em curso no Brasil e em diferentes países não só da América Latina estão sedimentadas no pensamento político da Organização para a Cooperação e Desenvolvimento Econômico (OCDE), cujos resultados de pesquisas apontam a vinculação entre o desempenho dos alunos e a formação docente. Ao analisar textos políticos produzidos por organismos internacionais no período de 2001 a 2012, Dias (2013, p. 467) verifica

> uma intensa produção de políticas curriculares para a formação de professores no espaço ibero-americano. Parte desse movimento de intensificação da produção dessas demandas é justificado pelos textos dos organismos internacionais como uma resposta necessária à superação de problemas educacionais verificados no espaço ibero-americano, dando destaque ao estabelecimento de metas para esse alcance. Nesses textos, algumas ideias-chave são defendidas no sentido de estabelecer um novo patamar da formação – o da profissionalização docente.

Demandas em relação à redução das taxas de analfabetismo, à universalização da Educação Básica e à formação continuada de professores têm sido compartilhadas como consensuais em países por tudo o mundo, principalmente a partir da década de 1990, alinhadas a agenda de políticas neoliberal, com o intuito de "compatibilização e harmonização dos sistemas educativos" às demandas do mercado (BALL, 2012).

Nesse cenário complexo em que se constata o fluxo de ideias e compartilhamento de soluções em âmbito mundial, Ball (2014) assevera que a análise da política educacional não pode se restringir aos limites do "estado-nação". A esse respeito propõe que ao invés de compreendermos a política educacional como iniciativa estritamente local, devemos pensá-la como algo que se torna cada vez mais global. Ao afirmar que uma política não de desenvolve de forma

---

50 Disponível em: https://novaescola.org.br/conteudo/18190/com-criticas-aos-metodos-atuais-mec-lanca-cartilha-sobre-politica-nacional-de-alfabetizacao?gclid=EAIaIQobChMI9_GxudqA8wIVlwuRCh0k6ANXEAAYA-SAAEgLYhfD_BwE

isolada, põe em relevo a interpenetração das políticas e sua articulação com outras que já estão em ação, bem como as interconexões globais e locais.

O autor chama atenção para como as políticas se movem ao redor do mundo num processo de "desnacionalização". Quanto a isso argumenta que a política está sendo feita em outros espaços, incorporando novos princípios, atores e organizações, desencadeando alterações substanciais em relação a como as políticas e serviços são desenvolvidos, configurando o que considera "triunfo do ideário neoliberal" (BALL, 2014, p. 24).

Ball enfatiza os fluxos e mobilidades de pessoas, ideias e capital configurando o que ele denomina de "rede global de política educacional" que se estabelece por meio de "um conjunto de relacionamentos ligados à política que agora se estendem pelo mundo e adentram diferentes países, através dos quais se movem ideias políticas, tecnologias políticas, pessoas e dinheiro" (AVELAR, 2016, p. 8) que "conectam e interpenetram o local" (PECK apud BALL, 2014, p. 29).

A Política Nacional de Avaliação (PNA), instituída pelo Decreto nº 9.765, de 11 de abril de 2019, é ilustrativa dessas interconexões entre global e local. As diretrizes que nortearão as ações e programas com vistas melhorar a qualidade da alfabetização e a reduzir o analfabetismo no Brasil, tem como inspiração o trabalho desenvolvido em países que ampliaram seus indicadores educacionais como Austrália, Canadá, Chile, Estados Unidos, França e Portugal, estabelecendo como princípios o respeito aos entes federativos e a adesão voluntária; a literácia e numerácia; a fundamentação nas ciências cognitivas; a centralidade do papel da família e a alfabetização como instrumento de superação das desigualdades sociais.

Destarte, podemos observar que no conjunto dessas políticas algumas articulações discursivas ganham destaque, como demandas supostamente consensuais que devem orientar a produção de políticas, dentre os quais a ênfase na alfabetização, a preocupação com a avaliação dos resultados, com a formação de professores, a regulação dos processos pedagógicos e a centralização curricular. No PNE 2014-2024 a intenção de qualificar os professores que atuam com a alfabetização se articula também ao intento de estruturação dos processos pedagógicos, de desenvolvimento e uso de tecnologias educacionais e práticas inovadoras e articulação da formação inicial e continuada. Tais aspectos assinalados apresentam congruência com o conjunto das metas que compõem o plano, as quais pressupõem promover à "garantia do direito à educação básica com qualidade, que dizem respeito ao acesso, à universalização da alfabetização e à ampliação da escolaridade e das oportunidades educacionais" (BRASIL, 2014).

As redes políticas ativam novas formas de governança, incorporando outros atores e instituindo novas "fontes de autoridade". Todavia, a participação de atores privados na produção de políticas nem sempre é visibilizada, agências multilaterais, ONG e empresas têm influenciado cada vez a formulação de políticas em nível global, instituindo "novas redes e comunidades políticas" por meio das quais determinados discursos se espraiam e se legitimam, rasurando as fronteiras entre Estado, economia e sociedade civil tecendo relações complexas e interdependência (BALL, 2014).

Tais aspectos suscitam aos pesquisadores estabelecer o desafio de estabelecer conexões entre o interpretativo, o material e o discursivo para assim analisar como os sujeitos produzem sentidos para as políticas (BALL; MAGUIRE; BRAUN, 2016), mediante processos que envolvem disputas discursivas em torno das agendas políticas.

O PNAIC: alfabetização, formação e produção curricular

O Pacto Nacional pela Alfabetização na Idade Certa instituído pela Portaria ministerial nº 867, de 04 de julho de 2012, se articula com o proposto no Plano Nacional de Educação (PNE) para o decênio 2014-2024, estabelecido pela Lei nº 13.005, de 25 de junho de 2014, no que concerne a meta 5, à qual prevê que até os 8 anos de idade as crianças "adquiram domínio satisfatório do sistema ortográfico e desenvolvam habilidades de escrita". (BRASIL, 2014).

Todavia, a ênfase na alfabetização já se fazia presente no PNE 2001-2010 (Lei nº 10.172/2001), mais associada à Educação de Jovens e Adultos (EJA), sem referência aos primeiros anos da infância, constando apenas a menção nos objetivos e metas em relação à extinção das classes de alfabetização e a inserção de crianças com idade superior a 7 anos no Ensino Fundamental.

A preocupação com a alfabetização é igualmente assinalada no inciso II do artigo 2º do Decreto Presidencial nº 6.094/07, que "Dispõe sobre a implementação do Plano de Metas Compromisso Todos pela Educação, pela União Federal, em regime de colaboração com Municípios, Distrito Federal e Estados, e a participação das famílias e da comunidade [...]" que estabelece a diretriz de "alfabetizar as crianças até, no máximo, os oito anos de idade, aferindo os resultados por exame periódico específico".

Considerado como ação estratégica na agenda das políticas educacionais para o Ensino Fundamental, o pacto configura a parceria e mobilização dos entes federados em prol do compromisso de alfabetizar todas as crianças até o terceiro ano do Ensino Fundamental, garantindo o direito de aprendizagem em Língua Portuguesa e Matemática.

Conforme abordado na seção anterior, as políticas educacionais compartilham ideias, sentidos, estratégias e proposições alinhadas a perspectivas nacionais e globais já em curso desde os anos de 1990. Analisando o contexto de influência da criação do PNAIC, para além do alinhamento às políticas internacionais, há que se considerar o Programa de Alfabetização na Idade Certa (PAIC), instituído no estado do Ceará e transformado em política pública prioritária em 2007, voltada para a formação de professores, tendo como meta inicial garantir a alfabetização dos alunos matriculados nos dois primeiros anos do Ensino Fundamental da rede pública cearense. Estrutura-se a partir de uma parceria entre governo do estado e municípios cearenses, com vistas a apoiá-los na tarefa de alfabetizar as crianças da rede pública até concluírem o segundo ano.

Posteriormente o programa passou por duas ampliações, em 2011, o PAIC + 5 estendeu as ações até o quinto ano, e, em 2015, com a criação do MAIS PAIC, passou a contemplar do sexto ao nono ano do Ensino Fundamental, consolidando a parceria com os 185 municípios contemplados. O programa está articulado em seis eixos, sendo um para cada nível de ensino, um eixo de gestão municipal, um eixo de literatura e formação do leitor e um eixo de avaliação. Observa-se na definição de cada eixo características de perspectivas gerencialistas atribuídas aos gestores à Secretaria Municipal de Educação com foco no monitoramento do ensino e aprendizagem dos alunos e na delimitação de metas que ensejam resultados de excelência articuladas a programas de premiação para as escolas que apresentam melhores resultados, além da distribuição de materiais pedagógicos estruturados de caráter prescritivo. Vale salientar a parceria como o Fundo Internacional de Emergência das Nações Unidas para a Infância (UNICEF), além de outra associações de caráter local e nacional, como a Associação dos Municípios e Prefeitos do Estado do Ceará (APRECE) e União Nacional dos Dirigentes Municipais de Educação (Undime).

Tendo em vista os resultados satisfatórios apresentados pelo programa no Ceará[51] o Governo Federal criou o PNAIC mantendo algumas similaridades, como a ideia de uma ação articulada de formação continuada, o foco nos resultados e na avaliação, a distribuição de materiais pedagógicos e o compromisso de garantir a alfabetização das crianças "na idade certa".

Todavia, a proposta do PNAIC também apresenta estrutura que em muitos aspectos se assemelha ao programa de formação continuada de professores - Pró-Letramento: Mobilização pela Qualidade da Educação – desenvolvido pelo MEC em parceria com as universidades que compunham a Rede Nacional de Formação Continuada, contando com a adesão dos estados para sua realização. O objetivo central do programa consistia em alavancar a melhoria da

---

51 Dados de 2015 apontam que: 86% das crianças encontram-se alfabetizadas ao término do 2° ano, enquanto que, em 2007, esse percentual era de apenas 39,9%; Os resultados do 5° ano evidenciaram significativos avanços em Língua Portuguesa, o percentual de alunos no nível adequado subiu para 37,2%, enquanto, em 2008, o nível era de 6,8% e em Matemática, era de 3,6% e passou para 32,1%. Em relação aos anos finais do Ensino Fundamental, os dados estimam que, em 2012, o percentual de alunos no nível adequado em Língua Portuguesa era de 8,6%, subindo, em 2015, para 12,1%. Já em Matemática, o percentual de alunos no nível adequado passou de 3,9%, em 2012, para 5,9%, em 2015. (Dados do Sistema Permanente de Avaliação da Educação Básica do Ceará – Spaece, 2015. Disponível em: https://idadecerta.seduc.ce.gov.br/index.php/o-paic/objetivos-e-competencia).

qualidade da aprendizagem da leitura/escrita e matemática nos anos iniciais do Ensino Fundamental. Compreendia o desenvolvimento de atividades de formação continuada no formato semipresencial, com vistas a proporcionar uma formação em rede – Universidades, Secretarias de Educação e Escolas Públicas; suporte pedagógico para os docentes dos anos iniciais, desenvolver a cultura da formação continuada e conhecimentos que favoreçam a compreensão do da língua portuguesa, da matemática e de seus processos de ensino-aprendizagem.

Tais aspectos evidenciam o caráter de hibridismo que constitui o texto político, mediante a articulação de sentidos e demandas relativas à alfabetização, à formação e regulação do trabalho docente e do currículo, à avaliação, ao alcance da qualidade, o que leva a uma leitura que "seja capaz de pensar o espaço-tempo da política como um cruzamento entre características globais do capitalismo e especificidades locais em um processo que envolve hibridismos" (MACEDO, 2006, p. 286).

Os objetivos do PNAIC se voltam para garantia da alfabetização até a conclusão do 3º ano; a redução da distorção idade-série; o incremento dos resultados o Índice de Desenvolvimento da Educação Básica (IDEB) e o aperfeiçoamento da formação dos professores alfabetizadores; construir propostas para a definição dos direitos de aprendizagem.

Para o alcance dos objetivos as ações do PNAIC estão organizadas em eixos que compreendem a Formação Continuada para Professores Alfabetizadores e Orientadores de Estudo; Distribuição de Materiais Didáticos; Avaliação e Gestão, Mobilização e Controle Social. Observa-se que a formação continuada de Professores Alfabetizadores e Orientadores de Estudo é o eixo central em torno do qual se busca a articulação dos demais eixos com vistas ao aperfeiçoamento da prática pedagógica do Professor Alfabetizador. Como ressalta Frangella, os eixos evidenciam "ações de formação que se interligam necessariamente a práticas de avaliação universais e produção curricular" (2016b, p. 116).

No tocante à formação há que se destacar a ideia de direitos de aprendizagem que compreende a definição de descritores que estabelecem conhecimentos e capacidades organizadas por eixos de ensino, as quais devem ser introduzidas, aprofundadas e consolidadas ao longo dos três anos de alfabetização. Conforme apresentado nos documentos, os direitos de aprendizagem orientam a ação pedagógica e são considerados fundamentais para que as crianças desenvolvam autonomia da leitura e escrita, devendo permear todo processo de alfabetização.

Corroboramos o argumento de Frangella de que os direitos de aprendizagem constituem elemento central na proposta formativa:

o que fica evidenciado é como os direitos à aprendizagem, expressos em forma de objetivos de aprendizagem, são orientadores do trabalho a ser desenvolvido no âmbito do PNAIC, e isso se consubstancia na própria organização da proposta de trabalho, tal como está exposto no Caderno de Formação de Professores (FRANGELLA, 2016a, p. 78).

Percebe-se assim que o discurso de formação se dá na articulação com a definição do que e de como deve ser ensinado, evidenciando a centralidade do conhecimento e a regulação do trabalho docente. Porquanto,

> a definição dos direitos se desdobra na indicação de objetivos e seus conteúdos relativos, mas, para assegurar a garantia de direitos, há que se ter a indicação de o que fazer para atingir isso – modalizando as formas de ensino com definição de procedimentos metodológicos (FRANGELLA, 2016a, p. 76).

De acordo com Frangella (2017), o foco na formação continuada de professores termina por se configurar como uma política de centralização curricular, que se desdobra em propor soluções e fundamentalmente em um currículo que, por vez, está limitado em perspectivas centralizadoras, por vezes apresentada para os professores de uma forma verticalizada, apesar de ser baseado em experiências alfabetizantes. Nesses termos o PNAIC constitui-se como uma política de currículo em uma lógica homogeneizadora que se imprime nas ações de formação e produção curricular do Pacto.

Todavia, as tentativas unificadoras de propostas e identidades ao mesmo tempo em que intentam bloquear a disseminação de sentidos abrem um espaço discursivo concebido por Bhabha como "um terceiro espaço onde a negociação das diferenças incomensuráveis cria uma tensão peculiar às exigências fronteiriças" (BHABHA, 1998, p. 300), que, por sua vez, ao suscitar outras possibilidades enunciativas, faz emergir o ato transgressor da tradução cultural, possibilitando um agenciamento intersticial, que simultaneamente recusa a inscrição autoritária e reconhece os limites de seus campos discursivos. Partindo da compreensão de que o significado nunca é definitivamente fechado, pode-se pensar a política como disputa pela significação, que será sempre adiada, tendo em conta que os processos de significação são sempre contingentes e provisórios.

Processos de subjetivação

Como produção cultural a política é "[...] processo social, relacional, temporal e discursivo" (MAINARDES e MARTINS, 2015, p. 173), atravessado por relações de poder. Ball, em entrevista a Avelar (2016), assevera que qualquer estudo sobre políticas não pode desconsiderar o entrelaçamento entre objetos, pessoas e práticas de linguagem. Assim a análise política, em vez de priorizar a leitura dos textos, deve considerar as condições de possibilidade e contingência histórica, bem como com a maneira na qual o discurso é inscrito nos corpos.

Concordamos com Ball, Maguire e Braun (2016): as políticas são recriadas em espaços de decisão e negociação que não se restringem às esferas do Estado. Nessa acepção as políticas são atuadas por meio de processos de tomada de decisões nos espaços escolares, nos quais estão envolvidos funcionários, professores, estudantes, pais e comunidade, que legitimam e hegemonizam provisoriamente os sentidos.

Com efeito, compreendemos que ao analisar a atuação das políticas precisamos considerar as condições objetivas em relação a um conjunto de dinâmicas "interpretativas", subjetivas. Para tanto, não podemos deixar de focar no intercruzamento dos âmbitos material, estrutural e relacional. É com base nesse entendimento que nos debruçamos sobre as entrevistas das docentes, com o intuito de compreender suas interpretações e atuações no que se refere: aos encontros de formação do PNAIC, aos processos de significação e subjetivação da docência e de produção curricular.

No município de Mossoró, a adesão ao Pacto foi anunciada em um evento realizado em março de 2013, com a participação de técnicos da Secretaria Municipal de Educação (SME), dos supervisores e gestores das escolas municipais, momento em que também foi apresentada a equipe de orientadores de estudo, consolidando assim o Pacto no município.

Realizamos entrevistas semiestruturadas com quatro pedagogas do ciclo de alfabetização de duas instituições de ensino, do município de Mossoró--RN, doravante PA1, PA2, PA3 e PA4. A seleção das entrevistadas seguiu os seguintes critérios: ter participado durante toda a formação do PNAIC de 2013 a 2018; ser professora efetiva da rede municipal de ensino de Mossoró e estar, no período em que se realizou a pesquisa, atuando no ciclo de alfabetização.

Buscamos compreender a percepção das docentes em relação aos propósitos do PNAIC. As entrevistadas apresentaram posicionamento semelhante ao ressaltarem a importância do pacto em relação ao propósito de alfabetizar as crianças até os oito anos de idade. Mas para a docente PA4 o programa vai além de ensinar a ler e a escrever, pois possibilitou "valorizar o estudante como ser humano e como produtor da sua história". Nas falas dessas professoras, observamos como é fortemente introjetado o discurso sobre o propósito do PNAIC em relação a alfabetizar até o 3º ano do Ensino Fundamental.

Em relação ao conteúdo das formações as respostas reiteraram o foco em Língua Portuguesa e Matemática, sendo apenas realçado por PA1 "o Sistema de Escrita Alfabética, ludicidade na alfabetização e artes". Os cadernos de estudos apresentavam conteúdos teóricos e atividades práticas, sugestões de atividades relativas aos direitos de aprendizagem de Língua Portuguesa e Matemática, mas também contemplavam direitos que se referiam a outras disciplinas como História, Artes, Ciências.

Indagamos às professoras se concordavam que haveria uma idade certa para alfabetizar. As respostas apresentadas pelas docentes evidenciam que há distintas significações sobre o que venha a ser "idade certa". PA3 e PA1 concordam que há uma idade certa para alfabetiza, que estaria delimitada entre os 6 e 7 anos de idade. Contudo, apresentam deslizamentos quanto à enunciação do sentido. Assim, a idade certa ora está correlacionada a existência de um tempo cronológico para desenvolvimento da leitura na defesa de que "em torno dos 6 e 7 anos de idade as crianças estão preparadas para serem alfabetizadas" (PA3), ideia igualmente partilhada por PA1, ora como "prontidão" que estaria relacionada a toda "uma estrutura anterior, de toda uma base que vai sendo edificada gradativamente em anos anteriores, por meio de estímulos familiares, sociais e culturais. Não quer dizer que toda criança entre seis e sete anos está pronta para ser alfabetizada" (PA1).

Nesse processo de significação do em torno da noção de idade certa PA2 expressou que:

> [...] alfabetizar na idade certa significa respeitar o tempo do aluno. Diferente da concepção do PNAIC, que entendia que essa alfabetização tinha que terminar no 3° ano. Eu já não concordo com isso, eu acho que cada pessoa tem a sua individualidade, sua especificidade, seu tempo de aprendizagem. Eu acho que isso deve ser respeitado. Então, eu não tenho como saber a idade certa, porque isso depende do aluno, depende da realidade social, cultural, histórica, em que aquele aluno está inserido (PA2, 2020).

Em aproximação com o entendimento apresentado por PA2 de que a idade certa não está definida a priori, PA4 defende que "quem determina a idade certa é a criança", "não podemos afirmar uma "idade certa" para alfabetizar; as crianças não estão programadas para despertarem numa faixa etária específica para a leitura e escrita".

Outro sentido que emerge como deslizamento de uma dimensão bio-psico-social é o de que a "idade certa" estaria relacionada a vários fatores, desde o biológico às condições sociais, contextuais, com as experiências educativas anteriores. Desse modo, fixar uma idade certa implica desconsiderar a cultura, a individualidade, a percepção da criança e seu contexto.

Com o ciclo de políticas podemos romper com a ideia de coerência entre proposta e prática, projeto e ação, uma vez que os sentidos não podem ser controlados nos diferentes contextos. A atuação da política é sempre um processo complexo e criativo, que envolve reapropriações e mudanças de sentidos num processo contínuo.

Buscamos compreender como os docentes respondem as interpelações didático-pedagógicas e curriculares evocadas pela formação. Para tal, questionamos se as formações provocaram mudanças na prática pedagógica dos professores participantes do PNAIC. As docentes foram unânimes ao afirmar que a formação trouxe muitas mudanças para as práticas pedagógicas, particularmente na forma de ministrar o ensino em sala. As entrevistadas se reportam muito às suas práticas, consideram que as atividades se tornaram mais criativas, com mais participação dos alunos. PA1 afirmou que "houve uma nova maneira de trocar essas experiências, esses conhecimentos, de experiências na sala, [...] que foi muito valioso". Essa professora se reporta aos encontros de formação, no tocante a apresentação das atividades desenvolvidas pelos docentes em suas salas, tendo como referência atividades propostas nos cadernos de formação, por meio de relatos, fotos, amostras de trabalhos realizados pelos alunos, dentre outros.

Conforme observam as entrevistadas, o PNAIC não trouxe somente a teoria para ser desenvolvida na formação, mas a prática para ser discutida, observada, ouvida, refletida. Conforme as entrevistadas esses momentos fortaleciam os encontros, pois, no momento em que apresentavam suas experiências com seus alunos, refletiam sobre o processo. As apresentações das atividades desenvolvidas funcionavam como um mecanismo de controle do trabalho docente. Contudo, ficava evidente que os profissionais têm suas maneiras próprias de atuarem, de planejarem sua prática. As interpretações se hibridizam, formando outras contingenciais e cada professor constrói sentidos.

PA2 considera que a formação provocou mudanças em sua prática, considera que "as aulas se tornavam mais dinâmicas e as crianças tinham mais oportunidade de interagir umas com as outras", destacando o uso de jogos e matérias possibilitados pelo pacto. As docentes PA3 e PA4 também concordam que o PNAIC trouxe mudanças na prática pedagógica. PA4 foi enfática ao afirmar que "mudou totalmente" e que apesar de cansativo o curso era muito bom, prático e sentiu a responsabilidade do cumprimento das tarefas. Essa docente se reportou aos "para casa" que as orientadoras passavam para os professores realizarem com os alunos. Segundo afirma, se sentia com a responsabilidade de cumprir, pois na semana seguinte seriam cobradas pela orientadora de estudo.

No que se refere ao monitoramento do programa, perguntamos se havia acompanhamento da prática pedagógica junto aos professores participantes e como transcorriam. Todas as docentes assentiram que havia um acompanhamento por parte das supervisoras pedagógicas e em alguns casos o acompanhamento também era realizado pelas técnicas da SME (PA4) e/ou pelas orientadoras do PNAIC (PA2). A docente PA1 relatou que a supervisora da escola em que atua sempre acompanhou as atividades assistindo as aulas e solicitando o caderno de planejamento, o que já era comum antes do PNAIC. PA3 explicou que o acompanhamento se dá nos dias de extra regência, momento no qual a supervisora lembrava aos professores de contemplar as atividades do PNAIC no planejamento diário, conforme as atividades que constavam nos cadernos de estudo. PA2 destacou que o acompanhamento na escola era realizado tanto pela equipe pedagógica da escola, quanto pela equipe formadora do PNAIC, que visitava quinzenalmente a escola. Nesses "acompanhamentos" havia a cobrança em relação a coerência entre o proposto nos cadernos de formação e o realizado em sala e as supostas distorções eram postas em xeque, com a responsabilização dos supervisores e gestores.

Perguntamos ainda se o PNAIC trouxe mudanças para o currículo do ciclo de alfabetização, ao que responderam afirmativamente de modo unânime, enfatizando a incorporação de uma diversidade de textos, de materiais, para que eles desenvolvessem o pensamento crítico e reflexivo. Somente a docente PA4 mencionou os direitos de aprendizagem, afirmando que serviam de base para o planejamento na escola. Observamos que as professoras veem as orientações do PNAIC como pertinentes, satisfatórias, criativas e significativas para suas ações, porém, não relacionam os direitos de aprendizagem/descritores e as atividades dos cadernos como currículo, que determinam uma base para alfabetizar.

Percebe-se que SME, professores, supervisores, todos estavam "engajados" com os objetivos do PNAIC. Cada supervisor de escola recebia as orientações gerais dos orientadores de estudo e dos documentos oficiais e adequava à realidade da sua escola. A partir das respostas das docentes, avaliamos que apesar de estarem submetidas a uma lógica gerencialista e performática, não se percebem como submetidos a tal. Assim, transpareceram que concebem os estímulos e avaliação dos resultados como motivação para conseguirem "ser um excelente profissional", de modo que não verbalizaram insatisfação em relação às exigências por melhores resultados para atingir metas.

Como podemos analisar, a partir dos relatos, não obstante a sobrecarga de atividades, a formação contribuiu para mudanças e ressignificações na prática pedagógica. Desse modo, apesar do PNAIC apresentar um cunho prescritivo com currículo/descritores, rotina/planejamento e os cadernos de estudos, os docentes consideram que possibilitou o desenvolvimento de estratégias inovadoras de alfabetização. As professoras apresentam uma visão otimista da formação e dos materiais, conforme exposto a seguir: a formação foi avaliada de forma satisfatória pelas docentes, que nessa perspectiva podem ser consideradas entusiastas da política. Assim, consideram que a formação possibilitou ressignificar o processo de alfabetização, auxiliou na produção de novas estratégias pedagógicas e no planejamento das ações. Contudo, percebe-se em alguns momentos questões como sobrecarga de trabalho, justaposição de atividades e aumento das responsabilidades, monitoramento, cobrança em torno do alcance de metas e de melhorias dos resultados, ausência e/ou insuficiência de materiais e de infraestrutura.

As políticas são colocadas em ação para serem desenvolvidas, no entanto, um conjunto de dinâmicas interpretativas deve ser considerada. Ball, Maguire e Braun (2016) evidenciam em suas pesquisas que as dimensões contextuais são importantes na atuação da política:

> As políticas são intimamente moldadas e influenciadas por fatores específicos da escola que funcionam com restrições, pressões e facilitadores de atuação de políticas tende a ser negligenciados. Políticas introduzem ambientes de recursos diferentes; escolas têm histórias específicas, edifícios e infraestruturas, perfis de pessoal, experiências de liderança, situações orçamentárias e desafios de ensino e aprendizagem [...] e as exigências do contexto interagem (p. 35).

Desse modo, percebemos que apesar das similaridades cada escola apresenta sua lógica de ação produzindo sentidos e leituras outras. Concordamos com Ball, Maguire e Braun (2016, p. 103) quando afirmam que "Atuações são sempre mais que implementação, elas reúnem dinâmicas contextuais, histórias e psicossociais em uma relação com os textos e os imperativos para produzir ação e atividades que são políticas".

Considerações finais

Nas últimas décadas tem-se intensificado a visão da educação como mercadoria, cujo funcionamento remete à lógica empresarial, que está a serviço dos interesses do mercado. Nessa direção, as ideias educacionais são subsumidas pelos imperativos econômicos orientados por organismos multilaterais e outros atores privados. Prevalece um discurso de que a sociedade globalizante requer um novo profissional e, segundo esse discurso, nem a escola, nem mesmo os docentes estariam capacitados para formar profissionais aptos para o exercício de novas tarefas requeridas pelo mercado, que são competitivas e exigentes, que giram em torno de alcance de metas.

Desse modo, observa-se que o PNAIC não é uma política isolada, mas articulada a demandas de uma agenda política global de padronização do conhecimento e do que e como se ensina, alicerçada pela produção de materiais didáticos prontos que terminam por reduzir o professor ao papel de instrutor. Prevalece, uma lógica mercadológica e meritocrática que, pautada nos resultados das avaliações externas, organiza matrizes de resultados, o que possibilita estabelecer metas pedagógicas de monitoramento do trabalho docente, o planejamento de cursos de formação continuada para os professores, enfim, o desenvolvimento de ações tidas como capazes de promover a melhoria da qualidade de ensino.

Observamos também que a recepção da política pelos sujeitos escolares se dá de forma diferenciada, oscilando entre o entusiasmo, a resistência e a indiferença. Desse modo, apesar das orientações prescritivas e padronizadoras, os professores no processo de tornar a política em prática interpretavam e traduziam as orientações de forma ativa. Desse modo, compreendemos que a tradução é sempre conformação/criação, repetição e produção de novos sentidos.

Em diálogo com o registro pós-estruturalista problematizamos esse discurso, afirmando que tal proposta reduz educação à instrução e não considera as dimensões contextuais de atuação das políticas e rechaçamos cuja produção se dá como articulação que mobiliza sujeitos, contextos, saberes e poderes, num fluxo permanente de negociação (MACEDO, 2006). Em resposta às investidas de cerceamento dos processos de significar e diferir se faz necessário um novo tipo de agência, que nas colocações de Bhabha sempre se dará de modo performativo, uma "[...] luta que articula um vir a ser 'irreconhecível' no estar sendo da emancipação histórica" (BHABHA, 2011, p. 169).

REFERÊNCIAS

AVELAR, Marina. Entrevista com Stephen J. Ball: uma análise de sua contribuição para a pesquisa em política educacional. **Archivos Analíticos de Políticas Educativas**, v. 24, n. 24, Universidad de San Andrés y Arizona State University, 2016.

BALL, Stephen J. **Educação Global S. A.**: novas redes de políticas e o imaginário neoliberal. Tradução de Janete Bridon. Ponta Grossa: UEPG, 2014.

BALL, Stephen. Performatividades e Fabricações na Economia Educacional: rumo a uma sociedade performativa. **Educação & Realidade**. v. 35, n. 2, p. 37-55, maio/ago. 2010.

BALL, S. J.; MAGUIRE, M.; BRAUN, A. **Como as escolas fazem as políticas**: atuação em escolas secundárias. Tradução de Janete Bridon. Ponta Grossa: UEPG, 2016

BHABHA, Homi K. **O local da cultura**. Tradução de Myriam Ávila, Eliana Lourenço de Lima Reis e Glaucia Renate Gonçalves. Belo Horizonte: Editora da UFMG, 1998.

BHABHA, Homi K. **O bazar global e o clube dos cavaleiros ingleses**: textos seletos de Homi Bahbha. Organização de Eduardo F. Coutinho e tradução de Teresa Dias Carneiro. Rio de Janeiro: Rocco, 2011.

BRASIL. Portaria Nº 867, de 4 de julho de 2012. Institui o Pacto pela Educação na Idade Certa e as ações do Pacto e define suas diretrizes gerais. **Diário Oficial [da] República Federativa do Brasil**, Poder Executivo, Brasília, DF, 5 jul. 2012. Seção 1, n. 129, p. 22-23.

BRASIL. **Pacto Nacional pela Alfabetização na Idade Certa**. Integrando Saberes. Caderno 10. Ministério da Educação, Secretaria de Educação Básica. Brasília: MEC, SEB, 2015.

BRASIL. **Planejando a Próxima Década Conhecendo as 20 Metas do Plano Nacional de Educação**. Ministério da Educação / Secretaria de Articulação com os Sistemas de Ensino (MEC/ SASE), 2014.

BRASIL. **Plano Nacional de Educação - PNE**. Ministério da Educação. Brasília, DF: INEP, 2014.

DIAS, Rosanne E. Demandas das políticas curriculares para a formação de professores no espaço ibero-americano. **Revista e-Curriculum**, São Paulo, n. 11, v. 2, ago. 2013, p. 461-478.

FRANGELLA, Rita; OLIVEIRA, Meyre-Ester Barbosa de. Políticas curriculares e formação de professores. *In*: FRANGELA, Rita de Cássia; OLIVEIRA, Meyre-Ester Barbosa (orgs.). **Currículo de Formação de Professores**: sobre fronteiras e atravessamentos. Curitiba: CRV, 2017, p. 21-42.

FRANGELLA, Rita. Políticas de formação do alfabetizador e produção de políticas curriculares: pactuando sentidos para formação, alfabetização e currículo. **Práxis Educativa**, Ponta Grossa, v. 11, n. 1, p. 107-128, jan./abr. 2016a Disponível em: https://www. revistas2.uepg.br/index.php/praxiseducativa/article/view/7110/4759

FRANGELLA, Rita. Um Pacto Curricular: o Pacto Nacional pela Alfabetização na Idade Certa e o desenho de uma base comum nacional. **Educação em Revista**. Belo Horizonte.v. 32, n. 2, p. 69-89. abr./jun. 2016b.

LOPES, Alice. Normatividade e intervenção política: em defesa de um investimento radical. In: LOPES, Alice C., MENDONÇA, Daniel (org.). **A teoria do discurso de Ernesto Laclau**: ensaios críticos e entrevistas. São Paulo: Annablume, 2015. p. 117-147.

LOPES, Alice C.; MACEDO, Elizabeth. **Teorias de Currículo**. São Paulo: Cortez, 2011.

MACEDO, Elizabeth. Currículo como espaço-tempo de fronteira cultural. **Revista Brasileira de Educação**. v. 11 n. 32 maio/agosto, 2006.

OLIVEIRA, M. E. **Podem as escolas produzir política?** In: SANTOS, J.; OLIVEIRA, M. & PAZ, S. (orgs.). Reinvenções do currículo: Sentidos e Reconfigurações no Contexto Escolar. 1.ed. Fortaleza: UFC, 2016.

SOUTHWELL, Myriam. Política y educación: ensayos sobre la fijación del significado. Colaboración Especial para el libro Cruz Ofelia y Echevarría Laura (Coord.) **El Análisis Político de Discurso**: usos y variaciones en la investigación educativa. México: Casa editorial Juan Pablos; PAPDI, México D.F., 2008.

ÍNDICE REMISSO

A

Ações 13, 14, 18, 19, 20, 23, 25, 26, 34, 55, 58, 61, 64, 70, 75, 77, 78, 90, 98, 117, 118, 119, 120, 121, 122, 123, 124, 125, 126, 127, 128, 129, 161, 166, 171, 172, 175, 176, 177, 178, 187, 191, 194, 197, 201, 203, 210, 221, 229, 234, 235, 237, 238, 241, 243, 244, 245, 249, 250, 252

Alunos 20, 26, 34, 37, 70, 72, 73, 117, 122, 123, 124, 132, 133, 134, 135, 136, 137, 138, 140, 155, 159, 186, 188, 189, 192, 195, 196, 212, 220, 222, 223, 225, 226, 227, 228, 229, 231, 232, 233, 234, 240, 243, 248

Anos iniciais do ensino fundamental 14, 71, 86, 91, 117, 118, 126, 183, 184, 186, 223, 236, 244, 262, 263, 264

Aprendizagem 9, 23, 30, 34, 42, 51, 64, 65, 66, 67, 68, 69, 70, 82, 83, 84, 85, 87, 88, 89, 91, 92, 93, 94, 95, 98, 105, 107, 115, 117, 118, 121, 122, 124, 126, 134, 136, 138, 155, 158, 159, 166, 167, 174, 181, 189, 192, 193, 194, 195, 200, 203, 207, 223, 224, 225, 226, 227, 228, 232, 233, 234, 235, 236, 237, 242, 243, 244, 245, 246, 247, 249, 250

Avaliação 3, 4, 5, 7, 13, 19, 25, 26, 34, 41, 44, 45, 50, 55, 56, 63, 65, 68, 70, 71, 85, 96, 117, 118, 119, 120, 121, 122, 123, 124, 125, 126, 127, 128, 129, 138, 185, 192, 193, 195, 197, 201, 215, 217, 235, 238, 239, 241, 243, 244, 249, 260, 261, 262, 263, 264

B

Brasil 3, 13, 15, 30, 32, 41, 44, 48, 58, 63, 66, 67, 70, 77, 82, 84, 86, 87, 90, 93, 97, 114, 115, 116, 117, 118, 119, 121, 122, 124, 126, 127, 129, 131, 132, 133, 136, 144, 150, 151, 158, 159, 160, 163, 166, 167, 170, 171, 180, 186, 189, 190, 194, 198, 203, 214, 216, 221, 225, 232, 235, 236, 237, 240, 241, 242, 252

C

Cadernos de formação 65, 71, 72, 78, 85, 206, 207, 208, 223, 225, 248, 249

Ciclo de alfabetização 13, 52, 54, 65, 66, 70, 72, 86, 87, 88, 92, 94, 97, 117, 118, 119, 121, 122, 124, 125, 126, 174, 223, 224, 230, 246, 249

Contexto 8, 12, 13, 15, 23, 31, 35, 42, 50, 53, 64, 65, 73, 74, 86, 90, 92, 101, 103, 107, 108, 109, 111, 121, 124, 125, 130, 134, 150, 154, 161, 162, 165,

167, 171, 173, 176, 177, 178, 179, 183, 184, 187, 188, 190, 192, 194, 198, 203, 208, 212, 219, 225, 235, 238, 239, 242, 247, 250, 253

Crianças 13, 26, 30, 32, 33, 34, 41, 44, 54, 55, 61, 65, 66, 67, 68, 70, 72, 84, 85, 86, 87, 88, 89, 91, 93, 95, 96, 101, 105, 106, 107, 108, 109, 110, 111, 112, 113, 114, 116, 122, 160, 174, 188, 189, 190, 193, 203, 220, 222, 223, 224, 226, 227, 232, 237, 242, 243, 244, 246, 247, 248, 264

Cultura 11, 14, 15, 17, 23, 31, 32, 35, 38, 40, 41, 43, 44, 45, 58, 77, 89, 90, 97, 99, 102, 109, 112, 114, 116, 137, 144, 145, 146, 152, 154, 156, 160, 163, 165, 166, 167, 168, 169, 170, 172, 173, 174, 176, 178, 179, 180, 181, 194, 200, 228, 244, 247, 252, 261, 264

D

Diferença 13, 14, 18, 19, 31, 32, 43, 44, 45, 48, 49, 51, 56, 57, 59, 74, 76, 78, 88, 91, 98, 99, 103, 106, 107, 112, 116, 129, 142, 143, 146, 150, 153, 154, 155, 156, 157, 158, 159, 160, 161, 162, 163, 164, 165, 166, 168, 169, 170, 172, 173, 176, 178, 179, 188, 199, 217, 220

Direitos de aprendizagem 42, 51, 67, 88, 98, 115, 126, 138, 159, 189, 200, 203, 207, 224, 244, 246, 249

Discurso 12, 13, 18, 20, 21, 24, 25, 30, 39, 40, 51, 52, 61, 62, 64, 66, 74, 75, 81, 85, 86, 87, 88, 92, 93, 94, 95, 97, 105, 111, 124, 125, 127, 135, 138, 141, 142, 147, 149, 150, 151, 152, 153, 154, 155, 157, 158, 159, 160, 161, 166, 167, 168, 169, 170, 171, 174, 175, 176, 183, 184, 186, 194, 195, 197, 198, 199, 201, 204, 205, 217, 239, 245, 246, 250, 251, 253

Discursos 13, 14, 20, 23, 26, 28, 56, 62, 63, 69, 70, 74, 76, 81, 82, 83, 87, 88, 89, 91, 92, 93, 98, 101, 103, 105, 106, 108, 109, 110, 112, 123, 125, 127, 134, 135, 138, 149, 150, 151, 153, 155, 158, 166, 169, 172, 178, 179, 186, 191, 194, 200, 204, 205, 206, 207, 238, 239, 242, 261, 262, 264

Docente 8, 13, 14, 15, 20, 25, 26, 32, 43, 44, 56, 64, 65, 73, 78, 85, 88, 101, 112, 120, 122, 126, 127, 128, 133, 134, 135, 136, 137, 138, 140, 142, 145, 146, 165, 166, 167, 169, 170, 175, 179, 180, 203, 206, 207, 208, 209, 212, 214, 219, 226, 228, 229, 230, 237, 238, 239, 240, 244, 245, 246, 248, 249, 250

E

Educação básica 12, 31, 48, 64, 84, 95, 99, 101, 111, 114, 117, 118, 123, 133, 136, 137, 140, 141, 158, 159, 167, 170, 180, 198, 200, 201, 223, 239, 240, 241, 243, 244, 252, 263

Educação em direitos 11, 12, 17, 48, 103, 149, 259, 261, 262, 263, 264

POLÍTICAS CURRICULARES, ALFABETIZAÇÃO E INFÂNCIA: por outras passagens   257

Educação infantil 9, 12, 23, 30, 31, 32, 34, 42, 43, 44, 45, 50, 68, 81, 82, 83, 84, 87, 88, 90, 91, 92, 93, 94, 95, 98, 101, 102, 104, 105, 106, 107, 110, 111, 112, 115, 116, 138, 160, 223, 259, 260, 261, 264

Ensino 12, 14, 15, 22, 23, 24, 25, 26, 28, 30, 34, 54, 55, 65, 66, 68, 69, 70, 71, 73, 77, 78, 81, 82, 83, 84, 85, 86, 87, 89, 90, 91, 92, 93, 95, 98, 103, 105, 106, 109, 110, 115, 117, 118, 121, 122, 123, 124, 125, 126, 127, 136, 138, 139, 149, 160, 167, 170, 175, 181, 183, 184, 186, 189, 190, 191, 192, 193, 194, 195, 196, 198, 199, 200, 201, 203, 207, 219, 220, 222, 223, 224, 225, 226, 227, 228, 230, 232, 233, 234, 235, 236, 237, 238, 242, 243, 244, 245, 246, 248, 250, 251, 252, 259, 262, 263, 264

Ensino de matemática 219, 222, 224, 225, 226, 227, 228, 232

Ensino fundamental 12, 14, 23, 25, 26, 28, 30, 34, 54, 55, 65, 66, 68, 70, 71, 77, 81, 82, 83, 84, 85, 86, 87, 90, 91, 92, 93, 95, 98, 115, 117, 118, 121, 124, 126, 160, 183, 184, 186, 189, 194, 203, 207, 223, 226, 227, 230, 235, 236, 242, 243, 244, 246, 262, 263, 264

Escola 15, 19, 22, 23, 24, 25, 30, 32, 33, 35, 41, 42, 43, 44, 49, 53, 55, 56, 58, 64, 65, 71, 72, 73, 78, 82, 83, 84, 85, 86, 91, 98, 99, 104, 105, 106, 107, 108, 109, 111, 112, 115, 116, 118, 120, 122, 123, 124, 125, 127, 128, 133, 135, 136, 142, 143, 166, 170, 171, 173, 174, 177, 178, 179, 183, 184, 186, 187, 188, 191, 192, 198, 199, 220, 222, 226, 227, 235, 236, 240, 248, 249, 250, 264

Estado 11, 15, 17, 19, 20, 22, 23, 24, 27, 40, 41, 42, 43, 44, 45, 65, 77, 79, 97, 98, 103, 114, 115, 116, 129, 131, 144, 157, 163, 164, 167, 185, 187, 191, 194, 196, 200, 221, 235, 240, 242, 243, 246, 259, 260, 261, 262, 263, 264

F
Faculdade de educação 17, 40, 41, 42, 43, 44, 45, 47, 103, 114, 115, 116, 144, 163, 164, 259, 261, 262, 263

Formação de professores 4, 12, 14, 23, 26, 32, 41, 49, 52, 53, 61, 63, 64, 66, 68, 71, 72, 74, 75, 85, 104, 117, 119, 121, 122, 144, 170, 175, 180, 198, 199, 200, 201, 203, 205, 236, 237, 238, 239, 240, 241, 243, 245, 253, 261, 262, 264

Formação e educação 7, 11, 12, 17, 48, 103, 149, 259, 261, 262, 263, 264

Fundamental 12, 14, 23, 25, 26, 28, 30, 34, 48, 54, 55, 64, 65, 66, 68, 70, 71, 77, 81, 82, 83, 84, 85, 86, 87, 88, 90, 91, 92, 93, 95, 96, 98, 115, 117, 118, 121, 123, 124, 126, 139, 160, 183, 184, 186, 189, 194, 203, 207, 223, 226, 227, 228, 230, 232, 235, 236, 242, 243, 244, 246, 262, 263, 264

G

Grupo de pesquisa 7, 12, 14, 17, 18, 21, 22, 25, 27, 48, 74, 82, 103, 104, 105, 107, 108, 149, 259, 260, 261, 262, 263, 264

I

Idade 8, 12, 13, 14, 15, 26, 30, 34, 40, 41, 43, 44, 48, 51, 52, 58, 59, 61, 68, 73, 74, 77, 82, 83, 85, 86, 87, 88, 91, 92, 93, 94, 97, 101, 104, 105, 112, 114, 117, 127, 129, 132, 142, 144, 146, 149, 174, 175, 180, 184, 189, 198, 203, 205, 216, 217, 219, 220, 222, 224, 235, 236, 237, 239, 242, 243, 244, 246, 247, 252, 253

Infantil 7, 9, 12, 23, 24, 30, 31, 32, 34, 42, 43, 44, 45, 50, 68, 81, 82, 83, 84, 87, 88, 90, 91, 92, 93, 94, 95, 98, 101, 102, 104, 105, 106, 107, 109, 110, 111, 112, 115, 116, 138, 160, 222, 223, 226, 227, 229, 230, 232, 233, 235, 259, 260, 261, 263, 264

L

Leitura 9, 12, 13, 19, 20, 22, 23, 30, 34, 37, 40, 42, 49, 55, 56, 62, 64, 66, 69, 70, 72, 73, 76, 81, 82, 83, 84, 85, 87, 88, 90, 92, 93, 94, 96, 97, 98, 106, 111, 115, 121, 122, 123, 124, 126, 134, 141, 150, 151, 154, 159, 160, 173, 186, 193, 196, 222, 224, 225, 227, 228, 230, 231, 233, 239, 244, 246, 247

Leitura e escrita 9, 23, 30, 37, 42, 83, 84, 88, 92, 93, 98, 106, 115, 122, 225, 244, 247

M

Mestre em educação 259, 260, 261, 262, 263, 264

Ministério da educação 13, 23, 41, 58, 66, 68, 70, 97, 114, 117, 118, 120, 121, 124, 127, 129, 144, 163, 180, 198, 206, 222, 226, 229, 235, 252

P

Pacto Nacional pela Alfabetização na Idade Certa 8, 12, 13, 14, 15, 26, 41, 43, 48, 58, 59, 61, 74, 77, 82, 97, 129, 144, 146, 149, 184, 189, 198, 203, 205, 216, 217, 219, 220, 235, 236, 237, 242, 252, 253

Pensar 11, 12, 15, 21, 22, 31, 32, 33, 36, 37, 48, 49, 50, 53, 55, 56, 57, 62, 64, 68, 74, 81, 83, 84, 88, 89, 90, 94, 96, 97, 102, 103, 104, 106, 108, 109, 111, 112, 119, 124, 125, 126, 127, 134, 135, 139, 142, 150, 151, 155, 160, 162, 173, 174, 177, 186, 205, 211, 220, 228, 233, 234, 244, 245

Perspectiva 12, 17, 18, 25, 26, 27, 29, 30, 31, 32, 35, 38, 42, 48, 49, 51, 52, 56, 68, 72, 83, 92, 95, 97, 98, 102, 103, 105, 106, 108, 109, 112, 120, 123,

POLÍTICAS CURRICULARES, ALFABETIZAÇÃO E INFÂNCIA: por outras passagens 259

129, 134, 135, 137, 138, 139, 142, 143, 145, 151, 152, 153, 156, 157, 159, 163, 168, 172, 173, 175, 176, 177, 178, 184, 185, 186, 197, 205, 206, 210, 221, 224, 225, 228, 229, 230, 238, 249

Pesquisa 7, 11, 12, 13, 14, 15, 17, 18, 19, 21, 22, 23, 24, 25, 26, 27, 28, 31, 33, 35, 36, 43, 48, 49, 50, 51, 52, 58, 63, 72, 74, 78, 82, 98, 99, 103, 104, 105, 106, 107, 108, 111, 146, 149, 164, 174, 184, 200, 204, 205, 209, 212, 216, 217, 219, 232, 234, 237, 246, 252, 259, 260, 261, 262, 263, 264

Política curricular 4, 13, 22, 23, 24, 27, 28, 44, 45, 49, 62, 63, 65, 68, 69, 75, 76, 94, 105, 111, 149, 158, 160, 161, 167, 172, 173, 178, 185, 194, 237, 239

Políticas curriculares 3, 7, 8, 11, 12, 13, 14, 15, 17, 24, 25, 26, 29, 30, 34, 35, 37, 40, 41, 42, 43, 44, 48, 49, 50, 51, 52, 53, 56, 58, 59, 63, 64, 65, 75, 77, 78, 81, 82, 84, 86, 87, 91, 93, 94, 95, 98, 99, 101, 102, 103, 105, 111, 115, 132, 134, 149, 150, 151, 155, 159, 164, 165, 166, 167, 169, 171, 173, 174, 178, 179, 181, 185, 186, 187, 192, 198, 237, 240, 253

Práticas 8, 11, 12, 13, 14, 22, 34, 35, 37, 52, 70, 71, 72, 73, 76, 81, 87, 92, 94, 95, 101, 103, 105, 107, 109, 110, 111, 112, 113, 114, 117, 119, 121, 123, 124, 125, 133, 135, 137, 155, 159, 165, 167, 168, 170, 172, 174, 175, 178, 183, 184, 185, 186, 187, 188, 189, 190, 191, 192, 193, 194, 195, 196, 197, 198, 199, 200, 201, 203, 204, 205, 206, 208, 209, 212, 214, 217, 223, 224, 225, 226, 228, 229, 232, 236, 238, 241, 244, 246, 248, 261, 262, 264

Processo 12, 17, 18, 19, 21, 22, 23, 24, 26, 27, 31, 32, 34, 35, 37, 40, 44, 48, 49, 50, 51, 56, 63, 64, 66, 67, 69, 70, 71, 76, 81, 83, 84, 85, 86, 87, 89, 91, 93, 95, 99, 101, 102, 104, 106, 107, 108, 111, 113, 116, 118, 119, 120, 121, 124, 125, 126, 132, 134, 136, 137, 138, 139, 140, 141, 152, 154, 157, 160, 166, 167, 168, 169, 170, 172, 173, 174, 176, 177, 185, 188, 189, 196, 197, 203, 204, 206, 207, 210, 211, 213, 214, 219, 222, 223, 224, 225, 227, 228, 230, 232, 233, 235, 236, 238, 239, 240, 241, 244, 245, 247, 248, 249, 251

Processo de alfabetização 70, 106, 118, 203, 206, 207, 223, 224, 225, 227, 240, 244, 249

Processos 8, 14, 15, 18, 28, 34, 37, 48, 51, 53, 56, 65, 66, 68, 75, 81, 84, 86, 87, 89, 90, 92, 102, 113, 119, 124, 125, 126, 140, 150, 156, 157, 160, 161, 167, 169, 171, 172, 173, 177, 178, 183, 184, 185, 186, 187, 190, 194, 197, 206, 237, 239, 241, 242, 244, 245, 246, 251

Professoras 14, 24, 43, 54, 55, 64, 72, 73, 84, 87, 88, 96, 107, 183, 184, 186, 187, 188, 189, 190, 191, 193, 194, 195, 196, 197, 198, 201, 203, 205, 206, 207, 209, 211, 212, 213, 214, 216, 219, 220, 222, 227, 232, 233, 234, 246, 247, 249, 259

Professores 4, 9, 12, 14, 22, 23, 24, 25, 26, 32, 33, 34, 35, 37, 41, 45, 49,

52, 53, 61, 63, 64, 65, 66, 67, 68, 69, 70, 71, 72, 73, 74, 75, 77, 85, 86, 88, 89, 95, 104, 105, 117, 118, 119, 121, 122, 123, 124, 125, 126, 128, 133, 134, 144, 170, 171, 175, 180, 184, 185, 186, 187, 188, 189, 191, 192, 193, 194, 195, 196, 198, 199, 200, 201, 203, 204, 205, 209, 220, 221, 222, 223, 225, 228, 229, 235, 236, 237, 238, 239, 240, 241, 243, 244, 245, 246, 248, 249, 250, 251, 253, 260, 261, 262, 264

Professores alfabetizadores 23, 26, 35, 37, 52, 65, 66, 67, 68, 70, 71, 77, 86, 117, 118, 221, 237, 238, 244

Programa 11, 12, 14, 17, 23, 32, 34, 41, 51, 53, 62, 65, 66, 67, 68, 69, 70, 71, 72, 77, 84, 85, 97, 98, 103, 105, 117, 118, 121, 122, 127, 174, 175, 184, 188, 190, 192, 194, 195, 196, 200, 201, 203, 204, 205, 209, 214, 219, 220, 221, 222, 228, 229, 238, 242, 243, 246, 248, 259, 260, 261, 262, 263, 264

Programa de formação 12, 14, 23, 41, 65, 66, 70, 72, 77, 203, 238, 243, 260

Q
Qualidade na educação 13, 27, 64, 65, 95, 132, 133, 149, 158, 159, 167

R
Relações de poder 25, 103, 119, 177, 178, 203, 204, 205, 206, 207, 210, 214, 216, 219, 245

T
Teoria do discurso 18, 20, 40, 61, 93, 97, 183, 186, 197, 198, 201, 253

Trabalho 8, 9, 11, 12, 13, 15, 20, 26, 30, 33, 34, 35, 37, 48, 49, 66, 72, 78, 83, 86, 95, 96, 101, 108, 111, 117, 120, 124, 126, 129, 132, 133, 134, 138, 142, 161, 166, 170, 174, 175, 176, 189, 191, 194, 195, 196, 207, 208, 212, 213, 220, 221, 222, 223, 224, 226, 227, 228, 229, 230, 232, 233, 236, 237, 239, 241, 244, 245, 248, 249, 250

U
Universidade 5, 11, 14, 15, 17, 23, 40, 41, 42, 43, 44, 45, 47, 53, 67, 71, 72, 77, 78, 79, 97, 98, 103, 108, 114, 115, 116, 130, 144, 163, 164, 200, 201, 205, 217, 219, 221, 235, 259, 260, 261, 262, 263, 264

Universidade do Estado do Rio de Janeiro 11, 17, 40, 41, 42, 43, 44, 45, 77, 79, 97, 98, 103, 114, 115, 116, 144, 163, 164, 235, 259, 260, 261, 262, 263, 264

SOBRE OS AUTORES

Ana Paula Pereira Marques de Carvalho
Doutora em Educação pelo Programa de Pós-Graduação em Educação da Faculdade de Educação da UERJ. Foi bolsista CAPES, cursou o Doutorado Sanduíche na Universidade de Columbia (Teachers College) no período de 2018 a 2019. Coordenadora do Programa de Bolsas de Iniciação Científica da Universidade do Estado do Rio de Janeiro. E-mail: app_marques@yahoo.com.br

Beatris Alves Martins
Graduanda em Pedagogia pela Universidade do Estado do Rio de Janeiro (UERJ), cursou o Ensino Médio no Instituto de Educação Carmela Dutra (IECD). Atualmente atua como bolsista de iniciação científica/ CNPq, no grupo de pesquisa Currículo, formação e Educação em direitos humanos, sob orientação da Profª Rita de Cássia Prazeres Frangella. E-mail: beatrisalvesmartins@hotmail.com

Bonnie Axer
Doutora em Educação pelo Programa de Pós-Graduação em Educação da Universidade do Estado do Rio de Janeiro (ProPEd/UERJ). Professora adjunta do Instituto de Aplicação Fernando Rodrigues da Silveira (CAp/UERJ). Membro do GRPESq Currículo, formação e Educação em direitos humanos e do grupo de pesquisa Formação em Diálogo: narrativas de professoras, currículos e culturas (Gpformadi no Cap-UERJ). E-mail: bonnieaxer@gmail.com

Cristiane Gomes de Oliveira
Doutora em Educação pela Universidade do Estado do Rio de Janeiro (UERJ). Mestre em Educação pela Pontifícia Universidade Católica do Rio de Janeiro (PUC-Rio). Especialista em Educação Infantil (Puc-Rio), Orientação e supervisão educacional (UERJ) e Psicopedagogia (UFRJ/MEX). Graduada em Pedagogia (UERJ). Professora Adjunta do Instituto de Aplicação Fernando Rodrigues da Silveira (CAp-UERJ). Atualmente está na direção da Educação Infantil do Colégio Pedro II. Membro do GRPESq Currículo, formação e Educação em direitos humanos (ProPEd/UERJ). E-mail: cristwin2@yahoo.com.br

Débora Raquel Alves Barreiros
Doutora em Educação. Professora Adjunta do Departamento de Estudos Aplicados ao Ensino da Faculdade de Educação da Universidade do Estado do Rio de Janeiro e Coordenadora do Curso de Pedagogia da Universidade Estácio de Sá. Pesquisadora do GRPESq Currículo, formação e Educação em direitos humanos. E-mail: dbarreiros@gmail.com

Guilherme Pereira Stribel
Doutor em Educação pelo Programa de Pós-Graduação em Educação da Universidade do Estado do Rio de Janeiro (ProPEd/UERJ). Licenciado em Geografia e mestre em Educação (FEBF/UERJ). Professor da Universidade Estácio de Sá; coordenador do projeto de extensão "Programa de Formação Continuada: Educação, Violência e Direitos Humanos". Membro do grupo de pesquisa "Políticas de Avaliação, Desigualdades e Educação Matemática". E-mail: stribelgp@gmail.com

Isabele Lacerda Queiroz
Doutoranda em Educação pelo Programa de Pós-Graduação em Educação (ProPEd/UERJ)/ Bolsista CNPq. Mestre em Educação pelo Programa de Pós--Graduação em Educação, Contextos Contemporâneos e Demandas Populares (PPGEduc/UFRRJ). Pedagoga pela Universidade do Estado do Rio de Janeiro (UERJ). Professora e Orientadora Educacional da Educação Infantil nos municípios de Nova Iguaçu/RJ e Bolford Roxo/RJ. E-mail: isabele.lacerda@gmail.com

Jade Juliane Dias
Doutoranda do Programa de Pós-Graduação em Educação (ProPEd/UERJ), Mestre em Educação pelo ProPEd/UERJ. Psicopedagoga institucional pela Universidade Cândido Mendes, membro da Associação Brasileira de Alfabetização, professora de Educação Infantil do Município do Rio de Janeiro (SME/RJ). E-mail: jadejulianedias@hotmail.com

Jéssica Couto e Silva do Nascimento
Mestranda em Educação pela Universidade do Estado do Rio de Janeiro no Programa de Pós-Graduação em Educação (ProPEd/UERJ). Graduada em Pedagogia pela Universidade do Estado do Rio de Janeiro. Professora de Educação Infantil do Município do Rio de Janeiro (SME/RJ). E-mail: jecouto012@gmail.com

Joralice Cristina Virginio de Morais
Mestre em Educação (POSEDUC/UERN). Graduada em Pedagogia pela Universidade do Estado do Rio Grande do Norte. Pós-graduada em Educação Infantil e Psicopedagogia. Atualmente é supervisora técnica na Secretaria Municipal de Educação - Anos Iniciais. (SME/Mossoró-RN) Tem experiências na área de Educação, com ênfase em formações de professores. Atualmente é Coordenadora Municipal do Programa Mais Alfabetização - PMALFA desde 2018 e é Membro Suplente do Fórum Municipal de Educação. E-mail: joralicecristina@hotmail.com

Laurilene Cardoso da Silva Lopes
Doutoranda em Educação pela Universidade Federal do Piauí. Professora da Universidade do Estado do Maranhão. Coordenadora Pedagógica da Rede Municipal de Caxias-MA. Membro do Núcleo de Estudos sobre Formação, Avaliação, Gestão e Currículo – NUFAGEC. E-mail: lauralopesharel@gmail.com

Lhays Marinho da Conceição Ferreira
Doutoranda em Educação pelo Programa de Pós-Graduação em Educação (ProPEd/UERJ)/Bolsista FAPERJ Nota 10. Mestre em Educação, Cultura e Comunicação (FEBF/UERJ); Pós-graduada em Tecnologias e Educação à Distância; Licenciada em Pedagogia (UERJ); Tutora à Distância no Cecierj / Consórcio Cederj. E-mail: lhays.uerj@gmail.com

Lucinalva Andrade Ataide de Almeida
Doutora em Educação (PPGE/UFPE/CE), com doutorado sanduíche pela Universidade do Porto (FPCEUP). Professora Associada (UFPE/CAA),pesquisadora produtividade/PQ/CNPq. Atua nos Programas de Pós-Graduação em Educação Contemporânea (PPGEduC/UFPE/CAA) e Educação (PPGE/UFPE/CE). Pesquisadora no Grupo de Pesquisa Discursos e Práticas Educacionais (UFPE/CAA) e do Grupo de Pesquisa Currículo, Avaliação, Formação de professores e Tecnologias educativas (CAFTe/CIIE / FPCEUP/Portugal). Coordena o Grupo de Pesquisa Políticas e Práticas Curriculares e Avaliativas. E-mail: nina.ataide@gmail.com

Maria Carolina da Silva Caldeira
Doutora em Educação pela UFMG. Professora do Centro Pedagógico da UFMG (CP/UFMG), e do Programa de Pós-Graduação em Educação: Conhecimento e Inclusão Social da Faculdade de Educação da UFMG. Pesquisadora do GECC: Grupo de Estudos e Pesquisas em Currículo e Culturas da UFMG. E-mail: mariacarolinasilva@hotmail.com

Maria Clara de Lima Santiago Camões
Doutora pela Universidade do Estado do Rio de Janeiro (UERJ), mestre pela Universidade Federal do Rio de Janeiro (UNIRIO), especialista em Educação Infantil pela Pontifícia Universidade Católica do Rio de Janeiro (PUC-Rio). Professora da Educação Infantil e das Licenciaturas Integradas do Colégio Pedro II. Membro do GRPESq Currículo, formação e Educação em direitos humanos. E-mail: mcscamoes@gmail.com

Maria Edeluza Ferreira Pinto de Moura
Doutoranda em Educação no Programa de Pós-Graduação em Educação (ProPEd/UERJ – Dinter UEA/UERJ). Mestre em Ciências do Ambiente

e sustentabilidade na Amazônia pela Universidade Federal do Amazonas – UFAM. Graduada em Pedagogia pela Universidade Federal do Pará – UFPA. Professora do curso de Pedagogia da Universidade do Estado do Amazonas – UEA. E-mail: edeluza@uea.edu.br

Maria Julia Carvalho de Melo
Pós-doutoranda, bolsista PNPD/CAPES, vinculada ao Programa de Pós-Graduação em Educação Contemporânea (PPGEduC / UFPE / CAA). Doutora em Educação (PPGE / UFPE / CE), com doutorado sanduíche pela Universidade do Porto (FPCEUP). Mestra em Educação Contemporânea (PPGEduC / UFPE / CAA) e Pedagoga (UFPE / CAA). Pesquisadora no Grupo de Pesquisa Discursos e Práticas Educacionais (UFPE / CAA) e no Grupo de Pesquisa Currículo, Avaliação, Formação de professores e Tecnologias educativas (CAFTe / CIIE / FPCEUP). E-mail: melo.mariajulia@gmail.com

Marlucy Alves Paraíso
Professora Titular da Faculdade de Educação e do Programa de Pós-Graduação em Educação: Conhecimento e Inclusão Social da UFMG. Pesquisadora PQ do CNPq Nível 1B. Fundadora e coordenadora do GECC: Grupo de Estudos e Pesquisas em Currículos e Culturas da UFMG. E-mail: marlucyparaiso@gmail.com

Meyre-Ester Barbosa de Oliveira
Doutora em Educação pelo Programa de Pós-Graduação em Educação – (ProPEd/UERJ). É professora Adjunta da UERN vinculada ao curso de Pedagogia e ao Programa de Pós-Graduação em Educação – POSEDUC da Faculdade de Educação, Mossoró/RN. Líder do Grupo de Estudos e Pesquisas Currículo e Ensino (GEPCE/FE/UERN). Atualmente é diretora da Faculdade de Educação da UERN. E-mail: meyrester@yahoo.com.br

Mylena da Costa Vila Nova
Graduanda em Pedagogia na Universidade do Estado do Rio de Janeiro (UERJ). Bolsista no Programa Institucional de Bolsas de Iniciação Científica (PIBIC/CNPq) no grupo Currículo, Formação e Educação em Direitos Humanos desde 2018 sob orientação da Profª Drª Rita de Cássia P. Frangella. E-mail: mylena.vilanova@yahoo.com.br

Nataly da Costa Afonso
Doutoranda em Educação pelo Programa de Pós-Graduação em Educação (ProPEd/UERJ). Mestre em Educação e Pedagoga formada pela Universidade do Estado do Rio de Janeiro (UERJ). Professora dos Anos Iniciais do Ensino Fundamental na Secretaria Municipal de Educação do Rio de Janeiro (SME/

RJ). Atua também como tutora à distância no consórcio Cecierj – Consórcio Cederj, para o curso de Pedagogia. E-mail: nataly.uerj@gmail.com

Neide Cavalcante Guedes
Pós-Doutora em Educação pela Universidade do Estado do Rio de Janeiro. Professora Associada da Universidade Federal do Piauí/Programa de Pós-Graduação em Educação. Líder e pesquisadora do Núcleo de Estudos sobre Formação, Avaliação, Gestão e Currículo – NUFAGEC. E-mail: neidecguedes@hotmail.com

Nivia Cursino Faria
Mestre em Educação pela Universidade do Estado do Rio de Janeiro - Faculdade de Educação da Baixada Fluminense. Graduada (2011) em pedagogia pela Universidade do Estado do Rio de Janeiro. Atuou como professora substituta dos anos iniciais do Ensino Fundamental no Colégio Pedro II. Foi bolsista de Apoio Técnico/FAPERJ. Servidora da Secretaria Municipal de Educação - SME/RJ, professora regente dos anos de 2016 até 2020, e atualmente Diretora-adjunta de um Espaço de Desenvolvimento Infantil – EDI. E-mail: niviacursino@gmail.com

Phelipe Florez Rodrigues
Doutor em Educação pela Universidade do Estado do Rio de Janeiro (UERJ), onde também concluiu o curso de Mestrado. Licenciado em Geografia pela Universidade Federal Fluminense (UFF). Professor da Educação Básica na Rede Estadual do Rio de Janeiro (SEEDUC/RJ) e da rede privada. Professor de Graduação e Pós-graduação na Universidade Estácio de Sá. Pesquisador do Grupo de Pesquisa Currículo, Formação e Educação em Direitos Humanos – GCEDH/ProPEd/UERJ e Laboratório de Ensino/Pesquisa em Geografia do Araguaia/UFMT. E-mail: phelipeflorez@gmail.com

Rita de Cássia Prazeres Frangella
Doutora em Educação. Professora Associada do Departamento de Estudos Aplicados ao Ensino da Faculdade de Educação da Universidade do Estado do Rio de Janeiro e do Programa de Pós-Graduação em Educação - ProPEd/UERJ. Bolsista Produtividade CNPq, Cientista do Nosso Estado/FAPERJ, Procientista/UERJ. Presidente da Associação Brasileira de Currículo gestão 2019-2021. Coordenadora do GRPESq Currículo, formação e Educação em direitos humanos. E-mail: rcfrangella@gmail.com

Rosalva de Cássia Rita Drummond
Doutora em Educação pela Universidade do Estado do Rio de Janeiro e do Programa de Pós-Graduação em Educação - ProPEd/UERJ. Mestre em Educação,

Cultura e Comunicação pelo Programa de Pós-Graduação em Educação, Cultura e Comunicação em Periferias Urbanas - PPGECC/UERJ. Especialista em Coordenação Pedagógica pela Escola de Gestores/UFRJ e Alfabetização das Crianças das Classes Populares - GRUPALFA/UFF. Professora da Graduação e Pós-Graduação do Instituto Superior de Educação do Rio de Janeiro/ FAETEC e da Universidade Estácio de Sá. E-mail: rosalvadrummond@gmail.com

Taiana Souza do Nascimento
Graduanda em Pedagogia na Universidade do Estado do Rio de Janeiro (UERJ). Atuou no Programa de Iniciação à Docência (PIBID), modalidade EJA, na Escola Municipal Professor Lourenço Filho. Bolsista IC/CNPq no grupo de pesquisa Currículo, formação e Educação em direitos humanos, sob orientação da Prof.ª Rita de Cássia Prazeres Frangella. E-mail: taianasouzadonascimento@gmail.com

Tamires Barros Veloso
Mestre em Educação Contemporânea (PPGEduC / UFPE / CAA). Pedagoga (UESPI). Pesquisadora no Grupo de Pesquisa Discursos e Práticas Educacionais (UFPE / CAA) e no Grupo de Pesquisa Currículo, Avaliação, Formação de professores e Tecnologias educativas (CAFTe / CIIE / FPCEUP). E-mail: tamiresbarros32@gmail.com

Thaís Sacramento Mariano Teles da Silva
Doutoranda em Educação pelo Programa de Pós-Graduação em Educação (ProPEd/UERJ), Mestre em Educação, Cultura e Comunicação (FEBF/UERJ); Pós-graduada em Docência da Educação Infantil pela Universidade Federal do Rio de Janeiro (UFRJ); Licenciada em Pedagogia pela Universidade Estácio de Sá; Técnica em Assuntos Educacionais na Secretaria Municipal de Educação de Nova Iguaçu. E-mail: thais.sacramento@hotmail.com

Vanessa Soares de Lucena
Mestranda em Educação pela Universidade do Estado do Rio de Janeiro no Programa de Pós-Graduação em Educação (ProPEd/UERJ). Licenciatura Plena em Pedagogia (UERJ). Professora dos Anos Iniciais do Ensino Fundamental na Secretaria Municipal de Educação do Rio de Janeiro (SME/RJ). Atualmente atuando como Coordenadora Pedagógica. E-mail: vanessavsl25@gmail.com

SOBRE O LIVRO
Tiragem: 1000
Formato: 16 x 23 cm
Mancha: 12,3 X 19,3 cm
Tipologia: Times New Roman 11,5/12/16/18
Arial 7,5/8/9
Papel: Pólen 80 g (miolo)
Royal Supremo 250 g (capa)